Benno Hafeneger

Beschimpfen, bloßstellen, erniedrigen

In pädagogischen Einrichtungen gibt es vielfältige subtile Formen von sprachlicher und gestischer Gewalt, die sich in Beschämungen ausdrücken. Diese erfahren Kinder und Jugendliche, indem sie von Pädagoginnen und Pädagogen, von Sozialarbeiterinnen und Sozialarbeitern bloßgestellt, lächerlich gemacht, vorgeführt, diskriminiert, erniedrigt, fertig gemacht, ausgegrenzt werden.

Der Autor beschreibt Formen und Folgen im pädagogischen Alltag, bilanziert die Diskussion zu Scham und Beschämung und zeigt, welche neueren empirischen Befunde vor allem für die Schule vorliegen. Deutlich wird auch, dass es einerseits Beschämungen von Kindern und Jugendlichen in der Pädagogok gibt, dass andererseits aber auch die Pädagogik selbst und hier vor allem die Schule immer wieder öffentlichen Beschimpfungen und Beschämungen ausgesetzt sind.

Der Autor:

Benno Hafeneger, geb. 1948, Professor für Erziehungswissenschaft im Bereich »Jugend- und Erwachsenenbildung« an der Philipps-Universität Marburg; Forschungsschwerpunkte: Jugendarbeit/-bildung, Jugendkulturen, Jugend – Gewalt – Rechtsextremismus. Zahlreiche Publikationen. Bei Brandes & Apsel: *Zivilgesellschaftliche Strategien gegen die extreme Rechte in Hessen; Strafen, prügeln, missbrauchen – Gewalt in der Pädagogik.*

Benno Hafeneger

Beschimpfen, bloßstellen erniedrigen,

Beschämung in der Pädagogik

Brandes & Apsel

Auf Wunsch informieren wir Sie regelmäßig über *Neuerscheinungen* in dem Bereich Sachbücher/Wissenschaft.

Bitte senden Sie uns dafür eine E-Mail an *info@brandes-apsel.de* mit Ihrem entsprechenden Interessenschwerpunkt.

Gerne können Sie uns auch Ihre Postadresse übermitteln, wenn Sie die Zusendung des *Gesamtverzeichnisses* wünschen.

Außerdem finden Sie unser *Gesamtverzeichnis* mit aktuellen Informationen im Internet unter: www.brandes-apsel-verlag.de und unsere E-Books und E-Journals unter: www.brandes-apsel.de

1. Auflage 2013

Lektorat: Cornelia Wilß
Umschlag: Franziska Gumprecht, Brandes & Apsel Verlag Frankfurt a. M., unter Verwendung von Johann Heinrich Wilhelm Tischbein: *Der lange Schatten*, um 1805, Aquarell
DTP: Caroline Ebinger, Brandes & Apsel Verlag, Frankfurt a. M.
Druck: STEGA TISAK d.o.o., Printed in Croatia
Gedruckt auf einem nach den Richtlinien des Forest Stewardship Council (FSC) zertifizierten Papier.

Bibliografische Information der Deutschen Nationalbibliothek:
Die Deutsche Nationalbibliothek verzeichnet diese Publikation in der Deutschen Nationalbibliografie; detaillierte bibliografische Daten sind im Internet über http://dnb.ddb.de abrufbar

ISBN 978-3-95558-005-6

Inhalt

Für Barbara

Einleitung

In den letzten Jahren gab es in der Gesellschaft, in den Medien und der pädagogischen Öffentlichkeit eine rege Gewaltdebatte. Mehrere Berichte und Studien über körperliche, sexualisierte und psychische Gewalt in pädagogischen Einrichtungen in den ersten Nachkriegsjahrzehnten und bis in die heutige Zeit stimulierten die Debatte. Damit gerieten pädagogische Orte und pädagogische Professionalität in den Blick und bildungshistorische Rekonstruktionen zeigten, in welchem Ausmaß unterschiedliche Formen von Grenzüberschreitungen und Gewalt es in der Erziehung bzw. in Erziehungs- und Bildungseinrichtungen im 20. Jahrhundert gab. Das gilt für die Straf- und Prügelpädagogik in öffentlichen Schulen bis in die 1960er Jahre, die pädosexuelle Gewalt in Schulen der Reformpädagogik und katholisch-kirchlichen Internaten, dann für körperliche und sexualisierte Gewalt in der Heimerziehung in öffentlicher und kirchlicher Trägerschaft und auch in anderen Einrichtungen der Kinder- und Jugendhilfe sowie der Freizeit- und Jugendarbeit.

Es gibt in der Gesellschaft eine Vielzahl von Gewaltdiskursen, zu denen unter anderem jene um Gewalt in der Familie, Gewalt gegen Kinder und Frauen, Gewalt unter und von Jugendlichen gehören, dann auch Gewalt in der Schule, im öffentlichen Raum, rechtsextrem motivierte Gewalt oder Gewalt in den Medien und hier vor allem im Internet zählen. Die öffentlichen Gewaltdiskurse sind – wenn man von Gewalt gegen Kinder innerhalb der Familie absieht – vor allem jugendzentriert; danach geht Gewalt vor allem von Jugendlichen aus bzw. handelt es sich um Gewalt unter Jugendlichen. Erst in den letzten Jahren sind Machtmissbrauch und Gewaltformen von Erwachsenen in pädagogischen Einrichtungen in die Diskussion geraten. Dabei machten die empirischen Befunde unter anderem für die Heimerziehung und einige reformpädagogische und kirchliche Internatsschulen deutlich, welches Ausmaß und welche Formen von körperlicher und sexualisierter Gewalt es dort in den ersten Nachkriegsjahrzehnten bis in 1970er Jahre, aber auch in noch in den 80er und 90er Jahren gab.

Im ersten Band mit dem Titel »strafen, prügeln, missbrauchen. Gewalt in der Pädagogik« (2011) ging es vor allem um die Rekonstruktion von Formen und Ausmaßen körperlicher und sexualisierter Gewalt in der Geschichte der Pädagogik sowie um die Darstellung von Entwicklungen, die mit den Berichten zur Heimerziehung und über reformpädagogische und katholische Internate vorgelegt wurden. Dabei kann im Jahr 2013 bilanziert werden: Vor dem Hintergrund des gesellschaftlichen Wertewandels und der Gesetzgebung ist seit den 1990er Jahren erkennbar, dass Gewalt immer stärker geächtet wird und aus manchen Lebensbereichen fast völlig verbannt ist. Die Gewalttaten in allen Ausprägungen sind seit dieser Zeit tendenziell immer weniger geworden, und bei den meisten Menschen hat sich die Überzeugung etabliert, dass – was noch vor einigen Jahrzehnten und über Tausende von Jahren normal war – Kinder in der Erziehung nicht geschlagen werden sollten – weder im Elternhaus noch in der Schule oder anderen Erziehungseinrichtungen. Zu Beginn des 21. Jahrhunderts kann im Verhältnis der Generationen ein Perspektivenwechsel diagnostiziert werden; danach ist die Gewalt zugunsten der »Diplomatie« einer Gesprächs- und Verhandlungskultur zurückgegangen. Aber verschwunden sind solche Vorstellungen in Teilen der Gesellschaft noch nicht. So gilt: Umso weniger gebildet Männer sind, umso mehr befürworten sie Gewalt und Autorität als Durchsetzungsmittel des »Familienoberhauptes«. Nach einer von der katholischen und evangelischen Kirche in Auftrag gegebenen Studie finden 58 Prozent der weniger gebildeten Männer, dass man Kinder schlagen müsse, damit sie brav und vernünftig werden (vgl. »Süddeutsche Zeitung«, 19.3.2009, S. 6).

Im diesem zweiten Band geht es vor allem um Gewaltformen in der Pädagogik, die als Formen der Beschämung deutlich machen, dass wir es mit einem weiteren und vor allem aktuellen Phänomen in pädagogischen Einrichtungen zu tun haben. Dabei werden zunächst noch einmal die im ersten Band skizzierten Dimensionen der körperlichen und sexualisierten Gewalt in der Pädagogik aufgenommen, weil diese immer auch mit folgenreichen – bis hin zu traumatischen – Beschämungserfahrungen verbunden sind. Über Scham und Beschämung nachzudenken, hat eine lange Tradition und sie waren wiederholt Gegenstand wissenschaftlicher Betrachtungen und auch der empirischen Forschung. Das vorliegende Material wird hier in erziehungswissenschaftlicher und pädagogisch-praktischer Perspektive aufgenommen, sortiert und zusammengeführt. Die Diskussion und empirischen Befunde zeigen, dass wir es nach wie vor mit einem aktuellen Thema zu tun haben und mit welchen Herausforderungen die Erziehungswissenschaft, pädagogische Praxis und soziale Arbeit konfrontiert ist. Neben einer Mehrzahl anerkennender Interaktionsmuster gibt es in pädagogischen – schulischen wie außerschulischen – Handlungsfeldern auch beschämendes und verletzendes Verhalten von Lehrkräften und pädagogischen Fachkräften. Mit der außerschulischen Jugendarbeit/ -bildung wird im letzten Kapitel exemplarisch aus einer Fülle von Beispielen dokumentiert, wie dieses Lern- und Bildungsfeld das Thema »sexualisierte Gewalt« aufgenommen und verarbeitet hat.

Beschämende Gewaltformen wie Machtmissbrauch, Diskriminierung, Kränkung, Bloßstellung, Erniedrigung oder Ausgrenzung drücken sich in unterschiedlichen Phänomenen und Verhaltensweisen aus. Sie sind vor allem mit ihren subtilen Formen in pädagogischen Einrichtungen zu beobachten, erst in Ansätzen untersucht und bisher kaum in der pädagogischen Diskussion. Zu ihnen zählen unter anderem professionell-pädagogische Verhaltensweisen wie Ignorieren, Vernachlässigen, ungerechte Behandlung, bestimmte Formen der Nachrede, Einreden von fehlender Begabung, Beschämen wegen Persönlichkeits- und Herkunftsmerkmalen, Lächerlich oder Fertig machen, Vorführen, Bloßstellen oder auch Belasten mit Schuldvorwürfen. Diese können neben sprachlichen Äußerungen auch durch Mimik des Gesichtsausdruckes, die Haltung und Bewegung des Körpers ausgedrückt werden.

Der Band versteht sich als ein aufklärender Beitrag über die bisher kaum erhellte »Pädagogik der Beschämung«. Er will zur Diskussion und Selbstreflexion des Themas anregen und ist zugleich ein Plädoyer für eine reflexive Professionalität, die präventive Überlegungen und eine anerkennende Pädagogik begründet.[1]

Der Diplom-Pädagogin Anja Krieg ist für die Literaturrecherche und Korrekturarbeit, meiner Mitarbeiterin Frau Angelika Menzel für die Schreibarbeiten zu danken.

Marburg, im Januar 2013
Benno Hafeneger

---

[1] Die Bezeichnungen Lehrer, Pädagogen, Mitarbeiter, Schüler, Kinder und Jugendliche werden aus Gründen der besseren Lesbarkeit geschlechtsneutral verstanden und schließen Lehrerinnen, Pädagoginnen, Mitarbeiterinnen, Schülerinnen mit ein. Verwandt wird die neue Rechtschreibung, die zeitbezogenen Zitate verbleiben in der alten Rechtschreibung.

I.
Gewaltformen – Phänomene und Befunde

1. Körperliche und sexualisierte Gewaltformen – historischer Blick

Zu den »traditionellen« Gewaltformen in pädagogischen Einrichtungen gehören in der Geschichte der Erziehung neben vielfältigen subtilen Formen der Gewalt vor allem die unterschiedlichen Facetten von körperlicher und auch von sexualisierter Gewalt. Während die erste Form bis in die 1960er Jahre politisch und gesellschaftlich, rechtlich und erzieherisch für die Schule, berufliche Bildung, Heimerziehung und den Jugendstrafvollzug legitimiert und als »normal« (selbstverständlich) verstanden wurde, spielte sich die letztere Gewaltform im »Geheimen« und in einzelnen Internatseinrichtungen bis in die 1990er Jahre ab. Seit Beginn des 20. Jahrhunderts gab es wiederholt »Thematisierungswellen« (Kerchner 2000) und historische Analysen über die »dunklen Seiten« bzw. die »schwarze Pädagogik« und das »Leiden von Kindern«, über Gewalt und körperliche Bestrafung, Zucht und Unzucht (vgl. Autorenkollektiv 1972, Rutschky 1977, Aries 1978, de Mause 1992, Rutschky/Wolff 1994, vgl. auch Gebhardt 2009). Die Gewalt wurde von der Erwachsenenseite mit der Verhinderung und/oder »Beseitigung« von auffallenden, abweichenden und gefährlichen Verhaltensweisen begründet.

Blickt man erziehungs- und kulturgeschichtlich noch weiter zurück, dann zeigen die jeweiligen Gesellschaften, dass es wiederholt moralische Irritationen und Aufgeregtheiten über »schlechte« Verhaltensweisen und »Laster« in der jungen Generation gab. Diese Neigungen und »Fehler« wurden immer auch erzieherisch kommentiert und waren für die Erziehung eine Herausforderung. Dazu gehörten im 18. Jahrhundert beispielsweise die »Spielsucht«, der »Müßiggang« oder das »weibliche Viellesen«; dazu zählten aber auch Spucken, unregelmäßiges Schlafverhalten, schlechte Laune, übermäßige Zeitungslektüre (vgl. Kleeberg 2012).[2] Solche »schlechten Gewohnheiten« und »schädlichen Genüsse« – die auch als epidemische, soziale und psychische Krankheiten verstanden wurden – sollten überwunden und ihnen sollte erzieherisch mit allen Mitteln entgegen gearbeitet werden. »Diese Sünden« waren für Christian Gotthilf Salzmann (1785) »ein Seel und Leib zerrüttendes Übel«. Angeboten wurden unter anderem erzieherische Anleitungen zur »Willenskraft«, und Willensschwäche sollte durch »Willensgymnastik« beantwortet werden, um schlechte Angewohnheiten zu überwinden. Die religiös begründete, harte und kontrollierende Pädagogik beruhte in Europa für Jahrhunderte »auf einem Bild der Erwachsenen über Kinder, das die Kinder als triebhaft und unkultiviert sieht und davon überzeugt war, dass nur mit Disziplin, Schlägen, Kontrollen und einer harten Pädagogik die Kinder zu »guten« Erwachsenen geformt werden können« (Buchner-Fuhs/Fuhs 2011, S. 16). Das »kindische Kind« und der »vernünftige Erwachsene« standen sich als Bilder gegenüber, und die Erziehung mit Härte und Autorität, Liebe und Strenge wurden als christliche Pflicht und Techniken der Disziplinierung der Eltern resp. der Erzieher begründet.

In der neueren Diskussion wurde schon in der Kinderschutzdebatte Mitte der 1970er Jahre durch die »Arbeitsgruppe Kinderschutz« (1975) auf die zwiespältigen und widersprüchlichen Einstellungen der Gesellschaft gegenüber Erziehungstheorien und -praktiken hingewiesen. Danach drücken sich Ambivalenzen

> »darin aus, daß einerseits die gewaltsamen Beeinträchtigungen wie Schlagen, Herabsetzen, Lächerlichmachen, Übersehen, Benachteiligen von Kindern für das selbstverständliche Recht eines Erziehers und die Autorität (der Erwachsenen) in der Erziehung als unabdingbar notwendig angesehen werden, daß andererseits aggressive Akte gegen Kinder, vor allem sofern sie zu (sichtbaren) Verletzungen führen, unter Strafe gestellt sind oder daß gewaltsame Erziehungspraktiken (psychischer und physischer Art) grundsätzlich abgelehnt werden« (S. 23).

Die Bilanz zu den empirischen Befunden zum »misshandelten Kind« wird Mitte der 1970er Jahre für die ersten Jahrzehnte der Bundesrepublik so gezogen:

---

[2] In seiner Kulturgeschichte »schlechter Angewohnheiten« hat Bernhard Kleeberg (2012) diese für den Zeitraum 1750 bis 1900 rekonstruiert. Als weitere »schlechte Angewohnheiten« von Kindern und Jugendlichen rekonstruiert er aus zeitbezogenen Schriften weiter: Grobheit, Grausamkeit, Gaunerei, Lüge, Verheimlichung, Naschsucht, Neugierde, Hintergehen, Zuschlagen, übermäßiges Essen und Trinken, Faulheit, Geldverschwendung, Genuss, Onanie und Lust, sexuelle Erregungen und Begierden, Ausschweifungen, Entwicklung von Einbildungskraft, Gaukeleien der Phantasie.

> »Das Spektrum der Mißhandlungen ist viel breiter, vom gelegentlichen, kaum Spuren hinterlassenden Klaps über Schütteln, Stoßen und Prügeln bis hin zum regelrechten Brechen von Armen und Beinen, zu Verbrennungen und zum Einschlagen von Schädeln. Offene Fleischwunden sind weniger häufig. Symptomatisch für Mißhandlungen sind viel eher Blutergüsse (auch innere Blutungen) aufgrund von Schlägen und Quetschungen (oft mit für den aufmerksamen Arzt deutlichen Fingerspuren).
>
> Häufiger als solche körperlichen Mißhandlungsformen sind aber psychische gewaltsame Beeinträchtigungen. Systematisch sind sie noch nicht untersucht; ihre Folgen liegen noch weniger offen zutage. Die gewaltsame Zurichtung der Seele eines Kindes hat jedoch nicht weniger materielle Auswirkungen. Sie heißen Angst, Sprach- und Lernstörungen, Kontaktschwierigkeiten und Isolationstendenzen, motorische Störungen, Mutlosigkeit und Verlust des Selbstvertrauens, Aggressivität. Psychische Mißhandlungen schlagen sich aber auch in somatischen Störungen (Bauchschmerzen, Asthma, Bettnässen, Herzschwächen und dergleichen mehr) nieder. Sie werden hervorgerufen durch Nichtbeachten, Lächerlichmachen, Herabsetzen, Drohen von Liebesentzug (›… dann hab ich dich nicht mehr lieb!‹), keinen Widerspruch, duldende Befehle, ständige Verbote und Einschränkungen oder Überforderungen, überhaupt durch ein repressives Erziehungsverhalten, das ›Kindern normative Orientierungen weitergibt, ihnen unbewußte Strategien vermittelt, die zwischen Feindseligkeit und Fügsamkeit oszillieren‹. Mißhandlungen dieser Art ist bei dem (zwar unzureichend erforschten, aber doch hinreichend belegten) herrschenden Erziehungsverhalten in der BRD die große Mehrheit aller Kinder ausgesetzt!« (ebd. ,S. 28f.).

Die »Arbeitsgruppe Kinderschutz« konstatiert weiter, dass das Thema »Gewalt in der Schule« bzw. »Schule als Gewaltzusammenhang« bis in die 1970er Jahre kein Thema in der wissenschaftlichen Forschung und schulpolitischen/-pädagogischen Debatte war. Danach ging es lediglich und wiederholt um »Disziplin in der Schule«, um Strafen und Prügel bzw. das Züchtigungsrecht des Lehrers, somit um die Unterwerfung und Anpassung des Schülers mit unterschiedlichen Mitteln, zu denen unter anderem Ermahnungen, Warnungen, Drohungen, Klassenbucheintrag, Elternbenachrichtigung, Nachsitzen, Heimschicken, Strafarbeiten und auch Prügeln und Schulverweis gehörten. Diese wurden als Ausdruck der Lehrer-Schüler-Konfrontation gedeutet, und folglich gäbe es – solange diese Konfrontation bestünde – auch Strafen. Strafen wurden als ein kritischer Ausdruck der gegebenen Schulsituation gesehen, und solange die Schüler und Lehrer diese Konfrontation als natürliche Unterrichtssituation akzeptierten, würden sie – so die Denklogik – auch grundsätzlich die Unterdrückungsmaßnahmen (einschließlich Prügel) billigen; das wurde für Lehrer wie für Schüler unterstellt.

Neben den Schulgesetzen waren für den Schulalltag die Schulordnungen (Hausordnungen) und ein Katalog von Verhaltensnormen im Schul- und Unterrichtsalltag maßgeblich, sie hatten nach der »Arbeitsgruppe Kinderschutz« für das Erreichen der Schulziele eine wichtige Bedeutung:

> »Es kommt zu pragmatischen Auflistungen von Verhaltensnormen, die seit Generationen fortgeschrieben werden. Hinzu kommen noch die Reglementierungen und Rituale während des Unterrichts, die zum Teil von verschiedenen Lehrern auch noch in widersprüchlicher Weise von den Schülern gefordert werden. Ein Katalog von Sanktionen, auch meist mit langer Tradition, steht zur Verfügung, und die erzieherische Phantasie bildet ein schier unerschöpfliches Reservoir an Disziplinierungen. Nach Tauschs Untersuchung reagieren Lehrer in 94 Prozent der erziehungsschwierigen Situationen ›autokratisch‹, also wohl repressiv« (S. 223).

Zur Durchsetzung der Ordnung bedurfte es vielfältiger Mittel, Maßnahmen und Strafen, zu denen vor allem zählten:

> »a) allgemeine Erziehungsmaßnahmen. Gemeint sind die täglichen Disziplinierungen, mit denen die Schüler zur Ordnung erzogen werden sollen. In den Schulordnungen sind als allgemeine Erziehungsmaßnahmen u. a. genannt: klärendes Gespräch, falsches Verhalten einsichtig machen, auf einen Schüler einwirken, aber auch Lob, Anerkennung und Sachprämien. Wenn das nicht ausreicht und die Schüler trotzdem gegen die Ordnung verstoßen, gibt es
> b) besondere Erziehungsmaßnahmen wie Tadel, Nachbleiben, schriftlichen Verweis, Ausschluss von Schulveranstaltungen, Versetzung in die Parallelklasse.
> c) Ordnungsmaßnahmen sind die letzte Möglichkeit, wenn der Verbleib eines Schülers ›eine ernstliche und durch schulische Erziehungsmaßnahmen nicht zu beseitigende Gefahr für die Entwicklung, Unterricht und Erziehung der Mitschüler bedeutet‹. Hier geht es um Abschreckung und notfalls um die Entfernung eines Schülers von der Schule« (ebd., S. 225).

Solche Verhaltenskataloge und die vielfältigen offenen und verdeckten Gewaltformen gehören mit ihren Disziplinierungs- und Strafintentionen zu den »dunklen Seiten« der Pädagogik und den »Techniken der Herrschaft« in der pädagogischen Welt. Sie werden in der aktuellen Diskussion von Koch (2012) mit Bezug auf Deegener (2010) zusammenfassend als Gewalt gegen Kinder in Form von ›Vernachlässigung‹, ›seelischer Misshandlung‹, ›körperlicher Misshandlung‹ und ›sexuellem Missbrauch‹ differenziert. Dabei werden die begrifflichen Einordnungen wie folgt vorgenommen:

> »1. Eine Vernachlässigung von Kindern bedeutet eine ›ausgeprägte, d. h. andauernde und wiederholte Beeinträchtigung oder Schädigung der Entwicklung von Kindern aufgrund unzureichender Pflege und Kleidung, mangelnder Ernährung

und gesundheitlicher Fürsorge, zu geringer Beaufsichtigung und Zuwendung, nachlässigen Schutzes vor Gefahren sowie nicht hinreichender Anregung und Förderung motorischer, geistiger, emotionaler und sozialer Fähigkeiten‹.

2. Seelische Misshandlung bedeutet die ›ausgeprägte Beeinträchtigung und Schädigung der Entwicklung von Kindern aufgrund z. B. von Ablehnung, Verängstigung, Terrorisierung und Isolierung. Sie beginnt beim (dauerhaften alltäglichen) Beschimpfen, Verspotten, Erniedrigen, Liebesentzug und reicht über Einsperren, Isolierung von Gleichaltrigen (…) bis hin zu vielfältigen Bedrohungen‹.
3. Körperliche Misshandlung sind ›Ohrfeigen‹, Schlagen mit Händen, Stöcken, Peitschen; Stoßen von der Treppe; Schleudern gegen die Wand; Schütteln eines Kleinstkindes, (…) ›ins kalte Badewasser setzen‹ usw. Hinzuzufügen wäre aus meiner Sicht noch die Verabreichung psychotroper Medikamente mit der vorrangigen Absicht, Kleinstkinder, Kinder und Jugendliche zu ›beruhigen‹, d. h. ein nicht gewünschtes, soziales Verhalten medikamentös zu sanktionieren, und die manchmal damit einhergehenden Experimente mit Psychopharmaka an Kindern.
4. Sexueller Missbrauch (oder sexuelle Gewalt) betrifft nach meiner Definition sexuelle Handlungen von Erwachsenen an Kindern, einerseits aus sadistischen Impulsen heraus, andererseits verbunden mit dem Ziel, sich dabei selbst sexuell zu erregen und zu befriedigen, sei es, sich vor Kindern zu exhibieren, sexuell motiviertes Streicheln, Berühren von Genitalien, sich von Kindern sexuell befriedigen lassen sowie Penetration. Inwieweit in diesem Fall besser von ›sexueller Gewalt‹ gegen Kinder zu sprechen ist, wie vielerorts, auch von Opfern, gefordert wird, sei dahingestellt, denn nicht immer wird bei sexuellem Missbrauch auch körperliche Gewalt ausgeübt, was der Begriff ›sexuelle Gewalt‹ aber, besonders in der öffentlichen Diskussion, nahelegt. Demgegenüber gilt es zu betonen, dass es sich bei sexuell motivierten Übergriffen auf Kinder, auch ohne dass es zu Gewaltanwendung kommt, immer um sexuellen Missbrauch handelt und das sexuell missbrauchte Kind immer nur Mittel zum Zweck der Triebbefriedigung ausschließlich des Erwachsenen ist« (Koch 2012, S. 228f.).

Demgegenüber lehnten Pädagogen aus der Epoche der Reformpädagogik seit Beginn des 20. Jahrhunderts aus unterschiedlichen Gründen körperliche (!) Gewalt gegen Kinder kategorisch und prinzipiell ab, und sie machten neue »radikale« Vorschläge zum Verständnis und Umgang mit der jungen Generation, zur Erziehung und zum erzieherischen Umgang mit Kindern und Jugendlichen. So ziemlich alle Erscheinungen des damaligen Unterrichtswesens, deren Schule und Schulerziehung wurden hinterfragt und gehörten zur zeitbezogenen (und zu allen Zeiten gepflegten) Kulturkritik; angefangen bei der Segmentierung in ein höheres, mittleres und niederes Schulwesen, über die Ausbildung der Lehrer, die Lerninhalte und Methoden der Wissensvermittlung bis zu den Unterrichtsstätten selbst. Weil die Schulerziehung auf bloße

Stoffvermittlung reduziert sei, gerate das Leben ins Hintertreffen, hieß es in der aufkommenden reformpädagogischen Literatur jener Jahre, die sich der Pädagogik Rousseaus verpflichtet wusste und mit der schwedischen Erzieherin Ellen Key der Meinung war, Kinder besäßen ein Recht auf ein »volles starkes Kinderleben«, dem die Schulzeit zu entsprechen habe. Tatsächlich sah der Alltag in vielen Klassenzimmern der »alten Paukschule« – die mit den eigenen reformpädagogischen Schulgründungen überwunden werden sollte – trist aus und er dürfte in keiner Schulform besonders kindgerecht ausgefallen sein.

Ende des 19. Jahrhunderts sah sich vor allem das deutsche Bildungsbürgertum durch den sozio-ökonomischen und sozio-kulturellen Wandel, der mit Industrialisierung, Urbanisierung und technischen Fortschritt eine ungeheure Dynamik gewonnen hatte, in einer tiefen Krise. Es musste angesichts rasanter wirtschaftlicher und technischer Entwicklungen seine schon früher errungene soziale Position gegen die aufstrebenden neuen bürgerlichen Schichten wie das Wirtschaftsbürgertum oder die Angehörigen neuer technischer Berufe und nach dem Ersten Weltkrieg auch gegen die Kinder der neuen Angestellten und der Arbeiterklasse verteidigen. Was die Gruppe der Bildungsbürger auszeichnete, war ein bestimmtes Bildungs- und Kulturbewusstsein, mit dem diese sich zugleich in Teilen kritisch von den Entwicklungen der Zeit im Kaiserreich abgrenzten und so im Namen von Kultur und Persönlichkeit auf Distanz zur Zivilisation und Masse gingen. Dabei machten sie sich zum Beauftragten einer »neuen Zeit«, eines »neuen Menschen« und einer »neuen Erziehung«. Der kulturkritische Diskurs vor und nach dem Ersten Weltkrieg gebar eine Reihe von Leitkategorien, die vor allem in den Reformbewegungen jeglicher politischer Couleur aufgegriffen und in praktischer Hinsicht ausgedeutet wurden. Dazu zählen Begriffe wie Begegnung, Lebensnähe, Gemeinschaft, Erziehungsgemeinschaft, Arbeitsgemeinschaft, Volksgemeinschaft oder Neuer Mensch. Das Gemeinschaftsleben, wie es gerade unter Mitgliedern der bürgerlichen Jugendbewegung gelebt oder besser idealisiert wurde, wurde als stärkstes Erziehungs- und Bildungsmittel der Zeit angesehen.

Während sich einige Zeitgenossen und Gruppen in einen übersteigerten Nationalismus als Antwort auf die Herausforderungen der modernen Industrie- und Klassengesellschaft flüchteten, differenzierte sich die »pädagogische Bewegung« (Nohl 1949) mit ihren reformpädagogischen schulischen und außerschulischen Ansätzen in verschiedene – völkische, nationale, bürgerliche, romantisch-natürliche oder sozialistische – Zukunftsentwürfe, pädagogische Konzepte und praktische Richtungen (vgl. Archiv der deutschen Jugendbewegung 2012). Gemeinsam war ihnen im Kaiserreich und später in der Weimarer

Republik, eine Reform des Individuums durch die Rückkehr zu einer naturverbundenen und gemeinschaftsorientierten Lebensweise anzustreben. Eine solche Reform sollte vor allem auch durch eine neue (Selbst-)Erziehung und durch Gemeinschaftsbildung in vielfältigen reformpädagogischen (Schul-) Modellen (z. B. in Internatsschulen, Landerziehungsheimen) als »pädagogischen Inseln« ermöglicht werden.

Vor dem Ersten Weltkrieg war es vor allem die Schwedin Ellen Key, die mit ihrem Buch »Das Jahrhundert des Kindes« (1902) den Anfang einer neuen Erziehungsdebatte und -kultur machte.[3] Nach ihr sollte »Vom Kinde aus« erzogen und das Jahrhundert gestaltet werden; damit sollte die vielbesungene und beschworene »Neue Zeit« aus Bewegungen wie der Lebensreform- und Frauenbewegung, der reformpädagogischen Bewegung und der bürgerlichen Jugendbewegung (dem Wandervogel), dem Okkultismus und Anarchismus herbeigeführt und mit ihren Ideen eingelöst werden. Die notwendige gesellschaftliche Reform sollte zuerst eine pädagogische sein und musste nach Key – wie für viele andere aus den Bewegungen – »am Ursprung ansetzen«. Den »neuen Menschen« konnte es nur geben, wenn er von Anfang an »gebildet« wurde und die Welt sollte durch die Kinder – d. h. deren Erziehung – verändert, eine bessere und schönere werden. Wer das Kind begreifen will, das war ihr Glaubensbekenntnis, der darf es nicht als unvollkommenen Erwachsenen sehen, sondern muss es als ein eigenes Wesen mit eigenem Recht auffassen. Die am stärksten favorisierte Forderung ihres Buchs besteht – und das war ein zeitbezogener, radikaler Perspektivenwechsel – in der bedingungslosen Absage an die körperliche Züchtigung. So schreibt sie:

> »Schläge rufen die Tugenden des Sklaven, nicht die des freien Menschen hervor (…). Prügel überliefern den Schwächeren, den Wehrlosen in die Hand des Stärkeren, und noch nie hat ein Kind in seinem Herzen geglaubt, was es mit seinen Lippen bejahte, wenn der Erzieher versuchte, es zu überzeugen, dass er es aus Liebe schlage, es schlage, weil er müsse! (…) Mangelnde Selbstzucht, mangelnde Intelligenz, mangelnde Geduld, mangelnde Würde – das sind die vier Ecksteine, auf denen das Prügelsystem ruht« (S. 143).

---

[3] Auf Key wird hier exemplarisch hingewiesen. Sie steht stellvertretend für reformpädagogische Autoren wie Gustav Wyneken, Paul Geheeb oder Hermann Lietz, die alle körperliche Gewalt ablehnen, aber zur Durchsetzung ihrer »instrumentellen« und auch autoritären Erziehungsvorstellungen andere, subtile Formen der Gewalt in den »Kameradschaften« (so der Begriff für das Verhältnis zwischen Lehrern und Schülern) und ihrem Führungsanspruch gegenüber der Jugend (z. B. mit Liebesentzug, Ermahnungen, Unterwerfung, Anpassung) rechtfertigten und einsetzten (vgl. Oelkers 2011).

Keys Buch wird von einer enthusiastischen Mission getragen und ist in vielfältige Widersprüche verwickelt. Sie redet instrumentell von »dem Kind« (unter das alle Kinder subsumiert werden), das für die Entwicklung des »neuen Menschen« und der Menschheit und damit für eine »totale Idee« steht. Solche elitären und instrumentellen Vorstellungen machen die »Majestät« des Kindes zu einem Projekt von Erwachsenen. Ihre durchaus zweifelhafte Erziehungslehre lehnt körperliche (strafende, prügelnde) Gewalt gegen Kinder entschieden ab, aber sie befürwortet konsequent den Liebesentzug oder die negative Erfahrung als kräftigende Erziehungsmethode.

Die »dunklen Seiten« der Pädagogik zeigen für das 20. Jahrhundert – die Wilhelminische Zeit und die Weimarer Republik wie auch noch in den ersten Jahrzehnten der Bundesrepublik Deutschland –, dass es mit der doppelten Botschaft nicht nur in der »Normalpädagogik« (hier war sie üblich und gehörte zum pädagogischen Alltag), sondern gerade auch in der »Reformpädagogik« darauf ankam, die »männliche Jugend der Zucht zu unterwerfen und sie zugleich zu lieben« (Brumlik 2011, S. 27; vgl. auch Thole et. al. 2012).

2. Straf- und Prügelpädagogik in der Schule

Die Ausmaße und Formen körperlicher Gewalt, die vom pädagogischen Personal in Schulen, kirchlichen und reformpädagogischen Internaten sowie in Heimen in den ersten Jahrzehnten der Bundesrepublik ausgegangen sind, wurden in den letzten Jahren wiederholt dokumentiert (vgl. Wensierski 2006, Kappeler 2011). Zahlreiche Berichte und Publikationen zeigten, dass bis in die 1970er Jahre die »Straf- und Prügelpädagogik« im Erziehungsgeschehen zum Alltag gehörte (Hafeneger 2011, Müller-Münch 2012).[4] Das gilt für die Schule bis in die 1960er Jahre und für die Internats- und Heimerziehung in der Bundesrepublik bis in die 1970er und in der ehemaligen DDR bis in die 1980er Jahre.

Die Autoritäts- und Strafpädagogik ist der erzieherische Teil eines Obrigkeitsstaates. Dazu gehörte auch lange Zeit – bis weit in die Hälfte des 20. Jahrhunderts hinein – die Vorstellung, dass das Kind (pädagogisch inspiriert und

---

4 Ingrid Müller-Münch (2012) beschreibt anschaulich, wie ein Großteil der Nachkriegskinder in das Leben »hinein geprügelt« wurden. Das belegt auch eine Studie der Universität Kassel über die ehemaligen neun Heime des Landeswohlfahrtsverbandes Hessen in den 1950er bis 70er Jahren. Dort waren bis zur Heimreform 1973 insgesamt 17.000 Kinder und Jugendliche unter z. T. unmenschlichen Bedingungen untergebracht.

legitimiert) geschlagen, geprügelt, mit einer als notwendig erachteten Härte und strategischen Gefühlskälte erzogen werden müsse, um es gesellschaftlich zu »zähmen« und zu einem wertvollen, nützlichen, angepassten Mitglied der Gesellschaft zu machen.

In der Geschichte der strafenden Schule wird die Frage nach der Schulzucht von den meisten Autoren in den zeitbezogenen Diskursen als »der Schule immanent« gesehen; danach gehört sie – so eine weitere Formulierung – zu »ihrem Wesen« (Hermann 1968). Sie ist so alt wie die Schule, und die historischen Belege finden sich bei Klassikern der Pädagogik, in Schulordnungen, schulgeschichtlichen Publikationen, Autobiografien und vielen anderen Quellen. Die Frage steht im Zusammenhang mit der Durchsetzung von Disziplin, Ordnung und Autorität und ist nach Heinrich Hermann (1968) Ende der 1960er Jahre »nicht anders als eh und je« (S. 33). »Zucht« wird als ein Instrument und Mittel, als eine »erzieherische Aufgabe, ein echtes pädagogisches Problem« verstanden (ebd., S. 39). Die Strafe gilt in der pädagogischen Diskussion als eine besondere Form der erzieherischen Einwirkung und die »pädagogische Strafe geht im Zweck der Erziehung auf« (Schwarzenberger 1933, S. 8). Sie wird in ihrer Wirkung als negativ und bildungshemmend oder als positiv und bildungsfördernd charakterisiert; und es bleibt Aufgabe der Pädagogik, individuell nach dem Motto zu entscheiden: »Strafe so, wie es dich die pädagogische Liebe lehrt« (Kerschensteiner 1922, S. 1).

Bis Ende der 1960er Jahre gibt es in der Diskussion über das »Wesen und die Struktur des pädagogischen Taktes« Begriffe wie »unpädagogische« oder pädagogisch »mißglückte« Akte (vgl. Derbolav 1969). Zu letzteren werden auch »repressive Maßnahmen« gezählt, mit der die Persönlichkeit und das Selbstgefühl des Educanten verletzt werden. Zu solchen repressiven pädagogischen Verhaltensweisen gehörte u. a. das Schimpfen und Strafen. Schimpfen hatte danach nur dann einen Sinn, wenn es gelingt, dem Zögling ein ›schlechtes Gewissen‹ seines eigenen Versagens wegen zu machen, ihn aber nicht mit Aussagen wie »Du bist ein Dummkopf und wirst es immer bleiben! Aus dir wird nie etwas Rechtes werden!« zu konfrontieren.

In der Strafdiskussion wird so differenziert: Keine Pädagogik kann das Strafen ganz vermeiden. Strafe kann dabei sinnvoll als Schockstrafe (bei kleinen Kindern) oder als Leistungs- und Sühnestrafe (bei Heranwachsenden) angewandt werden. Dabei werden Schockstrafen nur im vor-moralischen Alter des Kindes als berechtigt angesehen, weil sie Assoziationen erzeugen, die unerwünschtes Verhalten ›hemmen‹. Dort, wo die Strafe über diese psychisch-biologischen Mechanismen hinausgeht, sollten strengere Maßstäbe angelegt werden. Strafen sollten nur dann zugelassen werden, wenn sie vom Zögling als eine Leistung im Dienste der Wiedergutmachung einer Anspruchsverletzung akzeptiert werden, weil sie sonst in unverantwortlicher Weise sein Selbstgefühl und Selbstwertempfinden beeinträchtigen. Das gilt namentlich für die körperliche Züchtigung. Zwar hatte – so die Einschätzung von Josef Derbolav (1969) – danach eine wohlgezielte Ohrfeige auch pädagogisch mitunter erstaunlichen Erfolg gezeitigt (z. B. berichtet Anton S. Makarenko in seinem ›Pädagogischen Poem‹ von einem solchen Fall), aber daraus sollte sich keine Methode entwickeln.

Was die – so früher genannten – Erziehungsmaßnahmen, also Ermahnung, Tadel, Warnung, Drohung, Strafe bzw. Ermunterung, Appell, Lob, Belohnung usw. betrifft, so können sie nach der pädagogischen Lesart bis Ende der 1960er Jahre entweder »pädagogische Akte für sich selber« darstellen, in denen bestimmte Anstrengungen und Leistungen vom Educandus gefordert werden, welche seiner pädagogischen Gesamtentfaltung dienen. Sie können aber auch als relativ periphere Momente innerhalb jener Disziplinierung auftreten, die nur als haltungsmäßiger Zaun um die Bildungsarbeit errichtet wird, damit diese möglichst störungsfrei verlaufen kann. Wo jedoch Ressentiments wie Zorn, Ärger oder Rache mit in die Erziehungsmotivation einfließen würden, da würden sie ihr pädagogisches Niveau verlieren und notgedrungen in die Kategorie der sogenannten »unpädagogischen Akte« zurückfallen.

Noch bis in die ersten Jahrzehnte der Bundesrepublik wurde der männliche Erzieher – ob Lehrer, Vater oder Lehrmeister – angehalten, durchzugreifen und den Widerstand »der Sünder« zu brechen. Die körperliche Züchtigung und ihre Schläge sollten – auch wenn dies unterschiedlich akzentuiert und reflektiert wurde – in Umfang und Härte »angemessen«, die Strafe sollte »empfindlich«, »schmerzhaft« und lange »wirksam«, aber nicht dauerhaft »schädigend« sein. Das Aufwachsen und die notwendige Anpassung der »rätselhaften Wesen«, der vermeintlich »wilden, unbändigen und triebgesteuerten Wesen« – so Begrifflichkeiten zu Beginn des 20. Jahrhunderts – können nach Auffassung der meisten Autoren nur mit Drill und Härte, Kontrolle und Strafe, Disziplin und Unterwerfung vorgestellt werden und gelingen. Hand, Fuß, Rute, Rohrstock, Gürtel, Teppichklopfer, Schlauch, Kochlöffel und Riemen wurden zu Symbolen der häuslichen (väterlichen, dann elterlichen) Gewalt und vor allem der Rohrstock und die Rute wurden zu den dominierenden körperlichen Zuchtmitteln des schulischen Gewaltverhältnisses.

Berichte zeigen, mit welcher Akribie über die Anwendung der Zuchtmittel nachgedacht wurde. Einige Autoren listen pädagogisch-technisch auf, was die Anlässe und Gründe für Strafen sind, wie das Ausmaß der Strafe festgelegt und aussehen wird, welche Strafmittel die richtigen sind; dann wie die Strafe sich mit der Schulform, dem Alter, Geschlecht und der Konstitution des Kindes und Jugendlichen begründet. Meist geht es – in der Schule – um das »Verprügeln des Gesäßes« oder der »inneren Handflächen« (weniger des Kopfes). Das »Schlagen auf die flache Hand« wird aus den Bedürfnissen des Schulbetriebes und als wenig anstößige Züchtigung erklärt; viele Strafen werden »gleich an Ort und Stelle« (vor der Klasse) vollstreckt, härtere Strafen »unter vier Augen«. Hingewiesen wird u. a. auf die Einschränkung der Bewegungsfreiheit, indem während des »Strafvollzuges« (Hävernick 1964, S. 90) »Kopf oder Oberkörper des jungen Sünders zwischen die Beine des Erziehers« oder »übers Knie gelegt« wurden. Im Strafmaß für die Schulen wird »von 3, selten von 4 oder 6 Schlägen« (ebd., S. 94) mit dem Rohrstock oder der Rute »auf das Hinterteil« gesprochen.

Die körperliche Züchtigung wird aus der Erziehungspflicht des Lehrers und aus dem Gewohnheitsrecht abgeleitet und begründet; wenn er rechtlich befugt ist und sich innerhalb der Grenzen der Befugnis bewegt, wird er – im strafrechtlichen Verfahren – in der Regel freigesprochen. Die Züchtigungsbefugnis wird als Übertragung der väterlichen Gewalt auf den Lehrer für die Dauer des Unterrichts verstanden und ist damit die dem Lehrer übertragene Berechtigung, bei gegebener Veranlassung die Schüler durch Schläge zu strafen (Züchtigungsrecht des Lehrers).

3. Internats- und Heimalltag in der Bundesrepublik

Berichte und Enthüllungen sowie die wissenschaftlichen Befunde haben seit 2010 das Ausmaß der sexualisierten Gewalt gegen Kinder und Jugendliche in geschlossenen bzw. »totalen Institutionen« (Goffman 1973), vor allem in reformpädagogisch orientierten Landerziehungsheimen (und hier vor allem der Odenwaldschule), in Internaten in kirchlich-katholischer Trägerschaft (z. B. im Canisius-Kolleg) sowie in der Heimerziehung und in Behinderteneinrichtungen für Kinder und Jugendliche in der Geschichte der Bundesrepublik deutlich gemacht.[5] Die Gewaltformen sind von Lehrern, Heimerziehern, Priestern und

[5] Berichte von Untersuchungskommissionen aus anderen Ländern wie z. B. den USA, Irland oder Niederlande zeigen auch hier bis in die 1980er Jahre das Ausmaß von sexualisierter Gewalt gegen und unter Kinder(n) und Jugendliche(n) vor allem im Alter zwischen 8 und 12 Jahren. Das gilt für staatliche und kirchliche Einrichtungen (Heime, Internate) und auch die Boy Scouts in den USA. So haben Opferanwälte in den USA Ende Oktober 2012 knapp 15.000 Seiten aus bislang vertraulichen Akten der Pfadfinderbewegung ins Internet gestellt (mit Erlaubnis des Obersten Gerichts im US-

Nonnen als Tätern ausgegangen. Für die Zeit bis 1933 und dann für die ersten Nachkriegsjahrzehnte sind die – über Jahrzehnte währenden – Praxen und Ausmaße, die Legitimationsmuster und Herrschaftstechniken mittlerweile gut dokumentiert, wissenschaftlich untersucht und gehaltvoll diskutiert (vgl. u. a. Wensierski 2006, Baldus/Utz 2011, Füller 2011, Kappeler 2011, Oelkers 2011, Hafeneger 2011, Buchner-Fuhs/Fuhs 2011, Dudek 2012, Sünker/Berner 2012).

In der reformpädagogischen Tradition können »Herrschaftstechniken, Legitimationsmuster und Ideologien, z. B. der pädagogische Eros« (Tenorth 2011, S. 18) identifiziert werden, die zugleich gegen das öffentliche Schulwesen bzw. das staatliche Regelschulsystem die »Illusion einer besseren pädagogischen Welt« (ebd., S. 22) propagieren. Dies war nichts anderes als »eine dialektische Form von Herrschaft« (Oelkers 2011) und nichts von der Semantik der Reform, des guten Lebens, der jugendgemäßen Kultur, des platonischen Geistes und Eros »entsprach der Realität« der Landerziehungsheime (ebd., S. 21).[6] In seiner quellenkritischen Rekonstruktion kommt Oelkers (2011) mit Blick in die offenen, verdeckten und emotionalen Herrschaftstechniken zu dem Ergebnis, dass

> »die Geschichte der Reformpädagogik nie von ihren dunklen Seiten her erzählt worden ist. Die Rhetorik der »neuen« und »besseren« Erziehung lässt dafür auch keinen Raum, sie bemüht Ideale, die nicht unrein erscheinen dürfen, denn anders wären sie nicht glaubwürdig. Wer von der Sprache, dem Duktus und der Selbstsicht der Reformpädagogik ausgeht, wird bei aller Verschiedenheit der Ansätze keine dunklen Seiten entdecken, weil sie naturgemäß nicht thematisiert werden. Ein Großteil der vorliegenden Literatur übernimmt die reformpädagogische Rhetorik und schließt von dort auf die Praxis. Mit »dunklen Seiten« sind nicht nur Fälle von sexuellen Übergriffen gemeint, sondern alle Formen von Gewalt, also Übergriffe ebenso wie Erpressungen, Bedrohungen und Willkür etwa durch ungerechtfertigte Etikettierungen. Es geht um die Strafpraxis bis hin zur körperlichen Züchtigung, um die erpresserische Ausnützung der Autoritätsstellung, aber auch um verbale Stigmatisierung, emotionale Abhängigkeit, die Instrumentalisierung von Schülern oder deren gezielte Demütigung. Es geht damit um versteckte oder offene Techniken der Herrschaft, die man nicht erwartet, wenn von »Reformpädagogik« die Rede ist, die ja die Überzeugungen der »richtigen« Erziehung bestimmen soll« (S. 8f.).

Staat Oregon). Nach den Dokumenten sollen 1.247 leitende Personen der Boy Scouts in den Jahren 1965 bis 1985 in den »sexuellen Missbrauch« und dessen systematische Vertuschung verwickelt sein; die Zahl der Opfer sollen in die Tausende gehen.

6 Der reformpädagogisch postulierte Zusammenhang von ›Nähe zum Kind – pädagogischer Eros – Knabenliebe‹ sowie der ›emotionalen Beziehung‹ als ›guter Pädagogik‹ wäre als Chiffre für sexualisierte Gewalt noch genauer zu untersuchen. Die vorliegenden Indizien legen einen solchen Zusammenhang nahe.

Pädagogische Einrichtungen wie Landerziehungsheime und Internate unterliegen der Gefahr zu totalen – kaum öffentlich kontrollierten – Institutionen und abgeschotteten insulären Eigenwelten zu werden, denn das Leben in solchen Institutionen ist

> »ein Leben im Verborgenen. Verborgen ist aber auch das sexuelle Leben, insofern das Schamgefühl den Schutz vor fremder Einflussnahme einfordert. Und verborgen ist immer auch das Verbrechen und bedarf der Verheimlichung. Es liegt nahe, dass sich diese drei Ebenen von Verborgenheit leicht überlappen. Die totale Institution bildet das perfekte Setting, um öffentlich sanktionierte sexuelle Bedürfnisse ungesehen von der Öffentlichkeit auszuleben« (Weber 2011, S. 36).

So wurden nach einem Bericht von zwei von der Schule eingesetzten Ermittlerinnen an der Odenwaldschule – einem »Leuchtturm« der Reformpädagogik – 132 »Missbrauchsfälle« bis Ende 2011 nachgewiesen, die vor allem aus den 1970er und 80er Jahren dokumentiert sind. Sie waren eingebunden in ein verzweigtes System von Tätern und Mitwissern, von Macht und Gewalt, verbunden mit Mechanismen wie Vertuschung, Schweigen, Abhängigkeit und Bedrohung. Opfervertreter gehen von einer hohen Dunkelziffer und weit mehr Betroffenen als den 132 ehemaligen Schülern aus, die sich den Ermittlerinnen offenbart haben.[7]

Heimalltag

Die Veröffentlichung von Peter Wensierski (2006) zeigt die entwürdigenden und gewaltförmigen Verhältnisse im »System Heimerziehung« (Abschlussbericht 2010) sowie die Kontinuitäten der NS-Pädagogik, mit der sich die Fürsorgeerziehung in den ersten Nachkriegsjahrzehnten nicht auseinandersetzte. Die körperlichen und seelischen Folgen der – z. T. jahrelangen – Gewalterlebnisse wurden eindrücklich von ehemaligen Heimkindern beschrieben. Die Berichte bieten mit den Erlebnissen, Erinnerungen und den institutionellen Portraits von Heimen eine »Innensicht der öffentlichen Erziehung von

[7] Das pädokriminelle Verhalten wurde vor allem durch die prägende Struktur des Wohnkonzeptes der Schule – das sogenannte Familienprinzip – begünstigt. Dabei leben Schüler mit ihren Lehrern in Familien genannten Wohngruppen von acht bis zwölf Personen zusammen. Das Prinzip hatte Paul Geheeb, der Gründer der Odenwaldschule, von Gustav Wyneken übernommen. Dieser hatte die Wohnform mit ihren Kameradschaften als geistig-erotische Verhältnisse als »pädagogischen Eros« zwischen Lehrern und Schülern begründet (vgl. Dudek 2012). Vgl. auch den Bericht über den pädokriminellen Alltag in der Odenwaldschule aus der Perspektive eines Betroffenen, geschrieben von – so das Pseudonym – Jürgen Dehmers (2011).

Staat und Kirche aus der Sicht der Kinder« in den 1950er und 60er Jahren der Bundesrepublik (Wensierski 2006, S. 9; vgl. auch Backes 2012).[8] Deutlich werden die zeitbezogenen nichtigen und geringfügigen Gründe für eine schnelle Heimeinweisung; unter dem unbestimmten (und dehnbaren) Label »Verwahrlosung« oder »sittliche Verwahrlosung« waren das »auffällige« Verhaltensweisen wie »Umhertreiben«, »Verlogenheit«, »aggressive Auffälligkeit«, »Leistungsschwäche«, »Arbeitsbummelei«, »sexuelle Auffälligkeit« (vor allem bei Mädchen), dann Bettnässen, Stottern, Naschsucht und Nägelkauen (ebd., S. 44). Der Beobachtungs- und Kontrollblick richtete sich dabei vor allem auf »uneheliche« Kinder, Kinder allein erziehender Mütter, äußerlich »auffällige« Kinder und Jugendliche (z. B. lange Haare, Miniröcke, Besuch von Rockkonzerten). Aber auch Eltern schickten ihre Söhne und Töchter ins Heim, wenn sie mit ihnen überfordert waren; die Kinder und Jugendlichen kamen fast ausnahmslos aus den unteren sozialen Schichten. Der Abschlussbericht (2010) dokumentiert die damals gültigen Symptome von »Verwahrlosung« und »Gefährdung«:

> »›Unordnung‹, ›Unbeherrschtheit‹, ›Pflichtvernachlässigung‹, ›Ungehorsam‹, ›Schule schwänzen‹, ›Frechheit und Widerspenstigkeit‹, ›Bockigkeit‹, ›Jähzorn‹, ›Unflätigkeit‹, ›Unehrlichkeit‹, ›Kriminalität‹, ›Arbeitsbummelei‹, ›Vagabondage‹, ›Genussleben‹, ›Gewalttätigkeit‹, ›Prostitution‹, ›Herumtreiben‹, oder sonstiges Abweichen von sozialen Normen. Insbesondere für Mädchen war der Begriff der ›sittlichen‹ oder ›sexuellen Verwahrlosung‹, der auf eine rigide Sexualmoral zurückging, oft verhängnisvoll. Als Anzeichen dafür wurden ›unsittsame Kleidung oder Gebärden‹, Aufenthalt an ›unsittlichen Orten‹ wie Tanzbars, ›Triebhaftigkeit‹ und ›Haltlosigkeit‹ und vor allem ›sexuelle Kontakte‹ gewertet« (S. 9).

In den 1960er Jahren existierten etwa 3.000 Heime in staatlicher, katholischer oder evangelischer Trägerschaft mit mehr als 200.000 Plätzen. Manche Kinder und Jugendliche waren hier für kurze Zeit untergebracht, die meisten über mehrere Jahre und viele mussten ihre ganze Kindheit und Jugend (bis zum 21. Lebensjahr) in den hermetisch abgeschlossenen Heimen verbringen. Insgesamt kann davon ausgegangen werden, dass es in der Zeit von 1949 bis 1975 zwischen 700.000 und 800.000 Heimkinder gab. Schätzungen zeigen, dass 30.000 bis 50.000 Kinder und Jugendliche Heime erlebt haben, deren Alltag und Erziehungsverhältnisse mit Gewalt, »Missbrauch« und Demütigung ver-

[8] Sie waren körperlicher und psychischer Gewalt ausgesetzt, von Schlägen über Nahrungsentzug bis hin zum Zwang, das eigene Erbrochene zu essen. Die Kinder und Jugendlichen wurden verwaltet und diszipliniert, sie waren Objekt von Reglementierungen und sollten funktionieren und nicht stören (vgl. FR, 5. Dezember 2012).

bunden waren: »Sie zeugen von körperlicher, seelischer und sexueller Gewalt« (Abschlussbericht 2010, S. 4).

Die Erziehungs- und Arbeitsheime wurden ab ihrer Entstehung im 19. Jahrhundert – als sogenannte »Rettungsanstalten« und »Korrektionshäuser« für gefährdete und verwahrloste Kinder und Jugendliche – bis in die 1980er Jahre von den konfessionellen Trägern dominiert. Primäres Ziel der christlich orientierten Erziehung war die »moralische und religiöse Charakterbildung durch das Erlernen von Disziplin, Zucht, Ordnung, Arbeit und Sauberkeit« (Wensierski 2006, S. 46), welche durch frühes Aufstehen, Beten, Antreten und Arbeiten eingeübt werden sollten. Die Kinder und Jugendlichen wurden in den christlichen Einrichtungen als Sünder angesehen, die mit Strafe, Härte und Gewalt zu »wertvollen Mitgliedern« der Gesellschaft umerzogen werden sollten. Es waren alle Einrichtungen und für Wensierski (2006) vor allem die beteiligten katholischen Institutionen und Ordensgemeinschaften, »die die seelischen und körperlichen Schläge im Namen des Herrn austeilten« (S. 13). Die Durchsetzung dieser Ziele und »die Brechung des Willens« (so eine wiederkehrende Begründung) erfolgten – in einer ständigen Atmosphäre der Angst – systematisch mit Strafordnungen, willkürlichem Erziehungsverhalten, rigider Kontrolle des Alltags, Arbeitsausbeutung sowie Gewalt in Form von Herabwürdigungen und körperlichen Strafen (Züchtigungen) wie Ohrfeigen, Prügeln, sexuellem »Missbrauch«, Essen von Erbrochenem, Einsperren und Isolieren (in Keller), Schlägen und Arrest im Besinnungszimmer, erzwungenem Stehen oder Sitzen (Holzpritsche wurde hochgeklappt), Abschneiden der Haare, Behandlung mit Medikamenten, Schweigegebot, Essensentzug. Wensierski (2006) listet folterähnliche Strafen auf, mit denen Kinder und Jugendliche gedemütigt und misshandelt wurden. Sie wurden gezwungen

- zur Strafe mit nackten Beinen auf scharfkantigen Holzscheiten zu knien und zu beten;
- in einem zugebundenen Kartoffelsack im Keller zu stehen;
- sich in einer Reihe anzustellen, um über eine hochgehaltene Rute mit eingeflochtenen Dornen zu springen;
- sich in eine Badewanne mit kaltem Wasser zu setzen. Darin wurden sie gewaltsam untergetaucht;
- eiskalt zu duschen und nass, frierend und nackt still zu stehen – bisweilen über eine Stunde lang;
- Kniebeugen auszuführen, während Bibeln auf den ausgestreckten Händen lagen. Fiel eine Bibel dabei herunter, wurde dies mit Riemenschlägen auf die Hände bestraft;

- vor dem Teller mit erbrochenem Essen sitzen zu bleiben und das Erbrochene vollständig aufzuessen. Der Zwang/Die Forderung wurde dabei durch wiederholte Schläge auf den Kopf bestärkt;
- mit auf dem Rücken gefesselten Händen im Keller zu stehen, wobei die an eine Wandhaken gehängte Halsschlaufe würgte, wenn die Jugendlichen nach stundenlangem Stehen zusammensackten;
- so sie bereits selbst Mutter waren das Stillen zu unterlassen (S. 69).

4. Jugendhilfe und Heimalltag in der ehemaligen DDR

In der Rekonstruktion der »DDR-Jugendhilfe« bis Ende der 1970er Jahre kommt Julius Hoffmann (1981) zu der Einschätzung, dass die »sozialistische Jugendhilfe« die politisch-ideologische Erziehungsaufgabe hatte den »Aufbau des Sozialismus« zu forcieren.

> »Die Jugendhilfe wurde hier erstmals in einem umfassenden politisch-ideologischen Zusammenhang begründet: Die Lage von Jugendlichen in der DDR sei bestimmt durch ›Entwicklungsmöglichkeiten‹ und die ›Perspektive eines glücklichen Lebens in Frieden und Wohlstand‹; die von Jugendlichen in der Bundesrepublik demgegenüber durch ›Ausweglosigkeit‹. Die Problemlagen von Kindern und Jugendlichen in der DDR unterschieden sich von ähnlichen in kapitalistischen Ländern, besonders in der Bundesrepublik, sowohl nach ihrem Wesen als auch nach ihrem Ausmaß und ihren Erscheinungsformen. ›Jugendverwahrlosung‹ sei aber noch vorhanden. Sie äußere sich in Erziehungsschwierigkeiten, Kriminalität und staatsfeindlicher Tätigkeit. Die Ursachen lägen nicht ›im Charakter unseres Staates‹, sondern in der noch eingeschränkten Verwirklichung der Jugendpolitik und der ›demokratischen Erziehungsprinzipien‹ und in negativen Einflüssen aus der Bundesrepublik. Die Jugendhilfe in der DDR solle die Jugendgefährdung einschließlich ihrer Ursachen und Auswirkungen bekämpfen und ›schließlich vollständig‹ beseitigen. Dieses Ziel sei auf Grund der gesellschaftlichen Veränderungen erreichbar. Demgegenüber könne die Jugendhilfe in der Bundesrepublik nur die Fehlentwicklung im Einzelfall lindern oder beseitigen« (S. 56f.).

Nach Hoffmann (1981) hatte die Jugendhilfe in der DDR eine eindeutige politische und pädagogische Funktion. So gilt für

> »die Jugendhilfeorgane die gleiche generelle pädagogische Zielsetzung wie für alle anderen Bereiche des Volksbildungswesens und für alle anderen staatlichen Organe und Einrichtungen, für die gesellschaftlichen Organisationen, für die Betriebe und für die Familien: beizutragen zur Entwicklung sozialistischer Persönlichkeiten. Die Zielsetzung für die Jugendhilfe ist keine inhaltlich besondere, sondern auf eine be-

sondere Adressatengruppe bezogen. Sie soll, wie schon seit den fünfziger Jahren formuliert wurde, sichern, daß alle Kinder und Jugendlichen sozialistisch erzogen werden, auch diejenigen, die unter ungünstigen Erziehungs- und Lebensverhältnissen aufwachsen und (oder) deren Persönlichkeit bereits Merkmale der Fehlentwicklung aufweist. Sie hat den Auftrag, ›keinen zurückzulassen‹« (S. 113).

Als Ziel wurde wiederholt formuliert, die Kinder und Jugendlichen »im Sinne der antifaschistisch-demokratischen Ordnung« zu »einer sozialistischen Persönlichkeit« zu erziehen (Hoffmann 1981, S. 38). Die »einheitliche und zentralistische Lenkung« und Kontrolle sowie die »Umerziehung« und »Integration der Jugend in das DDR-System« waren – nach Auflösung der Jugendämter – wesentliche Merkmale der Jugendpolitik, der Jugendgesetzgebung bzw. »Organe für Jugendfragen« der DDR, zu denen auch die Heimerziehung zählte. Dabei war die Jugendhilfe – mit wiederholt veränderten Strukturen, Gesetzgebungen und Verordnungen – ein Randgebiet des Volksbildungswesens und des Sozialisations- und Herrschaftssystems der SED und DDR. Die Zuordnung zum Volksbildungsbereich – dem Ministerium für Volksbildung der DDR – ermöglichte es der SED auch hier ihre inhaltlichen, »richtigen« und »einheitlichen« Zielvorstellungen über Erziehung – im Sinne der »kommunistischen Erziehung der Jugend« (Mannschatz 1977) – mit ihrem Personal durchzusetzen; d. h. auch Kinder und Jugendliche, die abweichen, mit ihren Maßnahmen einheitlich zu lenken und zu bestrafen.

Zurückbleiben, soziale Fehlentwicklungen und Schwererziehbarkeit werden in der DDR zu wesentlichen Kategorien für die Jugendhilfe. Dabei meint Zurückbleiben vor allem Leistungsversagen im Unterricht, und gemeint waren generell disziplinloses Verhalten, Inaktivität in der gesellschaftlichen Arbeit, Auffälligkeit in der charakterlichen und moralischen Haltung oder kriminelle Handlungen. Zurückgeblieben waren danach Kinder, die ›schlecht lernen‹, ›den Unterricht stören‹ und bei denen sich ›negative Verhaltensweisen stabilisieren‹. Darüber hinaus akzentuiert der federführende »Fachmann« der DDR-Jugendhilfe – Eberhard Mannschatz – auch die gängigen Auffassungen über die Entstehung und Beseitigung des Zurückbleibens.[9] Das ›Wesen‹ des Zurückbleibens, d. h. von Erziehungsschwierigkeiten und zeitweiligem Leistungsversagen wird in den gestörten Beziehungen des Kindes zum Kollektiv oder im mangelhaften Zustand des Kinderkollektivs gesehen. Schwererziehbarkeit meint Fehlentwicklungen mit »extrem negativen und hochgradig ver-

9 Eberhard Mannschatz war von 1951 bis 1978 Leiter der Abteilung Jugendhilfe und Heimerziehung im Ministerium für Volksbildung. Er hat die Jugendhilfe in der DDR über diesen Zeitraum wesentlich begründet, beeinflusst und gestaltet. Der Begriff »Fürsorgeerziehung« wurde nach § 5 VOJÄ durch »Sondererziehung« ersetzt.

festigten Verhaltensweisen, dann emotionaler aggressiver oder passiver Widerstand gegen pädagogische Aktivitäten. Diese Kategorien dienen in erster Linie der Erfassung von Kindern und Jugendlichen, die in Spezialheime, besonders in Jugendwerkhöfe eingewiesen werden« (vgl. Hoffmann 1981, S. 139).

Das System der Jugendhilfeheime wurde nach der »Verordnung über Heimerziehung von Kindern und Jugendlichen« so unterschieden: Normalheime, Spezialheime, Durchgangsheime und Erholungsheime. Jugendwerkhöfe gab es für »erziehungsschwierige und straffällige Jugendliche« von 14 bis 18 Jahren; Heime für »schwererziehbare, bildungsunfähige, schwachsinnige Jugendliche« von 14 bis 18 Jahren. Das System der Jugendhilfeheime ist seit 1951 nicht wesentlich verändert worden und im »Gesetz über das einheitliche sozialistische Bildungssystem« vom 25.2.1965 heißt es in § 20 zur Jugendhilfe einschließlich der Heime u. a.:

> »Der Jugendhilfe unterstehen Spezialheime zur Umerziehung von erziehungsschwierigen und straffälligen Minderjährigen und Normalheime für die Unterbringung und Erziehung elternloser und entwicklungsgefährdeter Kinder und Jugendlichen. Sie leitet die ihr unterstellten Einrichtungen an und beaufsichtigt sie« (ebd., S. 84).

Nach dem Jugendhilfesystem der DDR wurden sechs Typen von »Normalheimen« und acht Typen von »Spezialheimen« unterschieden; letztere hatten folgende Bezeichnungen:

1. a) Spezialkinderheim (Klasse 1-10),
   b) Spezialkinderheim (nach Klassenstufen differenziert),
2. Spezialheim Hilfsschüler A-Zug,
3. Spezialheim Hilfsschüler B-Zug,
4. Spezialheim Hilfsschüler C-Zug,
5. Jugendwerkhof Typ I,
6. Jugendwerkhof Typ II (ohne berufliche Qualifizierung und für Abgänger der Hilfsschule),
7. Jugendwerkhof Typ II (für Abgänger der POS, differenziert nach Möglichkeiten beruflicher Qualifizierung),
8. Sonderheimkombinat.

Im Jahr 1989 umfasste das DDR-Heimerziehungssystem insgesamt 474 staatliche Kinderheime, darunter waren 38 Spezialkinderheime, 32 Jugendwerkhöfe (JWH) mit dem geschlossenen Jugendwerkhof in der sächsischen Stadt Torgau. Etwa 120.000 Kinder und Jugendliche waren in Spezialheimen für »Schwererziehbare« und den Jugendwerkhöfen untergebracht.[10] Ideolo-

[10] Es gab weiter »normale« Heime, u. a. für Waisen, in denen Kinder – nach bisherigen

gisch wurde das System vom zuständigen Ministerium für Volksbildung als Beitrag einer »allumfassenden Fürsorge« begründet, durch die gewährleistet werden sollte, dass Kinder und Jugendliche nicht alleine gelassen und zu wertvollen und nützlichen Mitgliedern der »sozialistischen Gesellschaft« erzogen werden. Weiter sollten nach dem DDR-Ministerium als Ziel der Jugendhilfe die Gefährdungen, »Besonderheiten und Fehlentwicklungen in der Persönlichkeitsentwicklung« bekämpft und überwunden und die »Eigenheiten in Denken und Verhalten beseitigt werden«, um damit die Voraussetzung für eine »normale – d. h. sozialistische – Persönlichkeitsentwicklung« zu schaffen. Politisch-ideologisch gepriesen wurde das System als »Kollektiverziehung« innerhalb eines »sozialistischen Staates und für eben diesen Staat«.

Die Tage im Heimsystem – d. h. vor allem der Spezialheime – der DDR verliefen im gleichen Rhythmus: Morgens mussten die Kinder und Jugendlichen ihre Betten faltenfrei herrichten, wenn nicht, setzte es Schläge. Jeden Tag mussten die Mädchen und Jungen Flure und Zimmer sauber machen. In den Heimen sollte der Wille der Kinder und Jugendlichen gebrochen werden. Die Zimmer wurden häufig abgeschlossen. Das Grundstück durften sie nicht verlassen, es gab keine Spiele, nur wenig Bastelmaterialien und ein paar Bücher. Manchmal mussten die Kinder aufs Feld zur Zuckerrübenernte, offiziell hieß das »Arbeitserziehung«. Einmal in der Woche durften sie fernsehen. Tanzte jemand aus der Reihe, wurden alle bestraft mit Fernsehverbot, Zusatzsport und Sperre der von vornherein seltenen, kurzen Heimatbesuche.

Jugendwerkhof Torgau

Das Beispiel des Jugendwerkhofes in Torgau zeigt besonders deutlich, wie die Wirklichkeit des unmenschlichen DDR-Heimerziehungssystems aussah. In Torgau waren bis 1989 insgesamt 4.046 Jugendliche hinter sechs Meter hohen Mauern mit Wachtürmen, hinter Stacheldraht und von Wachhunden kontrolliert, das Areal mit Stahltoren und Sturmbahn versehen. Sie wurden bis zu sechs Monate als »Häftlinge« in einem »Hochsicherheitstrakt« eingesperrt.

Die Einweisung von Jugendlichen in das Räderwerk der DDR-Heimerziehung und nach Torgau erfolgte ohne Gerichtsbeschluss. Als Gründe wurden u. a. Fluchtversuche aus anderen Heimen, Schulschwänzen oder Kritik an der DDR angegeben; wenn Jugendliche auffällig, zappelig und unaufmerksam

---

Erkenntnissen – nicht bzw. »nur« in Einzelfällen geprügelt und gedemütigt wurden. Insgesamt sollen etwa 600.000 Kinder in Heimen gelebt haben.

bzw. verhaltensgestört waren konnten sie eingewiesen werden. Untergebracht waren die Jugendlichen in Torgau in Gebäuden mit kleinen Räumen und vergitterten Fenstern. In winzigen, abgedunkelten so genannten »Zuführungszellen« war das Aufnahmeritual für die »Neuankömmlinge« verbunden mit duschen, desinfizieren und Haare scheren, dann anziehen von Anstaltskleidern und dem Auswendiglernen der Anstaltsordnung. Die Jugendlichen hatten nicht das Recht zu fragen und durften nur reden, wenn sie von den »Erziehern« gefragt wurden. Die erzieherischen Leitmotive und die erzieherische Praxis waren bestimmt von harter Arbeit und Disziplin, militärisch-sportlichem Drill, einem differenzierten System von Kontrollen, von Denunziationen und strengsten Bestrafungen bei noch so kleinen Verfehlungen.

Die Jugendlichen mussten harte Arbeit (in der Tradition der harten, körperlichen Arbeitserziehung) leisten (vgl. Dudek 1988, Hafeneger 1988). Der Begriff der Arbeit und die Arbeitserziehung hat in der Disziplingeschichte der Pädagogik als Kategorie, Erziehungsziel und Erziehungsmittel eine lange Tradition und ist in die jeweiligen historischen Kontexte legitimatorisch und praktisch eingebunden. Die legitimatorische Logik war, dass die erzieherische Bedeutung von und die Gewöhnung an Arbeit mit einer Internalisierung formalisierter Arbeitstugenden einhergehen.[11] Dieses Wirkungsdenken gilt für die Jugend- und Fürsorgegeschichte des 19. und bis in die Mitte des 20. Jahrhunderts. Arbeit galt zeitgenössischen Politikern und Pädagogen in den unterschiedlichen politischen Systemen (so im Kaiserreich in der Weimarer Republik, in der Geschichte der Bundesrepublik und der ehemaligen DDR) bis Mitte des 20. Jahrhunderts als erzieherisch wertvoll, integrierend und disziplinierend. Sie wurde sowohl ökonomisch wie auch nicht-ökonomisch (als erzieherisch und bildend) gedacht. In dieser Denktradition hatte die Erziehung durch Arbeit auch in der Heimerziehung der ehemaligen DDR (wie auch im Heimalltag der Bundesrepublik) mit ihren ausbeutenden, disziplinierenden und erzieherisch-demütigenden Bedeutungen einen großen Stellenwert. Das zeigt die harte körperliche Arbeit in Torgau mit besonderem Nachdruck. Arbeitserziehung bedeutete nicht-entlohnte (meist einfache und monotone bis zur Erschöpfung führende Hand-)Arbeit, eingebunden in die Maximen: Erziehung durch Arbeit

[11] Zu den unterschiedlichen und vielschichtigen Facetten, Interessen und Motive der Arbeitserziehung im Rahmen der Arbeitslager(bewegung) (als freiwillige Lebensform der bürgerlichen und proletarischen Jugend), des Freiwilligen Arbeitsdienstes in der Weimarer Republik, des Reichsarbeitsdienstes (als umfassendes System der Jugendzwangsarbeit des NS-Staates, mit Zwang, Terror und Vernichtung) und der Jugendhilfe (mit ihren Angeboten für arbeitslose Jugendliche) in den Nachkriegsjahrzehnten (als erzieherische Integration) im 20. Jahrhundert vgl. Dudek (1988) und Hafeneger (1988).

und Erziehung zur Arbeit. Sie war ein politisch-pädagogisches Instrument und mit dem Mittel der Arbeitserziehung sollten die Jugendlichen in geschlossenen und kasernierten (autoritär geführten) Einrichtungen (Heimen) mit ihren strengen, rigiden Ordnungen kontrolliert und ihre soziale Disziplinierung erzwungen werden (so die Wirkungshoffnungen). Qualifikation, Ausbildung und Berufsförderung von Jugendlichen lagen nicht im Vorstellungsbereich und in der Gedankenwelt der Arbeitspädagogik und Arbeitseinsätze.

Weiter waren die Jugendlichen im Jugendwerkhof Torgau alltäglichen Quälereien ausgesetzt. Sie mussten sich im Laufschritt bewegen und wurden mit Essensentzug bestraft. Sie wurden gequält und körperlich bestraft, so z. B. mit Fäusten, Tritten und Stöcken geschlagen und getreten; und sie waren z. T. auch sexualisierter Gewalt und Vergewaltigungen ausgesetzt. Zu dem Strafen zählten im »Entengang in der Hocke treppauf, treppab« gehen zu müssen oder kollektive Toilettengänge zu bestimmten Zeiten, die durch die »Erzieher« festgelegt wurden. Einzelstrafen wurden unter anderem in Arrestzellen – die wenige Quadratmeter groß und verdunkelt waren – im Keller verbüßt, sie waren mit Schlafen auf dem Zellenfußboden oder auf Holzpritschen verbunden. Weiter war Liegen nur zur Nachtruhe erlaubt und die Strafe für eine Verfehlung von einzelnen wurde stets über die ganze Gruppe verhängt; wofür die Gruppe sich dann wiederum durch weitere Strafen und Quälereien rächte. Es gab in den Einrichtungen eine rigide Hackordnung, die mit Kontrolle und Denunziation und auch mit sexualisierter Gewalt, Vergewaltigungen und – in der Folge – Suizidversuchen bzw. Suiziden verbunden waren. Das totalitäre Erziehungs- und Bestrafungssystem sowie die gewaltförmige Organisation und der harte Umgang ließen keine Zuwendung oder auch nur im Ansatz »menschenwürdige Behandlung« zu.

Mit der sogenannten »Explosions- und Schocktherapie« sollte in Torgau der Wille der Jugendlichen gebrochen werden. Danach blieben die Jugendlichen nach ihrer »Einlieferung« drei Tage in Einzelarrest – mit diesen drei Tagen der neuen, harten und totalen Lebensform sollten der Wille gebrochen, jegliches Aufbegehren verhindert und eine »explosive Veränderung« der Jugendlichen durch einen Umerziehungsprozess eingeleitet werden (dem die Jugendlichen dann durch »Einsicht« zustimmen sollten). Hierzu gehörte auch der sogenannte »Fuchsbau«, in dem Jugendliche zur Strafe eingesperrt wurden; es war ein etwa ein Meter hoher Kellerverschlag ohne Luftzufuhr und Licht.[12]

[12] Der ehemalige Jugendwerkhof Torgau wurde von einer Initiativgruppe (bzw. einem Förderverein) zu einer Gedenkstätte entwickelt und von der – 1994 vom Freistaat Sachsen gegründeten – »Stiftung Sächsische Gedenkstätten zur Erinnerung an die Opfer politischer Gewaltherrschaft« gefördert.

5. Körpersozialisation

Die Körpersozialisation von Kindern findet zunächst im familiären Kontext, dann in lebensweltlichen Zusammenhängen, in Kindergärten, in der Schule und in der Freizeit statt. Dabei ist die wichtigste Lernform

> »das körperlich basierte mimetische Lernen – Lernen also durch Praxis, durch Nachmachen und Mittun, durch Aneignung von Routinen und Gewohnheiten und durch dementsprechende Entwicklung von Denk-, Wahrnehmungs-, Urteils- und Handlungsmustern, die aus der Herkunftskultur stammen und in ihr ihren Sinn haben. Für das Kind ist die Familie, die soziale Herkunft Schicksal: Es hat keine Wahl. Wie hier mit Sprache und Stimme, wie hier mit Zeit und Raum, wie hier mit Körper und Bewegung, wie hier mit Beziehung und Gewalt umgegangen wird, hat schicksalhafte Bedeutung, und zwar auch dann, wenn der Jugendliche oder Erwachsene sich einmal aus seiner Herkunftsfamilie lösen sollte« (Liebau 2006, S. 47; vgl. auch Bilstein/Brumlik 2012).

Aus anthropologisch-phänomenologischer Sicht wird zwischen »Körper« und »Leib« unterschieden: Mit dem menschlichen Körper ist der materielle, biologische Körper als Ding unter anderen Dingen gemeint. Er kann instrumentell genutzt werden – als Arbeitskraft und im Sport, im Kampf oder in der Selbstmodellierung. Der Begriff »Leib« steht für den lebendigen Menschen, der als Ganzheit in der Welt und in einem sozialen Gefüge existiert: als untrennbarer Zusammenhang von Denken, Handeln, Fühlen und körperlich/leiblicher Repräsentation. Die auf Freud zurückgehende »leibliche Positionalität« (oder auch triebhaft-symbolische Einheit) hat ein Innen und Außen. Dabei geht es um einen Erfahrungsraum, der sich nicht auf die äußere Natur, die Kultur oder das Bewusstsein reduzieren lässt. Das Konzept der »leiblichen Positionalität« knüpft an die Unterscheidung von Maurice Merleau-Ponty zwischen »le corps« (»Körper«) und »la chair« (»Leib«) und an das Konzept der exzentrischen Positionalität von Hellmuth Plessner an (Der Mensch hat einen Körper und ist ein Leib). In Prozessen der Transformation wird das biologisch und sozial Gegebene in eine innere, psychische Welt verwandelt. Durch solche unabschließbaren Verinnerlichungsprozesse wandeln sich Bedürfnisse zu Wünschen, Instinkte zu Begehren, Konkretes wird zum Symbolischen und Funktionen werden zu Bedeutungen. Einerseits ist der Leib nicht beherrschbar – er ist verletzlich, er kann krank werden, er ist beeinflussbar und nicht gefeit gegen Missbrauch; Gefühle entstehen in ihm spontan und ungeplant. Andererseits ist er als Körper unser naheliegendster und größter Verbündeter bei unseren Bemühen, unsere eigene Wirksamkeit unter Beweis zu stellen und die Welt bewusst zu gestalten. Der Mensch ist sein Leib und hat seinen Körper – je nach Perspektive (Plessner 1975).

Joachim Küchenhoff und Klaus Wiegerling (2008) akzentuieren die intersubjektive und welterschließende Funktion des Leibes als Ort des Begehrens und des Leidens, somit als »intercorporéité« (Merleau-Ponty 1966). Der Leib vermittelt für sie die Subjektkonstitution über die Intersubjektivität, und die Begegnung mit dem Anderen geschieht über den eigenen und den Körper des Anderen. In den vielen kleinen Lebens- und Alltagswelten sind Leibsein und Körperwissen eingewoben (vgl. Honer/Hitzler 2011). Diese Begegnung und Subjektaneignung über Intersubjektivität und Zwischenleiblichkeit, erweisen sich jedoch als höchst fragil und störanfällig. Das Ich ist – nach Freud – ein Körperliches, dabei sind die Berührung, die Stimme sowie der Blick des Anderen die ersten Folien, die als Einschreibetexte, affektiv gefärbte Erlebnisse, Kodierungsformate oder Symbolebenen der Subjektivität verstanden werden können.

Der Leib und das Subjekt sind demnach performativ als intersubjektive Inszenierungen immer schon da, bevor sie als Subjektivität erlebt und als Erkenntnis aufgenommen werden. Subjektivität entsteht aus Intersubjektivität, Leiblichkeit aus Zwischenleiblichkeit. Sie sind ab origine schon beim Infans, dem noch sprachunfähigen Kind, sozial und ethisch konstituiert. Das fremdleibliche Spüren des Eigenen, der Berührungs- und Hautkontakt über den Anderen erzeugen intersubjektive und zwischenleibliche Ich-Identität. Der Leib ist insofern ein Signifikant in einer mehrfach determinierten Symbolwelt, der ständig von Regression und Desymbolisierung bedroht ist. Es ist ein Ort des Psychischen, des Bewusstseins und zugleich Ort der verdrängten und aus dem Bewusstsein evakuierten und verworfenen Affekte.

Der Leib ist der Ort, der die Herausforderungen und die Last unserer marktförmig organisierten Gesellschaft (Verantwortung, Selbstinszenierung, Stresserkrankungen, Bewegungsarmut) trägt und Belastungen mit Fitness, Wellness und Gesundheitsförderung entgegenwirkt.[13] Die neuen Abhängigkeiten von den selbstregulativen Regimen des Schönheits- und Modekomplexes sind mit

[13] Auch Phänomene wie Tätowierungen, Piercings und Infibulationen können als eine emblematische Theatralisierung der Haut, als Grenzorgan und die Herstellung von Grenzkontrollen gelesen werden. Dornes (2012) verweist auf die lange Tradition von Körpermodifikation und kosmetischer Kompensation, die es schon immer gab und bereits in den 1920er Jahren vor keinem Körperteil Halt gemacht haben. Er bilanziert eine mehr kulturkritische Diskussion, die den Gedanken, »dass erhöhte Körperbesetzung auch lustvoll sein kann« (S. 133), nicht in den Blick nimmt und zu würdigen weiß.

normativen Körperbildern verknüpft, die wiederum mit einem ständigen Blick in den Spiegel verbunden sind. So findet sich die Welt in der Leiblichkeit des Menschen wieder – als Ensemble gesellschaftlicher und natürlicher Verhältnisse und in seiner je individuellen Entwicklung. Der gewordene und gelebte Körper ist in vielschichtige Veränderungen, gesellschaftliche Prozesse und Interessen sowie Körpererkundungen eingebunden. Diese sind auch mit einer Zunahme an reflexivem Körperwissen und einem komplexen Verhältnis von Körper und Sprache verbunden (vgl. Keller/Meuser 2011, Küchenhoff 2012). Auch die Politik hat eine leibliche Dimension, und als Kommunikationsmittel per se ist der Körper immer schon ein Teil der Politikinszenierung gewesen. Der Körper wird auch als Objekt der Politik inszeniert; die früheren Gewaltpraktiken der Züchtigung, Folter und öffentlichen Darstellung der Todesstrafe im Mittelalter bieten hierfür Beispiele, die Parallelen zu aktuellen medialen Gewaltpräsentationen – wie beispielsweise im Internet – erkennen lassen. Neben der Bestrafung gehört auch die Disziplinierung des Körpers zu den Techniken der Politikinszenierung. Damit werden Normen durch die Individuen internalisiert und zugleich sichtbar gemacht.

Im Laufe der Sozialisation verankern sich nach Pierre Bourdieu (1983) die jeweiligen klassen-, gruppen- und geschlechtsspezifischen Verhältnisse als leiblicher »Habitus«. Dies geschieht sowohl über ein pädagogisches und disziplinierendes Einüben von körperlichen Haltungen und Gesten als auch über die unbewusste Mimesis von Leib zu Leib: Die alltäglichen kulturellen Praktiken werden mittels unscheinbarer Imperative, Ermahnungen, Manieren und Regeln tradiert.[14] Der Begriff, mit dem die Gleichzeitigkeit von Neuschöpfung und Erhalt der gegenwärtigen Struktur auf der leiblichen Ebene gedacht und analysiert werden kann, lautet Mimesis. Im Zuge dieser habituellen Verleiblichung wird das kulturell Gelebte so selbstverständlich, dass es zu einer zweiten Natur des Menschen wird und sein Ursprung in Vergessenheit gerät. Unsere körperliche Verfasstheit »stellt eine praktische Weise der Erfahrung und Äußerung des eigenen gesellschaftlichen Stellenwerts dar« (Bourdieu 1983, S. 739). Durch die Einverleibung gesellschaftlicher (Macht-)Strukturen erwer-

[14] Gerade Kinder zeigen »für die Gesten und Posituren, die in ihren Augen den richtigen Erwachsenen ausmachen, außerordentliche Aufmerksamkeit: also für ein bestimmtes Gehen, eine spezifische Kopfhaltung, ein Verziehen des Gesichts, für die jeweiligen Arten, sich zu setzen (…), dies alles in Verbindung mit einem jeweiligen Ton der Stimme, einer Redeweise und – wie könnte es anders sein – mit einem bestimmten Bewusstseinsinhalt«. Implizit wird so über Haltungen und Bewegungen eine »komplette Kosmologie, Ethik, Metaphysik und Politik« eingeschliffen (Bourdieu, zit. nach Alkemeyer 2009, S. 14).

ben wir eine präreflexive Sensibilität für die sinnlich erfahrbare Welt und werden so fähig, uns in ihr zu bewegen. Gleichzeitig verkörpern wir im konkreten Tun immer auch unsere Zugehörigkeiten zu sozialen Gruppen und haben die Möglichkeit, eine reflexive Leiblichkeit auszubilden. Dabei können leiblich gespeicherte soziale Erfahrungen und die Offenheit für eigene leibliche Impulse – als leibliche Resonanz – als innerer bzw. gefühlter Maßstab oder Orientierungshilfe für einen angemessenen Umgang mit sich und anderen fungieren.

Was in den jeweiligen Biographien als Resonanz durch die Interaktion mit anderen Menschen und in unseren Erlebnissen erfahren wird, bleibt in den neuronal und muskulär vernetzten Archiven gleichsam ›eingefleischt‹ bzw. inkorporiert: einerseits als Gedächtnis und als abrufbares, explizites Wissen, andererseits als implizites Wissen in Form von Erfahrungen, Gefühlen, Können und (Körper-)Haltungen, als Lach- oder Kummerfalten oder als muskuläre Verspannungen. Gelebte Begegnungen hinterlassen Spuren und wirken mitfundierend für Selbstbewusstsein und Selbstbild. Sie bleiben manchmal über das ganze Leben hinweg im leiblichen Befinden (z. B. durch die Schmerzen, die sie bereitet haben) gegenwärtig (Haneberg 1995).[15]

6. Unterwerfung des Körpers

Körperliche Gewalt gegen Kinder und Jugendliche zielt immer darauf ab, sie zu regieren, zu beherrschen und zu unterwerfen; dabei wird der Körper von Erwachsenen »genommen« und bestraft. Ihm werden erzieherisch legitimiert und mit den zugehörigen Instrumenten (der Hand, dem Rohrstock, der Rute, dem Kochlöffel u. a.) bewusst oder in Kauf nehmend Schmerz oder Qualen zugefügt (vgl. Abraham/Müller 2010). Körperliche Gewalt ist eine Form von Körpermanipulation und körperzugewandter Körperfeindlichkeit und -verachtung sowie von gewaltsamer Inbesitznahme von Lebendigkeit. Dieser Umgang kann mit dem Konzept der »Zwischenleiblichkeit« (Merleau-Ponty 1966) verbunden werden, weil es auf die gewaltsame und erzwungene Begegnung von materialen Körpern verweist. Als harte und kalte Körperzuwendung ist sie zugleich als eine soziale Beziehung und als ein spezifisch kommunikativer Austausch zu verstehen und damit wiederum mit Körpererinnerungen und der Verkörperung von Erlebnisinhalten (embodiment) verbunden.

Ein zentrales Ziel des gesellschaftlichen Umgangs mit dem Körper ist

[15] Das können auch körperliche Praxen, Körperkult- und Leibphänomene in religiösen Weltanschauungen sein (vgl. Gugutzer/Böttcher 2012).

dessen Anpassung an die herrschenden Vorstellungen und Interessen, Dispositions- und Ressourcennotwendigkeiten, die sowohl durch Formen direkter als auch indirekter Gewalt (Verinnerlichung durch Normen, Regeln, Diskurse, dann auch mit Hilfe von Selbsttechnologien) erzwungen wird (vgl. Homfeldt 1999, Gugutzer 2004). Damit verbunden sind gewaltsame und technische (technologische) Machbarkeits- und Kontrollvorstellungen des Körpers bzw. der Person auch durch die Instrumente von körperlicher Bestrafung. Der Körper soll durch Erziehung zu einem domestizierten Repräsentanten gesellschaftlicher – d. h. auch familialer und pädagogischer – Strukturen werden, dabei wird Gewalt als erzieherisch »einsetzbares und formbares Mittel« der Prägung und Beeinflussung des Körpers bzw. der Körperoberfläche gesehen (Müller/Soeffner/Sonnenmoser 2011, S. 13). Er wird erzieherisch geformt und bearbeitet, unterworfen und »zugerichtet« (Kamper 1999), indem er bestraft wird. Damit wird versucht, das Erscheinungsbild des Körpers – und damit das Körperselbstbild und die Identität, die Affekte und Mentalität – zu modellieren und gesellschaftlich anzupassen. Das Kind erkennt sich auch in Gestalt seines (zugerichteten) Körpers und dieser Spiegel (Spiegelung durch bedeutsame Andere) ist das intuitive Instrument, in dem das Kind seine Identität widergespiegelt sieht (vgl. Lacan 1980). Die Verkörperung von Subjektivität durch körperliche Gewalt formt die Entwicklung, das Körper-Ich und Selbstbild des Kindes bzw. des Menschen. Nach Ada Borkenhagen (2011) hat das Spiegelstadium »seinen Grund in der Tatsache, dass sich das Kind seiner körperlichen Integrität und Identität aufgrund seines noch fragmentierten Körpererlebens (corps morcele) nicht selbst versichern kann, ihm diese Einheitlichkeit seines Körpers aber von den Bezugspersonen bzw. einem Spiegel als seine Identität gespiegelt wird«. (S. 67)

Der Körper ist Mittler von strafenden (schlagenden) Handlungen und wahrgenommenem Erleben, (schmerzhaften) Empfindungen und Äußerungen. Es geschieht ihm etwas bzw. etwas mit ihm, und er wird – so im gewaltsamen Umgang – als »Ding«, »Objektstatus« und »Verfügungsmasse« behandelt, der fremden Gesetzen und Dynamiken zu folgen hat. Dabei können mit Bezug auf körperliche Gewalt drei Erlebnisweisen des Körpers unterschieden werden:

»1. Ein Erleben vom Körper (ich nehme etwas an meinem Körper oder in meinem Körper wahr),
2. ein Erleben über den Körper (der Körper als Medium des Erlebens) und
3. ein Erleben des Körpers in dem fundamentalen Sinne, dass der Körper als eine eigenständige Empfindungseinheit etwas gewahren, registrieren, merken kann« (Abraham/Müller 2010, S. 23).

Gleichzeitig sind die Körper (inter)aktiv, sie sind sowohl Objekte sozialer Einschreibungen als auch Agenten von sozialer Praxis. Die Beziehung zwischen dem Körper und dem Sozialen ist grundsätzlich zweiwegig und so wird das virtuelle Drehbuch »Geschlecht« den Jungen und Mädchen in ihren Körpern sozial eingeschrieben (vgl. Connel 1995). Die Jungen und Mädchen gestalten ihren jeweils unvertretbaren, einzigartigen Körper und sie generieren Männlichkeit oder Weiblichkeit. »Doing gender« heißt, dass die Körper ständig inszeniert werden – die Individuen ihn beileibe nicht für sich allein haben. Der Körper befindet sich in einem ständigen Spannungsfeld zwischen Instrumentalisierung und Widerstand: »Er kann gesellschaftlich codiert, manipuliert und mit Hoffnungen der instrumentellen Verfügbarkeit besetzt und überlassen werden, aber er bleibt zugleich Natur mit eigener Dynamik« (Abraham/Müller 2010, S. 13). Dass die Zurichtung und Unterwerfung nicht vollständig gelingen kann, dass der Körper sich nicht vollständig manipulieren lässt, ist mit seinen Eigengesetzlichkeiten, dem Eigensinn der Individuen und deren aktiven und auch selbstreflexiven Gestaltung ihrer Körperlichkeit und Identität verbunden. Die Individuen sind immer bemüht, »den eigenen Körper tatsächlich zu spüren und in seiner Einmaligkeit und seinem Eigensinn persönlich im sozialen Raum anzunehmen« (Abraham 2010, S. 129).

7. Körper in der Pädagogik

Die persönliche Integrität ist immer auch mit dem Körper verbunden und ihm kommt für die Auslösung von Schamgefühlen eine besondere Bedeutung zu. Das gilt für die idealen und konkurrierenden Körperbilder in den Freizeit-, Medien- und Konsumkulturen sowie für die pädagogischen Bereiche wie z. B. den Sport(unterricht). In ihnen spielen Körperlichkeit und Bewegung, Körper- und Bewegungsnormen sowie Leistungsmessung – d. h. Bilder des und Erwartungen an den männlichen und weiblichen Körper – eine herausragende Rolle.

Vor dem Hintergrund des Bildes der »idealen« Schüler, von denen Schule und Lehrer erwarten, dass diese im Unterricht zuhören und mitarbeiten, sich aufmerksam und diszipliniert verhalten, stillsitzen und sich lernbereit zeigen, sind neben dem (unaufgeforderten) unerwünschten Reden auch körperlich disziplinlose und auffällige Verhaltensweisen (z. B. Rangeleien, Sitzhaltungen, Gestikulierungen, Desinteresse, Platz verlassen) störend und werden als »ansteckend« wahrgenommen. Der Unterricht in der Schule und die Raumnutzung der Klassenzimmer sowie das körperliche Agieren sind geregelt und normiert.[16] Dabei werden Räume als »relationale (An-)Ordnungen« (Löw 2001, Schonig 2008, Reutlinger 2008) verstanden, in denen sowohl gesellschaftlich (hier schulisch) wirkende, (an-)ordnende Strukturen als auch (durchaus konflikthafte) Prozesse des professionellen Anordnens und Durchsetzens wirken. Sobald sich Personen im Raum bewegen, verändert sich dessen (An-)Ordnung; er ist in Bewegung und es stellt sich die Frage nach den – hier professionellen – Akteuren, die zuständig sind für die Kriterien und Möglichkeiten der körperlichen Raumnutzung und -aneignung (deren Variabilität und Grenzen), für die Raum- und Bewegungsordnungen sowie für deren Durchsetzung in pädagogischen Einrichtungen.

Kinder und Jugendliche sind in der Schule und auch in der sogenannten Freizeit mit einem Zeitmanagement der optimalen Zeitnutzung konfrontiert. Zeitautonomie geht tendenziell verloren, Zeitdruck und -verdichtungen nehmen zu. So sind Schüler in der Schule in Lern- und Zeiträume mit aneinandergereihten Inhalten und Zeittaktungen (45 Minuten) konfrontiert sowie in einen Zeitdruck eingebunden, die kaum noch Zeit zum Nachdenken, zur Reflexion und für Eigensinn lassen. Für Andreas Dörpinghaus und Ina Katharina Uphoff (2012) liegt

> »der Erfindung der Schulstunde die Vorstellung zugrunde, Zeit müsse durch Ordnungen und Anordnungen verplant werden. Vor allem sind diese Ordnungen eine Form der Regierung und Disziplinierung. Zu bestimmten Zeiten haben Schülerinnen und Schüler in bestimmten Räumen zu sein und vor allem zu bleiben, die Stundenpläne machen die zergliederte Zeit sichtbar. Mit der Einteilung der Schülerschaft in Altersstufen und der Zuteilung von darauf abgestimmten, stetig wachsenden Lerneinheiten und Wissensbeständen bei zunehmend weniger Zeit werden Stunden- und Lehrpläne zu zeitlogistischen Feinstarbeiten« (S. 44).

Um Ordnung und Disziplin im normalen Unterrichtsbetrieb (aber auch in Einrichtungen der Kinder- und Jugendhilfe, der Jugendarbeit und des Sports) herzustellen, wird der Körper (wenn er abweicht) von den Pädagogen – deeskalierend, ermahnend, humorvoll, drohend etc. – auf die geregelte und normierte Raumnutzung, das erwünschte Körperverhalten und die normativen Regeln der sozialen Schul- und Unterrichtswelt (bzw. pädagogischen Welt) verwiesen. Durch die Autorität des Lehrers und mit den Instrumenten bzw. Praktiken schulischer Disziplinierung wird der Körper zur »Ordnung gerufen« und seine Anpassung an die institutionelle Normalität sowie an die Regeln und Prakti-

[16] Alternativ gibt es in der Denktradition einer »bewegten Schule« auch Ansätze kreativer Raum(um)nutzung und damit verbundene Körperaktivitäten bzw. Bewegungspraxen.

ken der Raumnutzung eingefordert (denen sich die Schüler dann mehr oder weniger – murrend – fügen oder auch »Hinterbühnen« suchen und sich der Kontrolle zu entziehen versuchen). Bei erneuten bzw. wiederholten Verstößen und wenn Verhaltensänderungen und Selbstdisziplinierung sich nicht einstellen, wird der Körper ggf. bis hin zum Unterrichtsverweis und mit Ausschluss bestraft und sanktioniert (vgl. Langer 2008, Langer et. al. 2010).

8. Beschämende körperliche und sexualisierte Gewalt – aktuelle Befunde

Aktuelle empirische Daten zur körperlichen Gewalt in Erziehungseinrichtungen außerhalb der Familie liegen kaum vor (vgl. zum »Tatort Familie« Lamnek et. al. 2013). Hier ist vor allem auf die Studie des Kriminologischen Forschungsinstituts Niedersachsen (KFN) aus dem Jahr 2009 hinzuweisen. Gegenstand der Studie waren Jugendliche als Opfer und Täter, und es wurden Daten zu erlebten Gewaltdelikten elterlicher Gewalt erhoben, aber auch zu Gewalterfahrungen im Schulkontext. Im Rahmen der repräsentativen Studie (in der Tradition von Dunkelfelduntersuchungen) zur Jugenddelinquenz/ -gewalt wurden in den Jahren 2007 und 2008 insgesamt 44.610 im Durchschnitt 15-jährige Schüler (neunte Klassen aller Schulformen) befragt. Dabei wird die Schule in der Studie als ein bedeutsamer Sozialisationsort verstanden, in dem Kinder und Jugendliche einen maßgeblichen Teil ihres Tages verbringen und der gleichzeitig »auch ein potentieller Viktimisierungsort« ist (KFN 2009, S. 57).[17]

Die Befragung hat Erfahrungen mit physischer Gewalt und Mobbing von anderen bzw. zwischen Schülern erhoben, aber auch ob und wie häufig »sie von einer Lehrkraft vor anderen Schülern lächerlich gemacht wurden, von einer Lehrkraft gemein behandelt oder sogar geschlagen wurden« (ebd., S. 57). Die Studie weist dazu folgende Daten aus: Jeweils ein Viertel der befragten Schüler gibt an, »von Lehrern lächerlich gemacht bzw. gemein behandelt worden zu sein« (ebd., S. 57). Zu körperlichen Übergriffen gaben 5 Prozent der Befragten an, im letzten Schulhalbjahr von einer Lehrkraft ein- oder mehrmals geschlagen worden zu sein. Mit Blick in die Geschlechterdifferenzierung »scheinen Jungen deutlich öfter lächerlich gemacht, gemein behandelt oder

[17] Jedes Jahr werden 12.000 bis 16.000 Fälle von »sexuellen Missbrauch« angezeigt und die Dunkelziffer ist um ein Vielfaches höher. In der Familie waren die Täter fast ausschließlich Männer und die Opfer vor allem Mädchen; in Institutionen wie Kirchen, Sportvereinen und Heimen sind es hauptsächlich Jungen.

sogar geschlagen zu werden als Mädchen« (ebd., S. 58). Solche Erfahrungen werden am häufigsten von Schülern aus Großstädten, am seltensten von Schülern aus Landkreisen berichtet. Für die Schulformen konnte kein systematischer Zusammenhang identifiziert werden. Auch Mobbing tritt offensichtlich an allen Schulformen in etwa gleich häufig auf.

Zwei weitere Ergebnisse der Studie sind interessant: Die höchsten Raten des Mobbings durch Lehrer berichten Jugendliche mit Migrationshintergrund aus dem ehemaligen Jugoslawien und Albanien (9,5 Prozent), gefolgt von osteuropäischen Ländern (8,1 Prozent), Italien (7,9 Prozent) und dem arabischen und nordafrikanischen Raum (7,6 Prozent); und 5 Prozent der deutschen Schüler benennen Situationen, in denen sie von einer Lehrkraft gemobbt wurden. Mit Blick auf das Schulklima wurde nach dem Eingreifen von Lehren bei gewalttätigen Vorfällen oder sich anbahnenden Konflikten gefragt. Hier wird der Einfluss auf das Risiko von Gewalt- und Mobbingerfahrungen ebenso deutlich, wie das Verhalten des Lehrers als bedeutsamer Prädiktor von Schulgewalt und Mobbing:

> »Von denjenigen Schülern, die angaben, dass Lehrer bei ihnen an der Schule bei Gewalt eingreifen, gaben nur 1,8% an, im letzten Schulhalbjahr mehrfach Gewalterfahrungen in der Schule gemacht zu haben, von den anderen Schülern waren es immerhin 4,0%. Ähnlich bei Mobbing: Hier berichten 13% der Schüler an Schulen, an denen nicht oder kaum eingegriffen wird, über Erfahrungen, jedoch lediglich 8,2% der Schüler an Schulen, an denen eingegriffen wird« (ebd., S. 61).

Während für einzelne Einrichtungen (so für reformpädagogische und kirchliche Internate) gehaltvolle Berichte vorliegen, gibt es kaum repräsentative Daten und wissenschaftlich gesicherte Erkenntnisse zur aktuellen Verbreitung von sexualisierter Gewalt gegenüber Kindern und Jugendlichen in pädagogischen Einrichtungen. Hier ist auf die beiden Studien – dabei handelt sich um Repräsentativbefragungen – des KFN (1992, 2011) hinzuweisen, aus denen einige Daten referiert werden.[18] Im Rahmen der Studie von 1992 wurden ca. 3.300 Personen befragt. In der neueren Studie (2011) waren es 11.428 Perso-

[18] Eine weitere Studie hat das Deutsche Jugendinstitut (DJI) vorgelegt. Es kommt in seinem Bericht – einer bundesweiten repräsentativen Befragung im Jahr 2011 – zur Frage der »Sexuellen Gewalt gegen Mädchen und Jungen in Institutionen« zu folgenden Verdachtsfällen: In pädagogischen Institutionen waren in den letzten drei Jahren die Schulen zu 43 Prozent, Internate zu 40 Prozent und Heime zu 79 Prozent »mit Verdachtsfällen auf sexuelle Gewalt – in welcher Form auch immer – (...) konfrontiert«. Dabei sind viele der genannten Verdachtsfälle »strafrechtlich nur schwer fassbare Vorwürfe wie Berührungen am Körper und/oder verbale sexuelle Übergriffe«.

nen im Alter von 16 bis 40 Jahren (davon hatten knapp 20 Prozent einen Migrationshintergrund); bei den 16-bis 20-Jährigen gab es ein Oversampling mit 3.236 Personen, »um so zu den am kürzesten zurückliegenden Missbrauchserfahrungen möglichst differenzierte Erkenntnisse erarbeiten zu können« (ebd., S. 3). Die Auswertung ergab, dass 683 Personen in ihrer Kindheit – bis zum 16. Lebensjahr – mindestens eine sexuelle Missbrauchserfahrung gemacht haben.[19]

> »Sexuellen Missbrauch mit Körperkontakt haben danach bis zum 16. Lebensjahr 473 Personen erlebt. 407 Personen berichteten über das Entblößen eines Täters zu dessen sexueller Manipulation (Exhibitionismus) und 111 Personen über andere sexuelle Handlungen« (ebd., S. 40).

Die Daten beziehen sich vor allem auf sexualisierte Gewalt, die vom unmittelbaren sozialen bzw. familiären Umfeld der Betroffenen sowie von unbekannten männlichen Tätern ausgeht (hier sind es bei den 16- bis 20-Jährigen 43,4 Prozent); der Täterkreis bezieht sich aber auch auf Viktimisierung innerhalb von (pädagogischen) Institutionen.

Die Daten zeigen, dass der Großteil sexualisierter Gewalt gegen Kinder und Jugendliche gerichtet ist, die jünger als 14 Jahre sind und vor allem Mädchen Gewalterfahrungen machen; dabei werden in der Auswertung drei Szenarien zusammenfassend unterschieden: »Entblößen«, »Missbrauch mit Körperkontakt« und »andere sexuelle Handlungen«. Sie finden vor allem in der eigenen Wohnung (35,1 Prozent) bzw. in der Wohnung des Täters (25 Prozent) oder auch »draußen im Freien« (20,5 Prozent) statt. Pädagogische Tatorte – Kindergarten (1,5 Prozent), Schule/Ausbildungsort (9,5 Prozent), Sportverein/Freizeit (6,1 Prozent), Heim (6,4 Prozent) und religiöse Einrichtung (0,6 Prozent) – spielen bei den drei Missbrauchsszenarien nur eine geringe Rolle. Insgesamt zeigen die Daten,

> »dass 3,6% der Befragten vor dem 16. Lebensjahr von exhibitionistischen Handlungen betroffen gewesen sind, davon die Hälfte mehrfach. Sexuellen Missbrauch mit Körperkontakt haben 4,1% und sonstige sexuelle Handlungen 1% der Befragten erlebt« (ebd., S. 19).

Im Kontext von Schule, Heimerziehung, Freizeit und Sport sowie der Kirche sind nach der Studie nur wenige Kinder und Jugendliche betroffen und dabei überwiegen Mädchen (vgl. auch DJI 2011). Für den Erwachsenen-Kind-Schul-

[19] Die Daten beziehen sich vor allem auf sieben Formen familiärer sexualisierter Gewalt (vgl. Wetzels 1997). In der Studie wird der Rechtsbegriff »Missbrauch« verwandt.

kontext werden von den 683 Fällen insgesamt zu »Entblößen« 5,4 Prozent, zu »Missbrauch mit Körperkontakt« 7,4 Prozent und zu »anderen sexuellen Handlungen« 12,3 Prozent angegeben; bei Freizeit/Sport sind es zu den beiden ersten Missbrauchsszenarien 8 Prozent und 2,5 Prozent. Zu den Tätergruppen heißt es in dem Bericht des KFN (2011):

> »Die häufigsten Tätergruppen sind beim sexuellen Missbrauch mit Körperkontakt bekannte männliche Personen (bei männlichen Betroffenen zu 25,3%, bei weiblichen zu 44,0%) und männliche Familienangehörige (bei männlichen Betroffenen 44,4%, bei weiblichen 39,6%). Der Großteil der Missbrauchstäter mit Körperkontakt stammt also entweder aus dem engen Familienkreis (insbesondere Onkel, Stiefväter, Väter) oder ist den Betroffenen bekannt (vor allem Erwachsene aus dem Umfeld der Eltern, Nachbarn, Freunde). Nur in knapp jedem vierten Fall (23,3%) handelt es sich bei den Tätern um männliche unbekannte Personen. 1,8% der weiblichen Betroffenen und 16,9% der männlichen berichten von weiblichen Tätern, d. h. Jungen sind von sexuellem Missbrauch mit Körperkontakt durch weibliche Täter weitaus häufiger betroffen als Mädchen. Im Vergleich der drei Altersgruppen über 11.000 Befragten, zeigt sich ferner, dass der oben beschriebene Rückgang sexuellen Missbrauchs vor allem innerfamiliäre Taten betrifft. Das Risiko, von unbekannten Tätern missbraucht zu werden ist dagegen über die letzten drei Jahrzehnte weitgehend konstant geblieben. Im Hinblick auf ›bekannte Täter‹ hatten die von Missbrauch Betroffenen die Möglichkeit, genauer anzugeben, in welchem Kontext sie diese Person kennengelernt haben. Im Hinblick auf die weiblichen Betroffenen ist hier auffällig, dass 8,6% solcher Missbrauchsfälle durch bekannte Täter männlichen Lehrern zuzuordnen sind. Täter aus dem Bereich Freizeit/Sport sind dagegen mit 2,5% relativ selten vertreten. Besondere Aufmerksamkeit verdient ferner die Tatsache, dass von den 683 Betroffenen nur eine einzige Person einen katholischen Priester als Täter des Missbrauchs benannt hat« (S. 42).

Ein Vergleich der Daten von 1992 und 2011 zeigt, dass die sexuelle Gewalt mit Körperkontakt kontinuierlich abgenommen hat. In der Altersgruppe der 16- bis 20-Jährigen haben »nur noch 1,8% sexuellen Missbrauch mit Körperkontakt erlebt« (ebd., S. 24). Auch wenn der Vergleich aufgrund der unterschiedlichen Stichprobengröße nur eingeschränkt gilt, so gibt es mit Blick in die Vergleichszahlen aus dem Jahr 1992 eine Tendenz, die einen den deutlichen Rückgang bestätigt. Waren im Jahr 1992

> »noch 8,6% der befragten Frauen und 2,8% der befragten Männer von sexuellem Missbrauch mit Körperkontakt betroffen, sind dies in der aktuellen Studie 7% der weiblichen und 1,4% der männlichen Befragten. (...) Beim Exhibitionismus sind es bei den weiblichen Betroffenen 8,9% (1992) gegenüber 5,7% (2011) sowie 2,9% (1992) gegenüber 1,4% (2011) bei den männlichen Betroffenen« (ebd., S. 25).

9. Gewalt unter und von Jugendlichen – am Beispiel Cyber-Mobbing

Verletzende Kommunikation unter Kinder und Jugendlichen haben sich in den letzten Jahren zunehmend aus der realen Lebenswelt in Chatrooms und Netzwerke verlagert. Während verletzende Äußerungen im Alltag und im kleinen Kreis schnell vergessen werden, sind sie im Netz oftmals eine längere Zeit und für viele Nutzer einsehbar. Vor dem Hintergrund der Debatte um Cyber-Mobbing und den empirischen Befunden gibt es mittlerweile zahlreiche Materialien und Praxishilfen zum pädagogischen Umgang, zur Prävention und Intervention (vgl. Dambach 2011, Pieschl/Porsch 2012, Landesstelle Jugendschutz Niedersachsen 2012).

Aus den vielfältigen und wiederholt untersuchten Gewaltphänomenen unter Jugendlichen soll hier beispielhaft auf Cyber-Mobbing eingegangen werden. Es ist – gegenüber körperlichen, kriminellen oder auch politisch motivierten Gewaltformen – ein eher neues Phänomen, über das seit einigen Jahren öffentlich diskutiert wird.[20] Bei den Gewaltformen unter Jugendlichen ist vor allem Cyber-Mobbing – als neue Form der Drangsalierung, der Diffamierung, Verleumdung, Bedrängung, Belästigung, Schikane und Nötigung in sozialen Netzwerken, per Handy, in Chatrooms oder in Foren – seit einigen Jahren ein zentrales Thema. Hier zeigen erste empirische Befunde unterschiedliche Ausmaße des Phänomens.[21]

Nach einer repräsentativen Forsa-Umfrage im Jahr 2011 sind etwa 33 Prozent der 14- bis 20-Jährigen Opfer von Cyber-Mobbing geworden. Davon kennen 52 Prozent den Täter und 21 Prozent konnten sich vorstellen, selbst als Täter im Internet aufzutauchen. Gegenüber dem »traditionellen« Mobbing ist das Cyber-Mobbing vor allem mit dem demütigenden Gefühl von Grenzenlo-

[20] Nach der Kriminalstatistik ist in den letzten Jahren die registrierte »Jugendgewalt« bei den 14 bis 21-Jährigen insgesamt zurückgegangen (im Vergleich zum Jahr 2009 um 6,5 Prozent). Bei einer differenzierten Betrachtung der Gewalttäter wird deutlich, dass es nicht ausschließlich ein Kriminalitätsproblem ist, sondern eine politische und soziale Frage im Leben einer Zuwanderungsgesellschaft: drei Viertel der jugendlichen Gewalttäter haben keinen oder einen niedrigen Schulabschluss; junge Zuwanderer, die länger als fünf Jahre in Deutschland leben und an der Integration gescheitert sind, begehen zwei- bis dreimal so häufig Gewalttaten wie gleichaltrige Deutsche.

[21] Der Begriff Cybermobbing ist unpräzise und nicht klar definiert; er umfasst ein großes Spektrum von veröffentlichten Phänomenen: Verunglimpfungen, Hänseleien, Gemeinheiten, Lächerlichmachen, Verbreitung von Unwahrheiten und Unterstellungen, Bedrohungen und Beleidigungen, erniedrigende Bilder und diffamierende Videos. Auch die Motive sind unterschiedlich, sie reichen von Langeweile, Angeberei, Suche nach Anerkennung, bis hin zu Konflikten und Rache.

sigkeit verbunden: Offene Hass-Tiraden, offene und verdeckte Diffamierungen, Bilder und Montagen sind im Internet allen zugänglich und öffentlich; und die Kränkung erreicht die Opfer überall (z. B. auch bei einem Schulwechsel). Mobbing in der Schule (im Klassenzimmer, auf dem Pausenhof) setzt sich oft am heimischen Computer bzw. in Onlinenetzwerken fort. Die Folgen von Online-Mobbing manifestieren sich in Angst vor Vervielfältigung der digitalen Bilder und Kontrollverlust über den Zugriff darauf bzw. deren Nutzung, dann in Wut und Rückzug; bei den Tätern werden vor allem aggressive Gefühle deutlich (die später auch in Schuldgefühle und Reue umschlagen können). Nach einer Studie der Universität Bielefeld aus dem Jahr 2012 fehlt es vielen Jugendlichen an »ethisch-reflexiver Kompetenz«. So hielten knapp 18 Prozent der Schüler – befragt wurden knapp 1.900 Acht- bis Zehntklässler – es für zutreffend, dass die sozialen Regeln eines friedlichen Miteinanders im Netz keine Geltung hätten.

Nach einer Bielefelder Studie gaben im Jahr 2012 mehr als die Hälfte der befragten Schüler, die Opfer dieser Gewaltform geworden sind, an, dass sie unvorteilhafte Fotos und Bilder im Netz besonders belasteten. Virtuelles Beleidigen und Bedrohen empfanden dagegen weniger als 25 Prozent als »stark belastend«.

Cyber- bzw. Online-Mobbing und »Prügelvideos« betreffen Kinder und Jugendliche und nach dem »Kinderbarometer« – durchgeführt mit ca. 10.000 Kindern im Alter von neun bis 14 Jahren – der LBS Nordrhein-Westfalen, das im Juni 2012 vorgelegt wurde, mobben Kinder sich nicht nur öffentlich (z. B. auf dem Schulhof), sondern verstärkt anonym im Internet und auf Handys. Sie »schauen sich Videos von Prügeleien an oder drehen diese selbst. Aktuelle Zahlen zeigen zwar, dass die Problematik nur eine Minderheit betrifft, aber die Betroffenen leiden um so mehr unter den negativen Erfahrungen« (Brenner 2012, S. 464). Dabei hat eine kleine Gruppe von drei Prozent der Kinder angegeben, dass sie »oft« oder »sehr oft« Opfer von Cyber-Mobbing geworden sind, doppelt so viele sind Täter und versenden ab und zu per Internet oder Handy beleidigende Texte oder Bilder. Weiter hat nach dem »Kinderbarometer« ein Viertel der Kinder erlebt, wie eine Prügelei mit dem Handy gefilmt wurde.[22]

Nach einer im Juli 2012 vorgestellten und weltweit durchgeführten Studie des amerikanischen Softwarekonzerns Mircosoft waren in Deutschland 39 Prozent der Kinder und Jugendlichen im Alter von acht bis 17 Jahren bereits einmal von Cybermobbing betroffen. Der Durchschnitt lag in den 25 teilnehmenden Ländern bei 37 Prozent, und im internationalen Ranking lag Deutsch-

---

22 Informationen zur Studie gibt es unter der Internetadresse: www.lbs.de/presse/initiativen/kinderbarometer

land im Mittelfeld (den höchsten Wert hatte Brasilien mit fast 50 Prozent und den niedrigsten Wert die USA mit etwa 16 Prozent).[23]

10. Sexuelle Gewalt unter Kindern und Jugendlichen

Die öffentliche Diskussion über sexualisierte Gewalt hat sich bisher vor allem auf jene zu Gewalt gegen Kinder und Jugendliche durch erwachsene Täter aus dem sozialen Nahraum oder in pädagogischen Einrichtungen (vor allem Internaten) konzentriert (Bundschuh 2011). Die von Helming et. al. (2011) durchgeführte breit angelegte Institutionsbefragung lieferte auch Hinweise darauf, dass Kinder im institutionellen Kontext in höherem Umfang durch andere Kinder und Jugendliche gefährdet sind als durch Erwachsene:

> »Das Ausmaß, in dem die befragten Institutionen mit sexualisierter Gewalt von Kindern bzw. Jugendlichen an anderen Kindern und Jugendlichen konfrontiert waren, übersteigt den Verdacht auf Missbrauch durch Personal bei weitem. Jede sechste Schule, jedes vierte Internat und mehr als jedes dritte Heim hatte in den letzten Jahren mindestens einen solchen Verdachtsfall« (S. 74).

Danach sind sexuelle Übergriffe durch Kinder und jüngere Jugendliche kein gesellschaftliches Randphänomen, sondern es gibt sie prinzipiell in allen institutionellen Kontexten. Vor allem bezogen auf Einrichtungen der stationären Kinder- und Jugendhilfe wurde – in Übereinstimmung mit anderen Untersuchungen (z. B. Baker et. al. 2008) – ein deutlich erhöhtes Risiko des Auftretens sexualisierter Gewalt durch Kinder und Jugendliche identifiziert. Ein signifikant positiver Zusammenhang zwischen dem Anteil im Heim betreuter Kinder mit Missbrauchserfahrungen und der Wahrscheinlichkeit des Auftretens von Verdachtsfällen auf sexualisierte Gewalt verweist auf das erhöhte Reviktimisierungsrisiko in Einrichtungen der stationären Kinder- und Jugendhilfe (Kindler/Unterstaller, 2007).[24]

Ein von Linnea Burk und Barry Burkhart (2003) angebotener Erklärungsansatz bezieht sich auf jugendliche und erwachsene Sexualtäter und er besitzt auch einen hohen Erklärungswert für die Genese kindlicher sexueller Auffälligkeiten. Danach ist sexuelles Agieren als Versuch der Kompensation unzureichender interpersoneller Bindungen und als ein Motiv zu verstehen, das durchaus auch im

---

[23] Informationen zur Studie gibt es unter der Internetadresse: www.microsoft.com/germany/newsroom/pressemitteilung.mspx?id=533414

[24] Abgesehen von der Institutionsbefragung von Helming et. al. (2011) liegen zu den Bereichen Kindertagesstätten oder Schule keine Daten über das Ausmaß sexuell übergriffigen Verhaltens von bzw. unter Kindern und jüngeren Jugendlichen vor.

Kindesalter nachweisbar ist. Sie resultieren vor allem aus familiären Verhältnissen, die von biografischen Brüchen, Gewalt und/oder Drogenmissbrauch geprägt sind. Häufig liegt selbst erlebte sexualisierte oder körperliche Gewalt in der Kindheit vor und ist ein früher Rückgriff auf sexualisierte Coping-Strategien erkennbar.

Sexualisierte Coping-Strategien im Jugend- und Erwachsenenalter müssen immer auch im Zusammenhang mit einer frühen Verfügbarkeit sexueller Erfahrungen und den »mächtigen biologischen Konsequenzen«, die solchen Erfahrungen innewohnen, gesehen werden. Diese fanden nach Burk und Burkhart (2003) in einer Umgebung statt, in der es an positiven Verstärkungen und an Modellen für positives Coping mangelte. Die destruktive Natur und Pseudo-Intimität, die sexualisierter Gewalt inhärent ist, wird reflektiert durch eine Strategie, die darauf abzielt, das Selbst zu kontrollieren, indem andere kontrolliert werden. Primäre emotionale Bedürfnisse (Abwehr von Furcht und Angst) überschatten aktuelle interpersonelle Verhältnisse und soziale Zwänge. Aufgrund beeinträchtigter Regulationskompetenzen und mangelnder kognitiv-emotionaler Ressourcen neigen Personen, die interpersonelle Kontrollstrategien benutzen, dazu, kulturell stereotypisierte Identitäten anzunehmen, weil sie auf external begründete Information über das Selbst angewiesen sind. Es ist schwierig, introspektiv zu sein, wenn sich internale Erfahrungen als chaotisch und beängstigend darstellen; das kann zur devianten Identität sexuell übergriffiger Menschen beitragen.

Sexuelle Grenzverletzungen zwischen Kindern und sexuelle Auffälligkeiten von Kindern und jüngeren Jugendlichen sind kein neues Phänomen und es verdichten sich nach den Autoren Hinweise auf eine erhöhte (fach-)öffentliche Bereitschaft, dieses Problem wahrzunehmen und Strategien für einen verantwortungsvollen Umgang damit zu entwickeln.

Sexuelle Übergriffe können bei den betroffenen Kindern ernsthafte Schädigungen nach sich ziehen, die durchaus vergleichbar sind mit den Folgen sexualisierter Gewalt durch Jugendliche und Erwachsene. Kinder, die sich sexualisiert verhalten, begeben sich selbst in Gefahr. Eine unzureichend entwickelte Nähe-Distanz-Regulation erhöht die Anfälligkeit für dysfunktionale zwischenmenschliche Erfahrungen. Es muss daher verhindert werden, dass solche Kinder (erneut) viktimisiert werden und es geht darum, ernste Hinweiszeichen auf solche Entwicklungen wahrzunehmen und Maßnahmen im Sinne der psychischen Gesundheit des Kindes einzuleiten. Es geht hier um die Weiterentwicklung von Interventions- und Behandlungskonzepten sowie die Kooperationsbereitschaft der Bezugspersonen (bzw. des erweiterten Umfelds) des Kindes (vgl. Burk/Burkhart 2003, Helming et. al. 2011).

II.
Scham und Beschämung

1. Scham und Schamgefühl – erste Annäherungen

Scham und Schamgefühl waren und sind wiederholt Themen in unterschiedlichen wissenschaftlichen Disziplinen, und es liegt eine umfängliche und kaum vollständig zu referierende Literatur vor. Hier soll auf einige ausgewählte Autoren hingewiesen werden, die in der neueren Diskussion grundlegende theoretische, kulturelle und historische Überlegungen zur Scham als einem multiplen Phänomen sowie zu den Schamursachen und -formen angestellt haben; und die mit ihren Angeboten und entwickelten Merkmalen zugleich für die erziehungswissenschaftliche Diskussion wie auch die Reflexion von pädagogischer Praxis von Bedeutung sind.[25]

Scham ist schon für Platon und Aristoteles ein soziales Phänomen, und für Sigmund Freud ist vor allem die primär organisch bedingte sexuelle Scham von Bedeutung (vgl. Lietzmann 2007). Nach Georg Simmel (1901) entsteht Scham durch die Aufmerksamkeit und Beobachtung von faktisch anderen Anwesenden, aber auch unabhängig von deren Anwesenheit »durch eine Spaltung des Selbst in ein beobachtendes und beobachtetes Teil-Ich« (S. 144f.). Jean-Paul Sartre (1993) betont, dass die Scham durch den Blick des Anderen hervorgerufen wird und sich das Gefühl einstellt, sich selbst fremd zu sein. Nach ihm gilt als allgemeines Merkmal: »Ich schäme mich über mich vor Anderen« (S. 490). Nach Léon Wurmser (1998) gibt es unterschiedliche Schamaffekte, und für Scham ist »das Element der Bloßstellung und der Beobachtung unerlässlich« (S. 78). Die theoretische Diskussion und wissenschaftliche Ausein-

[25] Zu den grundlegenden und aktuellen Werken und Sammelbänden zählen: Wurmser (1997), Duerr (1988-2003), Neckel (1991), Lewis (1993), Seidler (1995), Kühn/Raub/Titze (1997), Landweer (1999), Bologne (2001), Hilgers (2006), Lietzmann (2007), Marks (2007, 2007a), Tiedemann (2010), Bauks/Meyer (2011).

andersetzung in den akademischen Diskursen der westlichen Welt (aber auch in Japan) weist auf eine differenzierte begriffliche und disziplinäre Debatte hin. Sie zeigt Formen der Scham und ihre Kulturgeschichte, und es sind vor allem die Disziplinen Anthropologie, Psychologie/Psychoanalyse, Kulturwissenschaft, Soziologie, Literaturwissenschaft, Philosophie, Theologie und Erziehungswissenschaft, die sich der Scham und dem Schamgefühl annehmen. Dabei gehört Scham nach June P. Tangney und Kurt W. Fischer (1995) neben Schuld, Verlegenheit und Stolz zu den »selbst-bewußten Emotionen« oder den »selbstreflexiven Affekten«, die nach der »Alteritätstheorie« (Seidler 1995) als »Wechselseitigkeitsprozesse« zu verstehen sind, und die Scham ist eine Form, die »aus dem unmittelbaren Beziehungsgeschehen selbst resultiert« (Seidler 1997, S. 139). Weitere affektive Zustände, die mit Schamformen verwandt sind, aber unterschieden werden müssen, sind Betretenheit, Schüchternheit, Demütigung, Minderwertigkeitsgefühle und fehlende Selbstachtung, ein Gefühl von Erniedrigung oder narzisstische Kränkung.

Scham muss nach Jens Tiedemann (2010) in erster Linie als ein intersubjektives Geschehen konzipiert und verstanden werden. Das Spiel von Verbergen, Enthüllung, Sich-Zeigen ist primär ein sozialer Vorgang. Der »Blick des Anderen« ist dabei das entscheidende Moment (S. 19). Scham ist somit »ein sozialer Affekt und eine versteckte Emotion; sie ist schwer erträglich und wird häufig abgewehrt. Wer sich schämt, will im Boden versinken, sich den Blicken der Anderen entziehen« (Marks 2007, S. 2). Sie kann nach Frank Neuner (2012) als emotionale Misshandlung verstanden werden,

> »die unterteilt werden kann in emotionalen Missbrauch, also aktive Handlungen wie Beschimpfungen, Demütigungen und Beschuldigungen, und emotionale Vernachlässigung, also der Unterlassung der Versorgung der Bedürfnisse des Kindes nach Aufmerksamkeit und emotionaler Fürsorge« (S. 37).

Nach Werner Bohleber (2008) ist mit verächtlichen, abschätzigen, lächerlich machenden Reaktionen der Eltern der »tiefste und archaischste Aspekt der Scham« (S. 834) und die Verletzung der personalen Integrität bzw. Selbst-Kohäsion mit dem Gesicht der Primärperson verknüpft. Von nahen Personen, von denen das Kind existentiell abhängig ist, werden beschämende Zustände der Hilflosigkeit hervorgerufen, derer es sich schämt und die es nicht aufkommen lassen will. Zur weiteren Schamdynamik gehört, dass der bedrohende Schamkonflikt abgewehrt wird, um aus Selbstachtung die Gefahr der Kränkung und Beschämung abzuwenden (vgl. Lansky 2008). In der psychoanalytischen Denktradition ist Scham ein wiederkehrendes Thema (vgl. Erikson

1973, 1979), und nach Bohleber (2008) führt in der Kindheit »eine anhaltende Enttäuschung des Wunsches, vom Primärobjekt wertgeschätzt und für einzigartig befunden zu werden, zu narzisstischer Verletzbarkeit und Schamempfindlichkeit« (S. 835).

Scham ist in erster Linie ein intersubjektives Geschehen und mit dem »Blick des Anderen« zu verstehen. Die psychoanalytische Theorie verortet Schamkonflikte im Ich-Ideal als »den Aspekt des Gewissens, der sich auf Ideale und Ziele richtet und zu psychischen Konflikten führt, in denen Scham als ein Warnzeichen fungiert, das auf die Gefahr einer Zurückweisung oder eines Statusverlustes hinweist« (Lansky 2008, S. 953). Das Gefühl der »Scham überkommt einen überfallartig, ohne Vorankündigung und ohne, dass man sie unmittelbar verhindern könnte« (Landweer 1999, S. 42).[26] Nach Michaela Bauks und Martin F. Meyer (2011) schämt man sich, »weil man glaubt, etwas nicht zu wissen, bei einer Lüge ertappt zu werden, jemand könne von einer intimen Krankheit erfahren, ein eigener Makel könne ans Licht kommen, das eigene Handeln werde als eitel begriffen, man werde den Erwartungen der Gäste oder Gastgeber nicht gerecht usw.« (S. 10). Nach Micha Hilgers (2006) ist Scham gewöhnlich eine mehr oder weniger plötzliche Bloßstellung, und zwar eine Bloßstellung, die die Diskrepanz zwischen Erwartung und Versagen abrupt an den Tag bringt. Die auftauchenden Schamgefühle sind immer mit Körperreaktionen verbunden (Erröten, Blickabwendung u. a.) und nach Hilgers (2006) »erfriert« man in der Scham;

> »man fühlt sich unbeweglich, gelähmt, sogar in Stein oder in ein anderes Wesen verwandelt, wie in einen Esel oder ein Schwein (nicht nur in Witzen und Schmähwörtern, sondern in Träumen, in Wahnbildungen und auch Mythen), die Verachtung durch einen anderen hat es fertiggebracht, den menschlichen Partner in ein bloßes Ding, einen Gegenstand, ein Nichts, zu verwandeln. In ihrem Extrem führt diese Verachtung der Individualität des anderen zu der totalen Einsamkeit des Schizophrenen und zu seiner Verwandlung in ein steinernes Wesen. Den Liebesverlust in der Scham kann man beschreiben als eine radikale Abnahme von Achtung für einen Menschen als eine Person mit eigener Würde. Es ist eine Mißachtung der Tatsache, daß man in eigenem Recht und Ansehen ein Selbst besitzt, ein Selbst ist.
>
> Die strafenden Handlungen des Beschämens bestehen gewöhnlich darin, die Person noch mehr bloßzustellen, sie zum Gespött der Leute an den Pranger zu stellen« (S. 143f.).

---

[26] Zu den Nähen, Übergängen und Abgrenzungen von der Scham zu anderen Gefühlen wie Schuld, Angst, Ärger, Empörung, Wut oder Zorn vgl. Landweer (1999). Landweer (1999) verweist auch auf die stellvertretende Scham oder Mitscham im Sinne emotionaler Anteilnahme für eine andere Person, die sich selbst nicht schämt.

Scham drückt eine strukturelle »Spannung zwischen dem Ich und dem Ich-Ideal, nicht zwischen dem Ich und dem Über-Ich aus« (Hilgers 2000, S. 132). Es geht um ein »›Messen‹ des Selbstbildes, wie es ist, gegenüber dem Selbstbild, wie es sein sollte« (ebd., S. 129). Während Schuld immer dann hervorgerufen wird, wenn eine (vom Über-Ich festgelegte) Grenze berührt oder überschritten wird, taucht Scham auf, wenn ein (vom Ich-Ideal verlangtes) Ziel nicht erreicht wird. Bei der Scham gibt es ein inneres ›Messen‹ dessen, »was ist, gegenüber dem idealen ›Bild‹ des Selbst, das weitgehend im Über-Ich verankert und in beträchtlichem Ausmaß unbewußt ist« (Hilgers 2006, S. 132f.). Gemäß der psychoanalytischen Strukturtheorie spiegelt Scham, wie andere Affekte auch, eine Spannung zwischen verschiedenartigen strukturellen Elementen (Piers/Singer 1971) wider – zwischen dem Ich-Ideal (was man sein möchte) und dem Ich (wie man sich wahrnimmt). Für Micha Brumlik (2012) ist Scham

> »das Gefühl, das uns ergreift, wenn Grenzen, die uns wichtig sind und unsere Identität ausmachen, übertreten oder verletzt werden, wobei es keine Rolle spielt, ob wir selbst diese Grenzen überschreiten oder andere uns in unserer Integrität, unseren Grenzen beeinträchtigen. Auch und gerade unschuldige Opfer beliebiger Vergehen können Scham über das empfinden, was ihnen angetan wurde und sogar mehr oder minder Unbeteiligte können von diesem Gefühl der Scham ergriffen werden. (…) Moralische Gefühle hat man nicht – sie ergreifen eine Person ganz und gar, zumal bei Scham, Schande und Schuld. Während ›Schuld‹ das Gefühl des individuellen, unvertretbaren verantwortlich zu übernehmenden Fehlverhaltens ist, erweist sich »Schande« als schmerzliches Bewusstsein der Verletzung der immer auch kollektiv verstandenen ›Ehre‹ einer Institution oder Person – diese ›Ehre‹ stellt ein gleichsam öffentliches Gut dar, das zu schützen und zu verteidigen ist, aber nicht zum intimsten Kern einer Person, sonders zu ihrer sozialen Rolle gehört. Schande ist allemal Ausdruck der verletzten Ehre.
>
> ›Scham‹ hingegen liegt – auch entwicklungspsychologisch gesehen – noch früher und tiefer als das Empfinden von Schande und Schuld. Hier geht es nicht um die Verletzung konventioneller Rollenstandards, auch nicht um das Übertreten moralischer Normen, sondern um eine erste, frühe Orientierung, um ein gleichsam vormoralisches Wissen um das, was gilt und was nicht gilt, unabhängig von allen Verantwortlichkeiten. Scham signalisiert in intensiver Leibnähe die Verletzung von Grenzen: zwischen dem Schicklichen und dem Unschicklichen, zwischen Personen, zwischen menschlichen Körpern. Sie erwächst nicht aus dem Handeln, sondern in erster Linie aus dem Erleiden und dem Beobachten der Handlungen oder Verhaltensweisen anderer. (…) Nimmt man eine evolutionäre Perspektive ein, so kann kein Zweifel darin bestehen, dass Emotionen und Gefühle individuell spürbare Qualitäten sozialer Beziehungen sind. So vor allem die Scham, wobei der Scham der einen die Schamlosigkeit der anderen entspricht. Wenn ›Scham‹ dasjenige Ge-

> fühl ist, das das Übertreten von Grenzen markiert, dann drückt sich ›Schamlosigkeit‹ darin aus, dass überhaupt keine Grenzen, weder die des guten Geschmacks, noch des Anstands oder der Moral geachtet werden« (S. 161f.).

Den Schamaffekt versteht Johannes F. Lehmann (2008) als »unmittelbaren Ausdruck von Gewalt- und Machtbeziehungen« und er argumentiert, dass es »ursprünglich in der Scham nicht um eine Normverletzung, sondern um das Bewusstsein, einer äußeren oder inneren Gewalt unterworfen zu sein«, gehe (S. 29). Auch Hilgers (1996) weist bei der Differenzierung von Schamquellen neben der Bedeutung der »Diskrepanz zwischen Selbst und Ideal« und der »Verletzung der Selbst- und Intimitätsgrenzen« auf das Erleben einer »aktiven Demütigung von außen« sowie auf »die eigene Abhängigkeit in Beziehung zu anderen« hin. In dieser Abhängigkeit von bzw. Angewiesenheit auf Andere/s zeigt sich die Verflechtung von Scham und Macht (Magyar-Haas 2012, S. 207). Nach Tiedemann (2010) gehört Scham »buchstäblich zu den peinlichsten Gefühlen schlechthin« (S. 10). Sie geht immer mit einer Verstörung, einer Irritation über uns selbst einher und ist ein wichtiger Affekt zur Regulation des Soziallebens, nicht nur des narzisstischen Gleichgewichtes. Mithin ist Scham ein Schnittstellenaffekt (vgl. Seidler 1995) zwischen uns und den anderen. Scham ist »selbst- und sozialregulativ« und bedeutet:

> »Wir schämen uns vor uns selbst und wegen uns selbst. Und wir schämen uns vor anderen. Diese anderen können vor uns stehen und uns anblicken. Oder sie sind in uns, verinnerlicht; Teil unseres inneren Dialogs. Auf der inneren Bühne des Selbsterlebens tauchen beständig Szenen auf, die wir im besten Falle als Regisseure inszenieren« (ebd., S. 10).

Mit dem Schamgefühl verbunden ist die Schamangst; sie ist die Art von Angst, »die durch plötzliche Bloßstellung hervorgerufen wird und die die Gefahr verächtlicher Zurückweisung signalisiert« (Hilgers 2006, S. 72f.). Das Subjekt fürchtet nach der Bloßstellung durch Prozeduren der Beschämung bestraft zu werden. Was diese Prozeduren gemeinsam haben, ist der affektive Ton der Verachtung, eine spezifische Art der Zurückweisung, egal ob diese Beschämung in Blicken, Worten, bestimmten Tonlagen oder direktem An-den-Pranger-Stellen besteht.

Günter Seidler (1995) und Micha Hilgers (1996) betonen die große Vielfalt von Schamquellen sowie die entwicklungsbezogene Herausbildung von Scham; sie datieren die Herausbildung des Phänomens »Schamaffekt« schon in den frühen Lebensphasen. Beschämungen setzen in der Entwicklung und Erziehung von Kindern schon früh im Elternhaus ein, indem Eltern mit ihren »Maßnahmen« Kinder gezielt beschämen, bloßstellen und erniedrigen und ihnen mit ihrem Verhalten ihr angebliches Versagen mitteilen – und gleichzeitig das Kind auffordern, sich selbst die Schuld zuzuweisen, nicht geliebt werden zu können. Die Scham schlägt damit um in die Scham, man selbst zu sein und »beschämende Worte können mehr weh tun als körperliche Schmerzen« (Marks 2007, S. 11). Schon Erik Erikson (1973, 1979) hat auf eine Erziehung verwiesen, die auf Beschämungen und Liebesentzug verzichtet und Autonomie fördert, wodurch das Kind in einer vertrauensvollen Atmosphäre vor Misserfolgen geschützt wird (vgl. Wiegand).

Gefühle von Scham und Beschämung sowie der Umgang mit ihnen und Schamabwehr als Reaktion auf Beschämung (in Form und als Strategie von Verdrängung, Vermeidung, Aufspaltung, Verbergung, Verleugnung, Umkehrung, Kompensation, projektiver Identifizierung) bekommen vor allem in der Adoleszenzentwicklung aufgrund der körperlichen Entwicklungen, der psycho-sexuellen Dynamik und Entwicklungsherausforderungen mit ihren Ablösungen und Übergängen eine besondere Bedeutung. Weiter ist auf die Differenzierung und Kombination von Schamformen und die damit verbundenen gefühlsmäßig erlebten Identitätskrisen – als körperliche, psychische und soziale Scham – hinzuweisen (vgl. Lietzmann 2007).

Scham ist widersprüchlich, und es gehört zu ihrem Wesen, dass sie mit einem gewissen Grad von Trennung und Abgrenzung einhergeht. Auch das Schamerleben ist ambivalent: Es ist einerseits ein negatives und schmerzhaftes Selbstwerterleben, andererseits gibt es aber auch ein Schamerleben in Situationen von Belobigung und Anerkennung, weil nicht der Inhalt einer Wertung für die Scham entscheidend ist, »sondern der Akt der Wertung selbst als Objektivierung« (Seidler 1997, S. 140; vgl. auch Scheler 1913). Scham hat zugleich eine identitätsbildende, schützende und soziale Funktion, die den Einzelnen in die Lage versetzt, zwischen Eigenem und Fremden zu unterscheiden, sich selbst gegenüber der Außenwelt abzugrenzen (vgl. Seidler 1995); sie hütet die »Selbst- und Intimitätsgrenzen« (Hilgers 2006) des Individuums. Damit ist sie eingebunden in die Prozesse der eigenen Autonomieentwicklung, Identitätsbildung und Individualisierung, in die notwendige Herausbildung von eigener Würde und Integrität, von Selbstwert und Selbstachtung. Scham gehört zu den Mechanismen, die zur Regelung des gesellschaftlichen Zusammenlebens und der zwischenmenschlichen Beziehungen beitragen, die somit Sicherheit geben und ein orientierendes »Geländer« bieten. Als Sicherungsmerkmal schützt Scham vor Erschütterungen des Selbstwertgefühls und somit auch den Innenraum (Anteile von sich für sich selbst behalten, Grenzen entwickeln) des Menschen; und sie dient sowohl der Individualisierung als auch der sozialen und gesellschaftlichen Anpassung.

Scham ist ein narzisstischer Gefühlszustand, und Schamaffekte begleiten die Entwicklung des Kindes und Jugendlichen innerhalb der Familie, in Gleichaltrigengruppen und auch in Kindergarten und Schule. Der Beschämte sieht sich dabei einem peinlichen und erniedrigenden, verletzenden und demütigenden Blick (Gesehenwerden) eines Gegenübers/Anderen ausgesetzt; beobachtend wird auf ihn herabgeblickt. Nach Neuner (2012) neigen

> »gerade Kinder, denen Aufmerksamkeit und Zuneigung verwehrt oder nur unter der Bedingung der Bedürfnisbefriedigung von Erwachsenen zuteil wird, die Ursachen für die Ablehnung ihrer Person bei sich selbst zu suchen. Sie entwickeln eine Neigung zu Scham, also der Einschätzung, dass sie in ihrem Kern eine verwerfliche Person sind, die nicht den Anforderungen einer Gemeinschaft genügen kann. Langfristig kann sich das äußern in der Vermeidung von sozialen Bindungen und zwischenmenschlichem Rückzugsverhalten. Je nach der Lernumgebung im Kindes- und Jugendalter können sich Ablehnungserfahrungen auch äußern in einer kompensatorischen Aggressivität, die dem Kampfverhalten der Stressreaktion entspricht und als Schutzverhalten dazu beiträgt, weitere Demütigungen zu verhindern« (S. 42).

Die Metapher von »Scham als Maske« (Wurmser 1997) meint eine Reaktionsbildung, die sich so ausdrückt: Ich muss mich hinter einer Maske verstecken, damit mein Inneres vor den zudringlichen Blicken Anderer geschützt bleibt; und ebenso verhülle ich meine eigenen Blicke, hemme meine Neugier, bezähme meine Zudringlichkeit. Es ist «die Feinheit der Scham« des Menschen, »der etwas Kostbares und Verletzliches zu verbergen« hat. Damit

> »ist Scham eine unentbehrliche Wächterin der Privatheit und der Innerlichkeit, eine Wächterin, die den Kern unserer Persönlichkeit schützt – unsere intensivsten Gefühle, unseren Sinn der Identität und Integrität und v. a. unsere sexuellen Wünsche, Erlebnisse und Körperteile. Ohne diese Hülle der Scham fühlt man sich der Würde beraubt – es sei denn man begebe sich ihrer willentlich, um der größeren und umfassenderen Würde der Liebe teilhaftig zu werden« (S. 128).

Scham gehört somit dem Subjekt, sie wird versteckt, wird im Verborgenen und geheim gehalten und sie wird »maskiert« (Wurmser 1997). Sie wird der Öffentlichkeit ferngehalten und bei einem Schamerlebnis andeutungsweise sichtbar (z. B. durch Erröten, Weggucken); bei einer Beschämung wird das persönliche Schamgefühl durch eine andere Person öffentlich gemacht.[27] Nach Seidler (1995) liegt die Ursache von Scham im Blick des Anderen, der fremd macht; sie manifestiert sich konkret in der Begegnung und bei dem Blick des Anderen. Nach ihm kann dieser Blick – in einem Stufenprozess – auch angeeignet werden. Durch die Integration von Schamsubjekt und -objekt in einer Person ist dann die faktische Anwesenheit des Anderen für die Hervorrufung von Scham nicht mehr notwendig. Für ihn zeigt sich, dass nicht ein Affekt im engeren Sinne, sondern vor allem eine Situation beschrieben wird, die als Bündelung und Verdichtung von Geschehnissen und somit als prozesshaft zu verstehen ist.

3. Formen der Scham

In den Klärungsversuchen und Debatten ist wiederholt versucht worden, Scham nach unterschiedlichen Typen, Formen und Bedeutungen zu unterscheiden. So bietet z. B. Stephan Marks (2007) sechs Formen an:

- »Da sind einmal die Schamgefühle, die dadurch ausgelöst werden, dass man den herrschenden Erwartungen und Normen nicht entspricht. Dies kann sich auf den eigenen Körper beziehen (etwa wenn man sich für sein Aussehen schämt) oder auf persönliche Eigenschaften oder Fähigkeiten (etwa wenn man sich dafür schämt, Analphabet zu sein). Diese Form von Scham bezeichne ich als Anpassungs-Scham; sie bezieht sich auf die eigene Person.
- Im Unterschied dazu bezieht sich Gruppen-Scham auf andere Personen, etwa wenn man sich für ein psychisch krankes Familienmitglied schämt.
- Auch die mitgefühlte und empathische Scham bezieht sich auf andere Personen: Wir fühlen mit, wenn wir Zeuge der Beschämung eines Mitmenschen sind.

[27] Zu geschlechtsspezifischen Unterschieden im Schamempfinden vgl. Hilgers (1996) und Lewis (1993); zum Zusammenhang von Schamerleben und sozialen Prozessen bzw. Status – u. a. sich für Armut schämen – vgl. Neckel (1991); zu veränderten Schaminhalten und Intensitäten im Alter vgl. Landweer (1999). Weiter gehören nach Wurmser (2007) traumatische Identität und Scham bzw. tiefe Schamkonflikte innig zusammen: »Das alles beherrschende Gefühl von Sinnlosigkeit ist verbunden mit dem Mangel an Eigenwert, einem zerstörten Selbstwertgefühl, einer Art Urscham: ich bin völlig unwert, geliebt und geachtet zu werden« (S. 22).

- Eine weitere Ausprägung ist die Schamhaftigkeit oder Intimitäts-Scham. Sie hat die Aufgabe, die eigene Privatsphäre gegenüber anderen zu schützen (z. B. indem wir persönliche Gefühle nicht in der Öffentlichkeit hinausposaunen).
- Wenn die Privatsphäre in traumatischer Weise durch andere Menschen verletzt wurde (etwa durch Missbrauch oder Vergewaltigung), bleibt bei den Opfern charakteristischerweise traumatische Scham zurück.
- Diese Schamgefühle sind verschieden von den Gefühlen eines Täters, der sich für sein Handeln schämt; diese nenne ich Gewissens-Scham« (S. 13f.).

Nach Hilgers (2006) umfasst die Gruppe der Schameffekte: »Existentielle Scham, Kompetenzscham, Intimitätsscham, Schande, Idealitätsscham, Scham, die eigene Abhängigkeit in Beziehung zu anderen oder umgekehrt das Herausfallen aus Beziehungen, die eigentlich gewünscht sind, anzeigt. Ödipale Scham, Scham-Schuld-Dilemmata« (S. 25f.).

Scham gehört nach Wurmser (1993, 1997) zu den Affekten, die er mit drei Hauptformen unterscheidet: die »negativen« der Schamangst, die »depressiven« und komplexen Schameffekte, die »positive« als Reaktionsbildung von Schamhaftigkeit. Nach ihm haben alle Schamerlebnisse zwei Pole – den Subjektpol und den Objektpol: »Es gibt etwas, wofür man sich schämt, und es gibt jemanden, vor dem man sich schämt« (1981, S. 13). Ursachen des Sich-Schämens sieht er im inneren Erleben und in Konflikten, in Spaltungen von Bewusstsein und Identität: »Es wird sehr stark durch den Zustand des inneren Zerrissenseins bewirkt und verstärkt: schwach zu sein, nicht Herr im eigenen Haus zu sein, gegen außen verwirrt zu wirken – dies alles sind Ursachen für das Sich-Schämen« (Wurmser 1997, S. 12). Eine weitere Differenzierung von Schamphänomenen nach vier Affekten bieten Ulrich Moser und Ilka von Zeppelin (1996) an, indem sie Scham als »kommunikativen Affekt«, als »indirekte Evaluation« vom Objekt herkommend, als »strukturellen Affekt« und als »externalisierten Affekt« sehen. Worum es bei Scham geht, fasst Wolfgang Blankenburg (1997) so zusammen: »um Anerkennung – Anerkennung-Bekommen hinsichtlich der eigenen Person wie auch der Anerkennung bzw. Respektierung des je Begegnenden« (S. 47).

4. Scham als komplexes Phänomen

Scham ist ein komplexes Phänomen und ein »Zustand der inneren Desorganisation« und sie kann als Identitätskrise verstanden werden (Lietzmann 2007, S. 107). Sie ist vor allem »eine im subjektiven Erleben unangenehme und somit negative Emotion, die sich in einem Individuum einstellt, wenn es realisiert, dass es zentralen Standards nicht genügt und relevante Andere darum wissen« (Wertenbruch/Röttger-Rössler 2011, S. 245). Scham wird als ein entweder kurzlebig oder anhaltend affektiver Zustand gesehen und sie kann auch so anhaltend sein, dass sie zu einer affektiven Haltung wird. Scham ist mehr als ein isoliertes Gefühl und wird immer von typischen Gefühlen (als Schamgefühl) mit unterschiedlicher Intensität sowie unterschiedlichen »Empfindungsphasen« (Mariauzouls 1996) begleitet; sie folgt einem typischen Zeitablauf und »überkommt einen überfallartig, ohne Vorankündigung und ohne dass man es unmittelbar verhindern könnte« (Landweer 1999, S. 42). Nach Hilgers (2006) ist Scham

> »demnach keineswegs ein in seinen Auswirkungen vorrangig negativer oder pathologischer Affekt, obgleich das Erleben von Scham grundsätzlich negativen Charakter besitzt. Scham hütet aber auch die Selbst- und Intimitätsgrenzen, wie sie Ansporn für Leistung, Entwicklung und Autonomie darstellt« (S. 18).

Für ihn bekommt Scham

> »erst dann pathologischen Charakter mit entsprechenden nachfolgenden Fehlentwicklungen, wenn Schamerlebnisse zu Konzepten vom Selbst, von den Objektbeziehungen und der Umwelt führen. Innerhalb der Autonomie- und Identitätsentwicklung spielen Schamempfindungen mithin eine wesentliche Rolle. Scham entsteht in Maßen oder traumatisierend, wo sich das Kind im Rahmen seiner Autonomieentwicklung mehr und mehr von bedeutsamen anderen trennt und abgrenzt, eigene Initiativen entwickelt und es mit seinem wachsenden Gefühl für eigene Fähigkeiten und Möglichkeiten voranschreitet oder scheitert« (ebd., S. 21f.).

Scham ist ein Gefühl, das von innen kommt; sie gehört zu dem Menschen und schützt und verteidigt den Binnenraum von Kindern und Jugendlichen. Wurmser (2007) charakterisiert Scham als »Maske« und als »Schutzfunktion des inneren Seins, der innersten Ziele und Werte (…), und damit als Abwehr der Gefahr, sich für sein Handeln und Sosein schämen zu müssen« (S. 19). Udo Baer und Gabriele Frick-Baer (2008) umschreiben dies so: »Schere dich nicht um die Beschämung von außen. Demgegenüber kommt Beschämtwerden von außen, wenn andere Menschen die Grenzen des intimen Raums missachten« (S. 25).

Typisch für Scham als emotionale Empfindung ist, sich ungewollt der Welt, den Augen Anderer – vielfach verbunden mit Schamesröte als sichtbares Zeichen und typischer Körperreaktion im Gesicht, mit Abwendung des Blickes oder gesenkter Kopf- und Körperhaltung – ausgesetzt zu sehen, dann der Wunsch, vor Scham im Boden zu versinken und weg zu rennen: »Scham umfasst unser ganzes Selbst; sie ruft dem Wunsch wach, sich zu verstecken, zu verschwinden, sogar zu sterben« (Lewis 1993, S. 12). Im pädagogischen (wie auch im familiären) Alltag oder in Peerkontexten gehört das Auslachen – und die damit verbundene Form der Kränkung und Bloßstellung, des Vorgeführtwerdens – zu den häufigsten Formen des Beschämtwerdens. Wenn sie von Erwachsenen wie Eltern oder Lehrern ausgehen, die stärker und von denen Kinder abhängig sind, denen man sich nicht entziehen kann und gegen die man sich nicht wehren kann, wenn sie gleichzeitig über einen langen Zeitraum erfolgen und Bestandteil der Lebenserfahrung werden, dann ist dies mit identitätsverletzenden Folgen verbunden. Scham ist eine Art der Furcht vor der Schande, die eintreffen könnte, vor der Bloßstellung, die bevorsteht, also Angst vor einer Gefahr; und sie ist eine Art des Ehr- und Wertgefühls, eine Form des Respekts vor den Idealen und Werten der Gesellschaft.

Schamerleben tritt entwicklungsgeschichtlich früher als Schulderleben auf, und zu ihr gehört ganz unmittelbar die Blöße von etwas Eigenem gegenüber jemand Anderem; es offenbart unfreiwillig etwas Inneres, was gerne verborgen geblieben wäre. Scham versetzt Menschen in einen vorübergehenden Zustand von innerer Desorganisation, bei dem er krisenhaft seine Sicherheit(en) verliert. Die Angst vor Schamerlebnissen und Beschämungssituationen sowie vor deren Folgen kommt im pädagogischen Alltag wohl am häufigsten vor. Sie können durch eigenes Unvermögen, Versagen oder durch erniedrigende Umstände eintreten und sich mit der Angst verbinden, sich lächerlich zu machen, negativ bzw. unangenehm aufzufallen und entblößt zu werden.

5. Scham – ein sozialer Affekt

Scham ist eine komplexe soziale Emotion, die sich auf andere bezieht und mit dem eigenen Selbstbewusstsein zusammenhängt; sie überkommt einen und »es ist eine Art Ärger über sich selber bzw. darüber, dass man eine eigens akzeptierte Norm nicht erfüllt« (Oser/Spychiger 2005, S. 76). Schamgefühle sind einerseits intim, andererseits »sind sie doch sozial und interaktionell: Scham ist relational – ein Beziehungsaffekt. Neben Schuld und Liebe ist Scham der

Beziehungsaffekt schlechthin, mit dem ein Individuum seine Beziehung zu sich selbst (also im nicht-pathologischen Sinne narzisstisch) und anderen gestaltet« (Tiedemann 2010, S. 11). Sie kann als »Meldesystem des Gewissens« (Spychiger 2007, S. 83) bezeichnet werden, oder auch als personales Schutz-, Signal- und Speichersystem gesellschaftlicher Normen. Der Mensch kann sich für vieles schämen, und es gibt eine unendliche Zahl von Schaminhalten und -anlässen. Das können der Körper mit all seinen Facetten und Funktionen, persönliche Charaktereigenschaften und Ausdrucksformen oder Verstöße gegen Normen und Regeln sein. Nach Hilgers (2006) gehen Scham sowie »Bloßstellung, Schande oder Verletzung der Intimität mit einer Herabsetzung des Selbstwertgefühls einher« (S. 17).

Auf Scham als soziales Phänomen und gesellschaftlichen Affekt – der durch die »normative Anwesenheit Dritter« (Neckel 1991), durch soziale und gesellschaftliche Normen und Werte, Haltungen und Vorstellungen, Vorurteile und kulturelle Muster ausgelöst wird – verweisen Agnes Heller (1980), Sighard Neckel (1991), Hilge Landweer (1999) und Anja Lietzmann (2007). Die Schamsituation signalisiert eine spezifische menschliche Krise der Identität sowie Desorganisation und nach Neckel (1991) schämt sich, wer sich verachtet, wer »sich selbst fremd geworden« ist (S. 25). Soziale Scham ist nach Neckel (1991) wiederum eine tiefe Art, einen persönlichen Mangel zu empfinden,

> »weil sie die eigene Selbstachtung ruiniert, das Werteempfinden der Person über die Art des eigenen Seins herabdrückt, mit einer Unterlegenheit einhergeht und gerade jene Diskrepanzwahrnehmung zwischen dem realen und idealen Selbst im Innern einer Person hervorruft, die im Verhältnis zwischen sich und den anderen eine erfolgreiche Distinktion von außen erzeugt« (S. 243).

In Anlehnung an Neckel sind für Veronika Magyar-Haas (2012) vor allem vier soziale Beschämungstechniken von Bedeutung:

> »Die Technik sozialer Abwertung im Sinne einer ›Verweigerung einer achtbaren materiellen Existenz‹, die Strategie der Prüfung mit der Dokumentation des Unwissens, die Technik der Degradierung und die Technik des Ausschlusses hinsichtlich sozialer, körperlicher und kultureller Merkmale« (S. 209).

Nach Hilgers (2006) ist einer

> »der häufigsten als beschämend (shameful) geltenden ›Mängel‹ soziale Schwäche, ganz gleich, ob diese in Armut, Abhängigkeit von anderen, besonders als Annahme von Almosen, oder im Ruf eines Verlierers besteht. In dieselbe Kategorie gehören Mängel im Charakter oder im Benehmen, die auch Schwäche widerspiegeln; der Schwächling oder Weichling, der das Gefühl hat, daß andere ihn als Junge oder

> Mann wegen seiner Feigheit, seines unfähigen Benehmens, seiner Schüchternheit, seiner Furcht vor Aggression oder seinen homosexuellen Wünschen nicht akzeptieren, fühlt oftmals abgrundtiefe Scham« (S. 46f.).

Scham ist ein Bestandteil der sozialen Ordnung, sie ist in soziale Macht- und Herrschaftsprozesse eingebunden, stellt eine Form der Macht und zugleich ein Sanktionsmittel dar. Nach Neckel (1991) und Carlo Schultheiss (1997) leisten Schamgefühle einen wichtigen Beitrag zur sozialen Ordnung, und sie stehen im Dienst gesellschaftlicher Anpassung bzw. »bewachter« Grenzen, deren Überschreitung mit gesellschaftlichen Sanktionen und persönlichen Risiken (z. B. Beschämung, Verlassenheitsgefühlen) verbunden ist.

Die Anerkennung von Normen ist immer auch in Form von Machtprozessen beschreibbar, die über Scham sanktioniert werden können bzw. deren Wirkung in der Schamvermeidung (Angst vor möglicher Beschämung) liegt. Als Sanktionen und Machttechniken gegen – aus Sicht des Scham-Subjektes unbeabsichtigte – Normüberschreitungen stellen Beschämungen immer auch Ungleichheiten zwischen Personen her, da die beschämende Person sich mit ihrem Mittel – andere Personen beschämen zu können – als überlegen erweist. Mit Beschämung wird Macht ausagiert und »Ungleichheit reproduziert« (Neckel 1991, S. 21). Sie macht das Machtverhältnis zwischen sozialen Gruppen und Hierarchien (Über- und Unterlegenheit) sichtbar und verweist auf mögliche Durchsetzungsstrategien; die zugehörigen Techniken bewegen sich in einem Spektrum

> »zwischen Empörung, Zorn, Verachtung, Lächerlichmachen, Peinlichkeit, Gleichgültigkeit, Verlegenheit, Hilflosigkeit, Verlust an Anerkennung und Wertschätzung und Mit-Scham, stellvertretender Scham, Mitleid, Hilfe und Unterstützung« (Landweer 1999, S. 203).

6. Scham als anthropologisches und kulturelles Phänomen

Zur Kulturgeschichte der Scham wird in dem von Bauks und Meyer (2011) herausgegebenen Sammelband ein breiter Bogen gespannt. Er zeigt eindrucksvoll die Vielfalt und die Kontroversen der Thematisierung in theoretischer und historischer, begrifflicher und phänomenologischer Perspektive. Sie reichen von der »Nacktheit und Scham in der Genesis«, »Scham im griechischen Denken«, »im Denken von Hume«, in England und in Frankreich, über Autoren wie Kant, Kierkegaard, Scheler, Elias und Dürr bis hin zur Literatur – z. B. bei Sartre (1943) oder Kafka (1946). Deutlich werden u. a. die wiederkehrende Unterscheidung von »Scham- und Schuldkulturen« oder auch geschlechts- und schichtspezifische Reflexionen. Dabei ist für die Herausgeber das Spektrum der Anlässe für konkrete Schamempfindungen vielfältig und nicht bloß sexuell motiviert.[28]

In der angebotenen Komplexität der Kulturgeschichte bzw. einer kulturübergreifenden Reflexion der Scham kristallisieren sich drei wesentliche Elemente heraus: Die Scham wird seit Aristoteles *erstens* »den ›Widerfahrnissen‹ zugerechnet; ›Zuständen‹, die der Mensch nicht aktiv lenkt, sondern die ihm passiv (ohne sein Zutun) widerfahren« (Bauks/Meyer 2011, S. 13). *Zweitens* werden bei den unterschiedlichen Anlässen und Momenten der Scham die Schwere und das Gewicht des fremden Blickes, die Bedeutung, die andere für uns haben, offensichtlich. »Die Schamerfahrung hat Reflexionen darüber angestoßen, dass es für den Menschen geradezu typisch ist, sich mit den Augen von Andern zu sehen, dass die Blicke der Andern gewissermaßen sogar dem je eignen Blick vorhergehen« (ebd., S. 14). Gleichzeitig lassen sich *drittens* aus den vielfältigen Schamsituationen die jeweiligen subjektiven Macht- und Normvorstellungen und damit die Wirklichkeit sozialer Systeme rekonstruieren. Danach verweist Scham stets

> »auf einen Kodex des je individuell internalisierten Normbewußtseins. Die Analyse der Scham liefert der Theorie einen Schlüssel zur Codierung von normativen Kontexten. Scham ist eine reiche Quelle besonders für solche Normvorstellungen, die nicht schriftlich oder gar juristisch fixiert sind. Ob sich jemand für seine Nacktheit schämt oder weil er durch ein Schlüsselloch guckt oder einen Fleck auf der Krawatte trägt, stets verweist diese Empfindung auf das Bewusstsein oder den Glauben, eine entsprechende Norm verletzt zu haben, einer normativen Erwartung nicht

[28] Vor allem auf Autoren wie Elias (1991) und Duerr (1988 – 2003) ist hinzuweisen, die unterschiedliche theoretische Ansätze, Interpretationen und empirische Materialien zur Entwicklung von Schamgefühlen bzw. zur Schamgeschichte anbieten. Auf sie wird hier nicht weiter eingegangen. Ebenso wird hier nicht weiter thematisiert: schamloses Verhalten (u. a. als Form des Protestes) in jeweiligen historisch-gesellschaftlichen Kontexten und mit Blick auf deren Schamgrenzen, dann der Begriff Schamlosigkeit, der allgemein als die gänzliche Abwesenheit von Scham verstanden wird oder auch der Mythos eines ursprünglichen schamlosen Zustandes des Menschen (vgl. Hilgers 1996). Dabei ist Schamlosigkeit (und Schamabwehr) und die Rede vom schamlosen Menschen immer auf Scham bezogen. Scham kann als Schamlosigkeit »maskiert« (Wurmser 1998, Baer/Frick-Baer 2008) werden und als Reaktionsbildung auf starke Schamgefühle auftreten. Sie kann somit als Versuch interpretiert werden, einen die Identität bedrohenden Schamkonflikt zu lösen. Zum Zusammenhang und zur Geschichte von Scham und Schamgefühl, Nacktheit und Prüderie vgl. Bologne (2001).

> gerecht worden zu sein, etwas zu tun, das zumindest in den Augen der Beobachter nicht comme il faut ist. Der subjektive Geist tritt mit dem objektiven Geist (oder dem, was er dafür hält) in einen Konflikt« (ebd., S. 14).[29]

Anthropologische Überlegungen gehen bei Scham von einer menschlichen Universalie und einem spezifischen menschlichen Erleben aus; »es gibt Scham vermutlich seit es Menschen gibt« (Blankenburg 1997, S. 48). Sie wird als ein »archetypischer« und angeborener »Grundaffekt« (Tomkins 1963) der menschlichen Existenzweise charakterisiert und begegnet uns entwicklungsbezogen, historisch und kulturell in vielen Varianten. Der Mensch kann sich schämen – und kein anderes Wesen außer dem Mensch schämt sich. Mit Bezug auf Plessner (1941, 1975), der vom Menschen als einem natürlich-geistigen, »exzentrisch positionierten« Wesen ausgeht, unternimmt Anja Lietzmann (2007) den Versuch, das theoretisch Gemeinsame bzw. einen einheitlichen Begriff und eine Struktur von Scham zu finden, der bzw. die – jenseits der unfruchtbaren Polarität von »angeboren« und »anerzogen« – alle unterschiedlichen Schamphänomene und -anlässe umfassen kann.

Lietzmann (2007) begründet Scham als anthropologisches und universales Wesensmerkmal sowie zugleich als ein multiples Phänomen; danach macht es den bzw. alle Menschen – mit Bezug auf Max Scheler (1933), Hans-Peter Duerr (1995) und vor allem Hellmuth Plessner (1975), der die menschliche Existenzweise als doppeldeutige »exzentrische Positionalität« begründet – aus, dass er sich schämen kann.[30] Damit ist Scham auch in modernen Gesellschaften als ein universales und relevantes Phänomen begründet.[31] Mit Blick auf die lange wissenschaftliche theoretische Diskussion in unterschiedlichen Disziplinen und der kulturanthropologischen Unterscheidung von »Scham-

---

[29] Einen breiten historisch-kulturanthropologischen und phänomenologisch-psychoanalytischen Perspektivenhorizont bieten die Autoren in dem von Rolf Kühn, Michael Raub und Michael Titze (1997) herausgegebenen Sammelband an. Aufgenommen werden verschiedene Dimensionen der Schamdiskussion, so u. a. die Unterscheidung von »Scham und Schuld«, von »Scham- und Schuldkulturen« (so ist Japan »das Musterbeispiel einer Schamkultur« (Blankenburg 1997, S. 46), dann die Rolle der Scham bei innerpsychischen Konflikten und Identitätsproblemen oder auch Tendenzen zur »Schamlosigkeit« in postmodernen Gesellschaften.

[30] Lietzmann wird zitiert nach der online-Version, wie sie im Internet angeboten wird.

[31] Die Janushaftigkeit des Menschen liegt für Plessner in der spezifischen Besonderheit des Menschen: Er ist zugleich lebendig-natürlich-leibliches und geistig-geschichtliches – und damit ein gebrochenes – Wesen. Daher kann er in »Unordnung« und Identitätskrisen geraten.

kulturen« und »Schuldkulturen« fragt Lietzmann (2007) über die konkreten Bedingungen von Schamanlässen hinaus nach dem »Gemeinsamen aller Schamphänomene« bzw. einem Begriff, der »alle Erscheinungen von Scham umfassen kann« (S. 8).

Scham ist ein universeller menschlicher Affekt, man versucht sie nicht zu zeigen, sie zu verbergen und geheim zu halten – man schämt sich für die Scham. Sie zeigt sich meistens – in verhüllter Form – als »Maske der Scham« (Wurmser 1997), sie ist eine Folge von Normverletzungen und wirkt auf das Selbstbild negativ. Dabei wird Scham »zunächst ausgelöst durch eine »äußere« Bewertung eigner Handlungen, Gedanken und Gefühle, die anhand von Normen geschieht; sodann aber durch eine »innere« Bewertung, die den Mißerfolg/die Normverletzung tatsächlich auf das eigene Selbst bezieht« (Lietzmann 2007, S. 145). Scham wird hervorgerufen durch eine Diskrepanz zwischen den Handlungen einer Person und einer relevanten sozialen Norm; sie ist zunächst Ärger über sich selbst und dann darüber, eine akzeptierte Norm nicht erfüllt zu haben. Der Mensch erkennt, dass er unbeabsichtigt gegen eine Norm verstoßen – er hat es nicht bemerkt, es ist ihm nicht aufgefallen, er hat sie nicht ernst genommen – und sich gegen sie verhalten hat (vgl. Landweer 1999). Scham ist einerseits universell, andererseits manifestiert sie sich in unterschiedlichen Weisen und Praktiken. Die Herausbildung eines »Blickes der anderen« ist Ergebnis einer epochengeschichtlichen kulturellen Entwicklung und durch langwierige Sozialisationsprozesse vermittelt. Nach Maria-Sibylla Lotter (2012) wird gelernt, sich mit den Augen der andern zu sehen und Scham ist das elementare Gefühl, der einem um den fremden Blick auf mich sorgen lässt.

7. Scham und Moderne

Einerseits existiert die Position, nach der Scham in der Moderne ihren Höhepunkt – bezogen auf Häufigkeit und Intensität – erreicht hat. Norbert Elias (1991) ist mit seiner Zivilisationstheorie ein Vertreter, der ein »ganz leichtes Zurückfluten« der Scham im 20. Jahrhundert beobachtet, und dies im Gang des Zivilisationsprozesses lediglich mit kleinen, den Prozess begleitenden »Schwankungen« charakterisiert. Nach Ansicht anderer Autoren ist jedoch die Moderne gerade am Tiefpunkt hinsichtlich des Schamempfindens angelangt. Nach Ruth Benedict (1967) etwa ist Scham in modernen Gesellschaften ein unrelevantes Phänomen geworden, an deren Stelle die Schuld getreten ist. Noch schärfer formuliert ist die These, dass die Moderne grundsätzlich schamlos verfasst sei. Diese wird etwa durch den Psychoanalytiker Henry Lowenfeld (1976) vertreten, der »wachsende Schamlosigkeit« als Kennzeichen der Moderne betrachtet.

Die meisten Autoren verzichten allerdings auf derartige Extrempositionen und argumentieren im dazwischen liegenden Mittelfeld. So konstatiert Duerr (1988-2003) nicht das Verschwinden, aber das Nachlassen der Körperscham in der Moderne. Scham wird wiederholt als Diagnose entwickelter moderner Gesellschaften und als ein soziales Gefühl beschrieben, das nicht verschwindet, sondern sich verändert, verschiebt und neue Anlässe und Formen annimmt. So beschreibt etwa Wurmser (2007) die Moderne zunächst als eine »Kultur der Schamlosigkeit«, die auf Wertemangel und Zynismus zugunsten von Hedonismus beruht. Auch für Kühn et al. (1997) kristallisiert sich »eine Tendenz zur Schamlosigkeit heraus, die im Zusammenhang mit einer Auflösung bislang traditionell verbindlicher Werteorientierung steht« (S. 7).

Nach Lotter (2012) ist Scham in modernen Gesellschaften grundlegend für die eigene Wertschätzung und Selbstachtung, die lebenspraktische Identität und moralische Handlungsmotivation[32]. Dabei gibt sich die Moderne nach Lietzmann (2007) häufig nur den Anschein, schamlos zu sein. Bei genauer und differenzierter Betrachtungsweise stellt sich für sie jedoch heraus, dass die Rede von der Schamlosigkeit des 20. Jahrhunderts zwar weit verbreitet, empirisch jedoch in keiner Weise belegt ist. Die Gründe für diese Rede liegen dann auch nicht in realen Entwicklungen begründet; sondern gehen vielmehr auf den Fehler zurück, das Nachlassen der Scham in ›klassischen‹ Bereichen wie Nacktheit oder Sexualität zu generalisieren und auf andere Schamformen oder die Scham überhaupt zu übertragen. Historisch prägen sich unterschiedliche Schamformen zur gleichen Zeit ganz verschieden aus und folgen durchaus nicht der gleichen Entwicklung; vom Verschwinden der Scham oder einer generellen Schamlosigkeit der Moderne kann deshalb nicht die Rede sein. Gleichzeitig gibt es auch Hinweise, dass in bestimmten Bereichen – hier im Bereich der sozialen Scham – Schamphänomene zunehmen. So können nach Neckel (1991) und Landweer (1999) die Schamanlässe und -gelegenheiten ansteigen. Die Modernisierungs- und Individualisierungsprozesse etwa haben zur Folge, dass der Einzelne für seine Misserfolge selbst die Verantwortung und Zuständigkeit übernehmen muss. Dadurch induzierte schamauslösende Identitätskrisen können so anders und auch häufiger ausge-

[32] Dabei ist kulturell zu differenzieren, was jeweils schamloses Verhalten ist oder bei anderen als unverschämt gilt (vgl. Lotter 2012).

löst werden, als wenn sie primär extern attribuiert sind. Nach Neckel (1991) wachsen

> »mit der Individualisierung der kulturellen Persönlichkeitsmuster, der sozialen Lagen und der subjektiven Wahrnehmungsformen in der modernen Gesellschaft auch die Möglichkeiten der Beschämung wieder an. Insofern Scham von der Person her zum Tabu des Individualitätsbewußtseins wird, eignen sich Beschämungen in besonderer Weise dazu, als soziale Waffe in den alltäglichen Statuskämpfen zwischen den Individuen zu fungieren« (S. 286).

III.
Beschämung als Gewaltform

1. Beschämung als Strafe und Gewalt

Die Datenlage über die derzeitigen Formen von Gewalt in den Domänen der professionalisierten Pädagogik, der Kinder- und Jugendhilfe sowie der sozialen Arbeit ist begrenzt. Es wird in Medien immer wieder über Vorfälle berichtet, aber – bei aller Vorsicht und im Vergleich zu vorangegangenen Zeiträumen und dem nicht bekannten Dunkelfeld – kann mit Blick in vorliegende Befunde konstatiert werden, dass vom pädagogischen Personal (Lehrern, Erziehern, Pfarrern, Mitarbeitern in der Jugendhilfe/-arbeit) allenfalls vereinzelt körperliche oder auch sexualisierte Gewalt gegen Kinder und Jugendliche in pädagogischen Einrichtungen ausgeht. Diese Entwicklung hat unterschiedliche Gründe, die u. a. in einem veränderten gesellschaftlichen Selbstverständnis im Umgang mit der jungen Generation liegen, dann mit einer veränderten öffentlichen Aufmerksamkeit, Wahrnehmung und Gesetzgebung verbunden sind, die solche Gewaltformen ächten und sanktionieren.

Solche eindeutigen Prozesse in den letzten Jahrzehnten bedeuten aber nicht, dass es keine vom pädagogischen Personal ausgehenden Gewaltformen mehr gibt, dass Kinder und Jugendliche eine gewaltfreie Erziehung erleben und in gewaltfreien Räumen und Beziehungen aufwachsen. Neben vielen Facetten von »alten« und »neuen«, veränderten Gewaltformen unter Kindern und Jugendlichen – so haben z. B. etwa ein Drittel aller Schüler Erfahrungen mit Online-/Cybermobbing – oder auch die durch Medienberichte immer wieder bekannt gewordenen Fälle von Gewalt, die von Schülern gegen Schüler oder auch gegen Lehrer ausgehen, gibt es solche auch vom pädagogischen Personal in schulischen und außerschulischen Einrichtungen. Die bisher vorliegenden Erkenntnisse deuten darauf hin, dass hier ein Wechsel stattgefunden hat: weg von den strafenden, offenen und direkten Gewaltformen hin zu eher indirekten, subtilen und angedeuteten sowie mehr im Verborgenen ausagierten Gewaltformen. Dabei sind auch Beschämungen »als sanktionierende Erziehungs- und Sozialisationsinstrumente zwar offiziell verpönt. Sie spielen aber gleichwohl in verdeckter Form nach wie vor eine beträchtliche Rolle« (Blankenburg 1997, S. 55).

Im Folgenden sollen mit Blick auf die Diskurse und empirischen Befunde der letzten Jahre dargelegt werden, wie das »unakzeptable« und beschämende Verhalten von Pädagogen aufgenommen wurde und welche Daten die Forschung anbietet. Das Thema muss die erziehungswissenschaftliche Disziplin – in deutlicher Kritik und Abgrenzung zum moralisierenden und besserwisserischen Gestus der Pädagogen- und Institutionenbeschimpfung – in selbstaufklärender Perspektive beschäftigen.[33]

Alle diese Gewaltformen sind nach Hans Thiersch (2010) wiederum mit den politischen und gesellschaftlichen Vorgaben und Zwängen, d. h. struktureller Gewalt mit ihren Zwängen und Nötigungen verknüpft und verwoben. In diese sind beide Seiten – die Heranwachsenden und die Erwachsenen – eingebunden und sie prägen die Heranwachsenden in ihren Lebens- und Lernformen, »in denen die Potenzialitäten und Eigentümlichkeiten ihrer individuellen Entwicklung nur bedingt und oft gar keine Anerkennung finden« (S. 216). Nach Thiersch (2010) ist Gewalt in pädagogischen Verhältnissen zwar generell geächtet und zurückgegangen, aber nach ihm sind »PädagogInnen in ihren Interaktionen zur Gewalttätigkeit verführt, wenn sie von den AdressatInnen in Ohnmacht, Hilflosigkeit, in Blamage und Beschämung getrieben werden« (S. 221). Diese zeigen sich z. B. in Formen von Demütigung, Arbeitsauflagen oder von rituellen Handlungen in Einrichtungen mit geschlossener Unterbringung.

Aggressives und gewaltförmiges Verhalten in der Schule – und ähnlich in anderen pädagogischen Einrichtungen – wird meist nach vier Aspekten differenziert: Gewalt von Schülern gegen Schüler, Gewalt von Schülern gegen Sachen, Gewalt von Schülern gegen sich selbst und Gewalt von Lehrern gegen Schüler. In weiteren Differenzierungen geht es um problematische und riskante Verhaltensweisen im Jugendalter und um unterschiedliche Gewaltphänomene in Schulen wie delinquentes und dissoziales Verhalten, Mobbing und Bullying, Sachbeschädigung und Waffen, Happy Slapping bis hin zu School Shootings und Amokläufen. Letztere gehören zu den spektakulärsten Formen von Gewalt an der Schule; es ist ein plötzlicher und unkontrollierter Einbruch von unfassbarer Gewalt in eine friedliebende pädagogische Alltagswelt (vgl.

[33] Dabei wären in der weiteren Forschung u. a. die Motive und Prozesse zu untersuchen, die Kinder und Jugendliche zu Opfern machen sowie die vielschichtigen Folgen von Beschämung zu klären.

Scheithauer/Hayer/Niebank 2008). Die Forschung hat sich bisher vor allem auf die ersten beiden Aspekte bezogen – die »Gewalt von Lehrern gegen Schüler« wurde bisher kaum bzw. erst im Rahmen weniger Studien erforscht und thematisiert. So kommt Siegfried Bäuerle (1999) mit Blick auf die Diskussion in den 1990er Jahren zu dem Ergebnis:

> »Nachdem die Prügelstrafe in deutschen Schulen verboten wurde, kommt es nur noch selten vor, daß Lehrer ihre Schüler körperlich züchtigen. Dennoch kann davon ausgegangen werden, daß Lehrer kein absolut gewaltfreies Verhältnis zu ihren Schülern haben. Vor allem handelt es sich um psychische Gewalt, wenn sich Lehrer an Schülern ›vergreifen‹« (S. 48).

Beschämung ist – generell und in allen (sozial-)pädagogischen Einrichtungen – kein neues Phänomen in der Pädagogik, im Gegenteil, sie durchzieht ihre Geschichte von Anfang an und war schon in deren langer Züchtigungs- und Strafgeschichte immer auch mit den körperlichen und sexualisierten Gewaltformen verbunden; vor allem in den letzteren ist eine besonders tiefe und extreme Form der Beschämung zu identifizieren. Es lässt sich bei allen Modernisierungen und differenzierten Entwicklungen im professionalisierten Feld der Pädagogik und der sozialen Arbeit, der Kinder- und Jugendhilfe nicht leugnen, dass auch in pädagogischen und sozialen Institutionen und beim Erziehen gestraft wird – zwar nicht mehr so wie früher, d. h. bis in die 50er und 60er Jahre des 20. Jahrhunderts, aber noch immer sind beschämende pädagogische Verhaltensweisen (als Strafformen) erkennbar. Sie werden mit erzieherischen Bedeutungen legitimiert und sollen wegen eines geschehenen Verhaltens bzw. Unrechtes erteilt werden. So sehen z. B. die amtlich genehmigten Schul- und Disziplinarordnungen für die Schule eine Reihenfolge von Strafandrohungen vor; dazu gehören: »Rüge, Tadel im Klassenbuch, Benachrichtigung der Eltern, Androhung der Verweisung und schließlich die tatsächliche Relegation« (Prange/Strobel-Eisele 2006, S. 142). Weiter gibt es Strafmittel und -arbeiten wie Schüler in die Ecke oder vor die Tür zu schicken, eine »Übungsarbeit« aufzugeben oder auch mal Nachsitzen zu verordnen. Die Strafformen sollen auf Normen und Regeln verweisen, die den Schülern einsichtig sind bzw. einsichtig sein können, die ihm bekannt sind und die es einzuhalten gilt; die nicht missachtet werden dürfen. Aber alle Formen des Strafens und die damit erzwungene bzw. erhoffte Normerfüllung bleiben ambivalent, wie Klaus Prange und Gabriele Strobel-Eisele (2006) aus pädagogischer Sicht reflektieren: Einerseits wollen wir Kinder, die »den Regeln folgen, die wir zu ihrem und unserem Schutz eingeführt und ihnen gezeigt haben, andererseits aber sind Kinder, die bloß folgsam sind und womöglich lebenslang gehorsame Diener ihrer Herren bleiben, auch nicht das Richtige. Immer nur artig, das ist auch nichts. Jedes Kind möchte von Zeit zu Zeit ungehorsam sein« (S. 148).[34]

2. Beschämung – Abgrenzung, Grenzüberschreitungen und Formen

Beschämung darf nicht verwechselt werden und ist strikt abzugrenzen von den – in den jeweiligen pädagogischen Arbeitsfeldern und Einrichtungen unterschiedlich akzentuierten – strukturellen Dimensionen und Vorgaben, den notwendigen Aushandlungsprozessen und Grenzziehungen. Dazu gehören *erstens*, das begründete Setzen der notwendigen Grenzen, die Vereinbarung von Regeln und das Treffen von Entscheidungen; *zweitens* sind es die rechtlichen, institutionellen und pädagogischen Zuständigkeiten und Vorgaben, die hieraus resultierenden Auseinandersetzungen und Konflikte, die mit Argumenten und Plausibilität auszutragen sind. Die pädagogischen und sozialen Verhältnisse sind *drittens* immer auch systematische und konkrete pädagogische Macht- und Abhängigkeitsverhältnisse, die zu legitimieren und transparent zu machen sind und die nicht die Würde von Kindern und Jugendlichen verletzen dürfen. Beschämung darf auch nicht verwechselt werden mit Humor, (dosierter) Ironie und Verlegenheit. Ralf Schwarzer (1987) weist auf diese Unterscheidung hin; nach ihm ist

> »Verlegenheit eine kurzfristige Reaktion auf relativ unbedeutende Ereignisse, frei von moralischen Implikationen. Das Antinom zu Verlegenheit ist Gelassenheit. Scham ist demgegenüber eine länger andauernde Reaktion auf gravierende Ereignisse mit moralbezogenen Inhalten« (S. 126f.).

---

34 Dem »Dauerbrenner« seit Beginn des 20. Jahrhunderts, die junge Generation mit ihren »Risiken, Gefährdungen und Gefahren« zu diagnostizieren, setzt Martin Dornes (2012) in seiner breiten und abwägenden Reflexion der Kindheitsentwicklung und -forschung die ambivalente, aber durchaus identifizierbare Fortschrittsentwicklung entgegen. So ist nach ihm das Ausmaß an Gewalt, Verwahrlosung und psychischen Krankheiten in der Geschichte der Moderne bzw. moderner Lebensbedingungen nicht gestiegen, lediglich die Aufmerksamkeiten und Begriffe haben zugenommen. Bei allen Gefährdungen, Krisen und Problemen hat die heutige junge Generation so viel Bildung, Wohlbefinden und Sicherheit wie keine vor ihr. Nach Dornes (2012) »entwickeln sich die meisten Kinder gut«, sie fühlen »sich in ihren Familien wohl« und »sind mit der Art, wie sie erzogen werden, zufrieden« (S. 12.) Dies ist verbunden mit einer »Demokratisierung« von Eltern-Kind-Beziehungen und der Verschiebung »vom Befehls- zum Verhandlungshaushalt«.

Schon in der reformpädagogischen Diskussion wurden der Humor und der Witz zu den professionellen pädagogischen Verhaltensweisen gezählt, der pädagogische Situationen entspannen und auflockern kann. Demgegenüber wurden Ironie, Spott und Häme als Ausdruck der Überlegenheit des Erwachsenen abgelehnt.[35] Nach Herman Nohl (1935) muss

> »dieser Humor sich auch bewähren, wenn der Übermut der Jugend sich gegen uns selber richtet; er darf einem nur vergehen, wo man jemanden etwas Gemeines tun sieht« (S. 153).

Die eigentliche Erzieherkrankheit (aber) ist für Nohl

> »der pedantische Ernst, das ewige Schelten oder die pharisäische Kritik, die immer recht hat. Wo der Humor des Berufs vorhanden ist, da wird man auch die eigene Erzieherexistenz nicht so gewaltig ernsthaft nehmen, weil man weiß, wie groß doch auch hier das Mißverständnis ist zwischen dem, was man predigt, und dem, was man selber ist. Die unpädagogische Form dieser Einsicht (aber) ist der Zynismus« (ebd., S. 153).

In dieser Charakteristik des pädagogischen Humors werden nach Derbolav (1969) die beiden negativen Extreme deutlich: die pedantische Rechthaberei und das eingeschworene Besserwissen des Pädagogen, der nicht mehr fähig ist, sich von seiner Rolle zu distanzieren, sondern ›in und außer Dienst‹ eben Lehrer bleibt, und der pädagogische Zynismus auf der anderen Seite, der die konstitutiven Mißverhältnisse und Unzulänglichkeiten der pädagogischen Situation durchschaut und sie mit Spott und Ironie, oder auch mit Selbstironie quittiert. Nach Derbolav (1969) fehlt ihm die professionelle Souveränität, die es sich versagt, die Schwächen zu demaskieren und der Blamage auszusetzen. Er sieht im pädagogischen Humor so etwas wie eine »Krönung« des gelernten Erziehers, weil er Ausdruck eines reflektierten und zugleich ins Positive verarbeiteten pädagogischen Grenzbewußtseins ist, das im ›Wissen des Nichtwissens‹ (wie es Sokrates zum ersten Mal formuliert hat) ein zentrales Paradoxon deutlich macht und ein Zentrum der pädagogischen Verantwortung begründet.

In den pädagogischen und sozialen Arbeitsfeldern ist die Überschreitung

[35] Anders als Witz und Humor ist die Ironie eine ambivalente und mit Risiken verbundene pädagogische Haltung. Eher positiv ist sie, wenn sie sich auf Sokrates als zentrale Gestalt bezieht. Der antike Philosoph kann mit seiner charakterisierten Dialogführung als Begründer der »sokratischen Ironie«, einer »fragenden Ironie« verstanden werden. Mit ihr werden die Gewissheiten des Gesprächspartners durch scheinbar »naives« Nachfragen als Unwissen und Vorurteile demaskiert; das Unsichtbare, Hintergründige und Verinnerlichte wird offengelegt.

der Schamgrenzen und sind Beschämungen – zu verstehen als ein sozialer (peinlicher und unerträglicher) Affekt und eine spezifische Sozialbeziehung in diskriminierender und abwertender Form – mit unterschiedlichen subjektiven und pädagogisierenden Legitimationen sowie mit unterschiedlichen Merkmalen verbunden. In der Pädagogik liegt die Grenze, die zum Schamerleben führt

> »in der Dynamik der pädagogischen Beziehung. Die Grenze wird dort überschritten, wo der oder die Erziehende seine oder ihre Macht in der Beziehung, die auf der institutionellen Ebene eine asymmetrische ist, missbraucht. Da, wo der Edukand/die Edukandin das Gesicht verliert, weil der/die Erziehende die Sicherheit in der Beziehung abgebrochen hat; da, wo die Würde der Person verletzt wird. Der erzieherische Prozess ist verloren, wenn der Stärkere den Wert der wechselseitigen Anerkennung aufkündigt und an dessen Stelle die hierarchisch einseitige Anerkennung durchsetzt« (Spychiger 2007, S. 87).

In der Schule ist Beschämung vor allem ein Instrument des politisch und bürokratisch vorgegebenen und erzwungenen Leistungs-, Zensuren- und Selektionszwanges; in der außerschulischen Pädagogik und sozialen Arbeit ist sie vor allem mit der erwarteten Anpassung, mit den Gewohnheiten, Routinen und der jeweiligen Kultur verbunden (z. B. im Leben von Internaten, Heimen). Scham- und Beschämungssituationen werden in vielen pädagogischen und sozialen Situationen und auch im Alltag gemacht; sie werden in Beziehungen innerhalb von pädagogischen Einrichtungen – zwischen Kindern und Jugendlichen in ihren Peers sowie zwischen Pädagogen und Kindern und Jugendlichen auch jenseits von Prüfungs- und Leistungssituationen – wiederholt erfahren. Sie haben als eine interaktive Form der sozialen Angst in Prozessen von sozialer Inklusion und Exklusion – des vorübergehenden Andersseins und Ausgeschlossenseins – vor allem auch eine emotionale Dimension.

Nach Wurmser (1981) beziehen sich Beschämungen auf sechs verschiedene Themen, die in der Adoleszenzentwicklung eine Rolle spielen und von Günter (2008) so zusammengefasst werden:

- Schwäche und Versagen in Rivalitätssituationen (z. B. schulische, sportliche Erfolge, sexuelle Kompetenz),
- Verlust der Kontrolle über Körperfunktionen und Gefühle (z. B. körperliche Veränderungen, sexuelle Erregung, motorische und kognitive Funktionen),
- das Gefühl, verachtenswert, eklig und schmutzig zu sein (z. B. Angstlust, Ekelgefühle, Phantasien),
- das Gefühl der eigenen Defekthaftigkeit und der mangelhaften geistigen und physischen Ausstattung (z. B. Ohnmachts- und Wutgefühle, Relativität von Macht und Vollkommenheit, Entidealisierung von Bezugspersonen),

- Exhibitionismus und Schaulust sind gefährlich und werden bestraft (z. B. sexuelle Neugierde, Phantasieleben des Adoleszenten, exhibitionistische und voyeuristische Bestrebungen),
- sexuelle Erregung durch sadomasochistische Phantasien und Betätigungen (z. B. Phantasien sexueller Gefühle und Bestrebungen, paranoide Ängste, perverse Neigungen) (S. 889ff.).

Zur gezielten Schamproduktion zählen Beschämungen, die von einem äußeren Verursacher aktiv, bewusst und gezielt hergestellt werden. Dazu gehören nach Wurmser (1997) »der strafende Blick, der verächtliche Ausdruck (z. B. Stirnrunzeln), das demütigende Wort, der spöttische Ton und das hämische Kichern, die zurückweisende Geste – Naserümpfen, Zunge herausstrecken –, die das Beschämen signalisieren« (S. 141). Sie provozieren Identitätskrisen und intendieren die Bloßstellung und Erniedrigung. »Deshalb stellen Beschämungsakte gewollte Verletzungen dar, deren Opfer das Schamsubjekt in der Scham wird« (Lietzmann 2007, S. 173). Provoziert werden Identitätskrisen, weil innere Widersprüchlichkeiten bei den Beschämten sichtbar und öffentlich gemacht werden. Lietzmann (2007) sieht drei Auslösertypen von Beschämung, denen eine besondere Bedeutung zukommt:

> »Zum einen können Beschämungen als Rangverminderungen und Relevanzmißachtungen erscheinen, etwa als Verriß, Geringschätzigkeit, Kritik, Überlegenheitsgesten, Spott, Schuldzuweisungen, soziale Stigmatisierung oder Beleidigung. Beschämend wirkt auch, lächerlich gemacht zu werden oder einen Korb zu erhalten. Insbesondere aber Erniedrigungen, Demütigungen und Verachtung werden als gezielte Beschämungen eingesetzt. Eine weitere Auslöserklasse von Beschämungen stellen Überschreitungen und Mißerfolge dar, auf die man andere Menschen aufmerksam macht. Zuletzt schließlich wirken auch Distanzlosigkeit und die Mißachtung von Grenzen beschämend. Dazu zählen etwa die Verletzung der intimen Individualsphäre, erzwungene Nacktheit oder auch visuelle Übergriffe in Form von Anstarren. Der indiskrete und deshalb beschämende Blick ist der Blick, der eine andere Person vollständiger Sichtbarkeit aussetzt, sie schützender Rückzugsmöglichkeiten beraubt und ihr damit zugleich die Kontrolle über ihre Sichtbarkeit nimmt« (S. 174).

Auf der phänomenologischen Ebene und im pädagogisch-praktischen Umgang werden Beschämungen über sprachliche Äußerungen (herabwürdigende, verächtliche, zynische Bemerkungen) und/oder weniger verbalisierte – aber mimisch und gestenreich eindeutige – Verhaltensweisen mitgeteilt, die sich mit vielen Ähnlichkeiten und Überschneidungen als soziale Praktiken u. a. so darstellen lassen und gelesen werden können:

- verächtliche und verachtende Bemerkungen über die (schlechten) Leistungen von Schülern, über die Meinungen, Eigenschaften und (auffälligen) Verhaltensweisen, den Lebensstil und das Outfit von Kindern und Jugendlichen;
- erniedrigende und demütigende Bemerkungen über Mängel und Schwächen, über angebliche Fehler, Lücken und Defizite, mit denen Kinder und Jugendliche zu Versagern werden; sie werden ausgelacht, verspottet, eingeschüchtert, bloßgestellt und vorgeführt, in »gut und schlecht«, zugehörig und nicht zugehörig, leistungsfähig und nicht leistungsfähig sortiert;
- zurückweisende Bemerkungen, die Kindern und Jugendlichen zeigen, dass man sich über sie lustig macht, dass es auf sie nicht ankommt und sie nichts wert sind;
- missachtende Bemerkungen und Verhaltensweisen, die Kinder und Jugendliche nicht einbeziehen, sie ignorieren, »links liegen lassen« und ihnen signalisieren, dass man an ihnen kein Interesse hat, sie nicht braucht;
- abwertende und entwertende Äußerungen und Verhaltensweisen, mit denen Kindern und Jugendlichen vermittelt wird, dass sie nicht den vorherrschenden, üblichen, angemessenen und akzeptierten (Leistungs-)Erwartungen entsprechen;
- soziale und ethnische Diskriminierungen, die Kinder und Jugendliche mit ihrer – oftmals bildungsfernen – Herkunft und Lage konfrontieren und sie etikettieren, die ihr Verhalten und ihre Leistungen solchen selektiven Herkunftsmerkmalen zuweisen;
- negative Anerkennung, bei der mit Kindern und Jugendlichen nur bzw. überwiegend negativ sanktionierend umgegangen und kommuniziert wird; sie erfahren keine Botschaften mit positiver, bestärkender und fördernder Anerkennung und Zugehörigkeit.

3. Beschämung – empirische Befunde

In der empirischen Forschung waren und sind Beschämungen vor allem ein schulpädagogisches Thema, weniger diskutiert werden sie bisher in sozialpädagogischen Kontexten oder in der Kinder- und Jugendhilfe; das gilt auch für systematische Reflexionen und Professionsdiskurse. Im Folgenden werden einige Befunde aus ausgewählten – mit unterschiedlichen Forschungsdesigns verbundene – empirischen Studien vorgestellt; sie zeigen das bisher erhellte Beschämungsfeld , haben unterschiedliche Erklärungsreichweiten und machen zugleich deutlich, wo weiterer Forschungsbedarf besteht.[36]

[36] Holtappels et. al. (2009) geben einen Überblick zur Forschung über Gewalt an Schulen und Schubarth (2010) hat einen Überblick über Gewalt an Schulen ein-

1.

Die Themen Belastung bzw. negative Belastungserfahrungen, Stress und Angst, Überforderung und das Verhalten von Pädagogen – z. B. die Frage, ob die Schule krank macht oder Lernen schmerzhaft ist – spielten in der pädagogischen Debatte und in empirischen Untersuchungen wiederholt eine Rolle (vgl. Projektgruppe Belastung 1998, Oser/Spychiger 2005). So wurde in der Schul- und Belastungsstudie der »Projektgruppe Belastung« (1998) u. a. nach der Schulzufriedenheit und dem Lehrerverhalten sowie der Zufriedenheit der Schüler mit den Lehrern gefragt. Bei weitgehend positiven Ergebnissen für alle Schularten, gibt es aus Sicht der Schüler aber auch erhebliche Probleme und das Lehrerverhalten ist ein bedeutsamer Aspekt für die schulische Belastung. So heißt es in der Untersuchung:

> »Obwohl die Schüler ihren Lehrern grundsätzlich positiv gegenüberstehen, traten im Bereich des fairen Umgangs doch erhebliche Probleme auf. So ist für 32,6 % der Schüler die Mehrzahl der Lehrer ›ungerecht‹, von der Hauptschule (27,0 %) zum Gymnasium (37,6 %) ansteigend; ein kleiner Teil der Schüler hat hier nur bei einzelnen Lehrern Schwierigkeiten. In der Hauptschule betrifft das der Tendenz nach nur einzelne Lehrer, während es an den beiden anderen Schularten eher ein Klimaproblem zu sein scheint. 29,5 % der Schüler sind der Ansicht, dass die Lehrer ihre Leistungsfähigkeit nicht richtig einschätzen können und 21,3 % der Schüler sagen, dass ihre Lehrer sie schon ›tief verletzt‹ haben. In beiden Fällen scheint es sich wiederum eher um ein Problem des Schulklimas als um das individuelle Verhaltensproblem von Lehrern zu handeln. Beides führt zu hohen Belastungspunktwerten, wobei es dann, wenn es sich nur um einzelne Lehrer handelt, der Tendenz nach von den Schülern als belastender empfunden wird. Die abgeschwächte Form dieser Aussage, nämlich ›Meine Lehrer haben schon Schüler lächerlich gemacht‹, ist demgegenüber eher mit geringeren Belastungswerten verbunden. Nach den Angaben der Schüler ist ein solches Lehrerverhalten am Gymnasium eher die Regel als die Ausnahme (67,0 %), schon weniger häufig an der Realschule (59,5 %) und an der Hauptschule (47,2 %). Fasst man die Ergebnisse zusammen, dann wird die Schule von ihren Schülern überwiegend als fair beschrieben. So gilt z. B. für die

---

schließlich Lehrergewalt vorgelegt. Einen einschlägigen Überblick geben Barbara Bastian-Becker (2007), die Mitbegründerin der »Initiative für große Kinder« und Oggi Enderlein (2004); sie haben auf problematisches Lehrerhandeln in Schulen aufmerksam gemacht. Hinzuweisen ist weiter auf populärwissenschaftliche Publikationen, wie z. B. Kurt Singer (1998) mit dem Buch »Die Würde des Schülers ist antastbar« oder auf Internetplattformen, wie z. B. www.lernen-ohne-angst.de. Auch in der Literatur gibt es zahlreiche Beispiele und Figuren, die den beschämenden Schul- und Schüleralltag aufnehmen.

Hauptschule, dass etwa 34,3 % der Schüler die Lehrer in allen Aspekten als fair erleben. Weit geringer ist diese uneingeschränkte Zustimmung an der Realschule (24,3 %) und am Gymnasium (20,8 %). Die Hauptschule, die hier den ›besten‹ Wert erzielt hat, zeigt andererseits auch den höchsten Grad an erlebter Unfairness. 9,1 % der Hauptschüler fühlen sich in allen Aspekten unfair behandelt, wesentlich mehr als an der Realschule (7,9 %) oder am Gymnasium (7,7 %). Dies bedeutet extremere Antworten an der Hauptschule, die auch bei der Beantwortung von anderen Fragen zu erkennen sind. Lehrer werden in allen Schularten positiv eingeschätzt. In allen Schularten gibt es aber zum Teil auch erhebliche Probleme, dabei schneiden die Hauptschullehrer nach Einschätzung ihrer Schüler in der Regel am besten ab. In den meisten Fällen nimmt die Realschule eine Mittelposition zwischen den Schularten ein. Immer ist das Lehrerverhalten aber der bedeutsamste Aspekt für die schulische Belastung« (S. 208).

Weiter kommt die Studie in der Differenzierung nach Schularten zu dem Ergebnis, dass die Hauptschüler häufiger der Meinung sind, »dass es in ihrer Schule ungerecht zugeht, während die Gymnasiasten in weit stärkerem Maße unfaires und verletzendes Verhalten der Lehrer angeben und dies nicht der Schule anlasten. Realschüler und insbesondere Gymnasiasten, die ihre Schule ablehnen, zeigen entsprechend sehr hohe Belastungswerte« (ebd., S. 209).

2.

Im Spannungsfeld von Anerkennung und Missachtung zwischen den Generationen blicken Annedore Prengel und Friederike Heinzel (2004) auf die Rituale in schulischen Geschlechterverhältnissen. Einerseits geht es den Autorinnen um die Bedeutung und die Formen von notwendigen demokratischen und partizipativen Anerkennungsritualen in Schulen, andererseits um die Identifizierung von »unakzeptablem Lehrerverhalten« bzw. Gewalt und problematischen Formen von Anerkennung durch »Herrschaft und Unterwerfung«, die von Lehrern ausgeht. Sie schildern Szenenportraits von Mädchen und Jungen im Schulunterricht (Sport- und Werkunterricht), die in Turnhallen und Klassenzimmern als Missachtungsrituale mit Scham und Ausgrenzung verbunden sind. Nach Prengel und Heinzel (2004) kommt es in allen Schulformen vor,

»dass sowohl Lehrerinnen als auch Lehrer Missachtungsrituale vollziehen, dass sowohl Mädchen als auch Jungen Opfer von Missachtungsritualen sind und dass »Geschlecht« von in ihrem Agieren beschriebenen Kindern und Lehrpersonen sowie von den berichtenden Studierenden teilweise thematisiert wird und teilweise nicht thematisiert wird. Wir vermuten, dass sich in Missachtungsritualen zweigeschlechtliche Differenzierungen ebenso wie Überschreitungen der Geschlechtergrenze durch Lehrkräfte und durch Kinder und Jugendliche in der Rolle der Opfer und der zuschauenden Peergroup entdecken lassen« (S. 121).

In ihrer anerkennungstheoretisch basierten und einer Generationen vermittelten Grundschulstudie sprechen Heinzel und Prengel (2003) von »unakzeptablen Lehrerhandlungen« (S. 69), wenn gegen Prinzipien der Anerkennung verstoßen wird. Dabei untersuchten sie schülerfeindliche Handlungen von Lehrern in der Grundschule, gleichzeitig wurden Kinder nach ihren Einschätzungen befragt. Danach gehören auch Zumutungen zum Erziehungsprozess (vgl. auch Oser 1994), doch die Autorinnen nehmen eine wichtige Differenzierung vor, indem sie zwei Arten von Kränkungen unterscheiden, eine eher »schädliche, die durch destruktive Verletzungen und (eine eher, d. V.) heilsame, die durch entwicklungsnotwendige Konfrontationen ausgelöst werden« (Heinzel/ Prengel 2003, S. 70). Sie bestätigen die Ergebnisse von Volker Krumm und Susanne Weiß (2002) und kommen in ihrem Pretest – hier hatten sich 42 Studierende im Rahmen ihrer Praktika durch Unterrichtsbeobachtung beteiligt – zu dem Ergebnis:

> »Von den 42 Befragten sagen 30 (71,4%), dass sie während der Schulbesuche gesehen und gehört haben, dass eine Lehrerin oder ein Lehrer ein Kind gekränkt hat. (…). Als wiederholt vorkommende unakzeptable Lehrerhandlung werden genannt: anschreien (von der Hälfte als oft oder sehr oft bezeichnet), unfair behandeln (von 30% als oft oder sehr oft, von 50% manchmal), herumnörgeln (von 20% oft oder sehr oft, von fast 40% manchmal) und bloßstellen (von 40% oft, von 25% manchmal). Es folgen in der Häufigkeit: Schuldgefühle produzieren, beschimpfen, beleidigen und ungerecht beurteilen« (S. 71).

Nimmt man die Hinweise und Deutungen der Kinder auf, dann zeigt sich ein Spannungsfeld von »kinderkulturellen, schulkulturellen und erwachsenenkulturellen Normen«, weil die befragten Kinder durchaus zwischen »sinnvollen Ermahnungen, spielerischen Kämpfen und ernsten Aggressionen unterscheiden« konnten (ebd., S. 72).

Prengel (2012) stellt weiter einige vorläufige Ergebnisse aus einem laufenden Projekt vor, die sich auf die Auswertung von 55 Schultagen im Anfangsunterricht (2. Jahrgangsstufe oder altersgemischte Gruppen aus 1. und 2. oder 1., 2. und 3. Jahrgangsstufe) beziehen. Dabei bietet sie die zehn folgenden Punkte an:

> »1. Insgesamt überwiegen in Lehrer-Schülerinteraktionen anerkennende und neutrale Handlungsweisen, während verletzende Handlungsweisen seltener sind. Als ungefähre Faustregel lässt sich sagen, dass sich durchschnittlich ca. 20 %

verletzende, 35 % anerkennende, 35 % neutrale und 10 % ambivalente Szenen finden. Eine solche Durchschnittstendenz ist nicht aussagefähig für eine einzelne Lehrperson.
2. Innerhalb der Einzelschulen sind sehr unterschiedliche Profile einzelner Lehrpersonen zu finden, häufig anerkennende und häufig verletzende Lehrkräfte arbeiten Tür an Tür. Die sehr unterschiedlichen Grade der Anerkennung werden unabhängig von Voraussetzungen aufseiten der Schülerinnen und Schüler praktiziert. Ein Teil der Lehrpersonen handelt auch in sehr schwierigen Situationen anerkennend, während andere Lehrkräfte häufig oder situativ aus nichtigen Anlässen verletzend handeln.
3. Kinder reagieren mimisch und gestisch auf die Qualität der Ansprache. Ermutigung und Entmutigung als unmittelbare Wirkungen von Lehrerhandeln sind körperlich sichtbar.
4. Nach Verletzungen sind kindliche Lernaktivitäten in der Regel blockiert.
5. Nach Ermutigungen kommen kindliche Lernaktivitäten in der Regel (wieder) in Gang.
6. Verletzungen treffen teilweise seriell die gleichen Kinder.
7. Alle Kinder der beobachteten Klassenstufen im Anfangsunterricht, auch die verletzten, kämpfen um ihre Anerkennung als Schüler.
8. Als wiederkehrende Muster der Anerkennung wurden beobachtet: zu Leistungen ermutigen, Leistung loben, anhören, bei Kummer trösten, freundlich streicheln oder in den Arm nehmen, Konflikte zwischen Peers lösen helfen, Grenzen setzen.
9. Als wiederkehrende verletzende Muster wurden beobachtet: Anbrüllen, am Arm schütteln, vor die Tür schicken, ignorieren, sarkastisch ansprechen, lächerlich machen, Hilfe durch Peers verbieten, keine Grenzen setzen, Konflikte zwischen Peers ignorieren, Kummer ignorieren, vor anderen negativ über ein Kind sprechen, Fehler oder Fehlverhalten böse kritisieren, nicht anhören.
10. Handlungsweisen der Lehrerinnen und Lehrer oder anderer Erwachsener aus multiprofessionellen Teams wirken im Anfangsunterricht ansteckend. Wenn ein Kind durch die Lehrperson stigmatisiert wird, wird es auch von den Peers stigmatisiert. Wenn ein Kind durch die Lehrperson ermutigt wird, wird es auch durch die Peers ermutigt« (S. 185f.).

Nach Prengel (2012) zeichnet sich in einer weiteren differenzierten Betrachtung ein Teil der alltäglichen schulischen Missachtungen dadurch aus,

> »dass sie auf der Grenze zwischen empörend und noch akzeptabel changieren. Darum kommen hier neben schweren Diskriminierungen auch Formen der Gewalt gegen Kinder von minderer Schwere ins Spiel. Sie ereignen sich unterhalb der Schwelle dessen, was als justiziabel gelten kann. Da das Generationenverhältnis per se auch ein Macht- und Abhängigkeitsverhältnis ist, ist zudem nicht jede Machtaus-

übung, Versagung, Strafe oder Zumutung seitens Erwachsener eine psychische Verletzung, obwohl sie sich für Kinder schmerzhaft anfühlen kann. Trotz dieser Komplexität sind gravierende Formen von Missachtungen durch Lehrpersonen im Schulalltag beobachtbar und als zerstörerische Vorgänge erkennbar. In Schulen ereignen sich traumatisierende Misshandlungen von Kindern durch Lehrkräfte, wenn sie emotionale Vernachlässigung und emotionale Gewalt gegen betroffene Kinder praktizieren und wenn andere Kinder dem Geschehen zuschauen. Das ist vor allem dann der Fall, wenn – wie wir wiederholt schon im Anfangsunterricht beobachteten – einzelne Kinder oder Kindergruppen dauerhaft negative Zuschreibungen und Bloßstellungen erleben und positive Ansprache durchgängig entbehren« (S. 189).

3.

In einer emotionsethnologischen Studie sind Martin Wertenbruch und Birgitt Röttger-Rössler (2011) u. a. Scham und Beschämung in einer multikulturellen Schulklasse nachgegangen. Für sie ist Scham »eine Form ›sozialer Angst‹«, nämlich »vor den Augen der anderen zu versagen, den sozialen Erwartungen nicht zu entsprechen und sich dadurch eine Blöße zu geben« (S. 242). Sie kommen in ihrer Beobachtung von Emotionsepisoden u. a. zu dem Ergebnis, dass in Konfliktsituationen zwischen Lehrern und Schülern Verhaltensweisen wie erröten, den Blick abwenden, den Kopf senken, der Beantwortung von Fragen ausweichen oder sich nicht klar und verständlich ausdrücken »sichtbare und damit beobachtbare Zeichen von Schamerleben« sind, »die mit Verstecken und Verbergen zu tun haben« (S. 252).

4.

Fritz Oser und Maria Spychiger (2005) thematisieren u. a. die Dimension des negativen Wissens, das Verhalten des positiven oder produktiven und negativen oder destruktiven »Beschämers«. Mit dieser Unterscheidung geht es um zwei emotional unterschiedliche Handlungsweisen und Bedeutungen für Lernen bzw. Nicht-Lernen und nach dieser Differenzierung

> »ärgert man sich bei positiven Beschämern über sich selbst. Es ist eine Selbstindignation, die mit einem gewissen Grad von Trauer, Scham oder Zorn gegen etwas, das einem unterläuft, einhergeht. Man hat schon wieder etwas getan, obwohl man weiß, dass es falsch ist, oder obwohl man es hätte wissen müssen, dass es so kommen könnte. Positive Beschämer sind aber nicht immer selbst initiiert; wenn eine Lehrperson einem Kind auf die Sprünge hilft, indem sie es auffordert, genauer hinzuschauen, genauer zu vergleichen, sich genauer zu erkundigen, besser hinzuhorchen, nochmals nachzudenken etc., so sind dies ebenfalls positive Beschämer.

> Positive Beschämer können auch dadurch entstehen, dass eine Person, die einem zugetan ist, darauf hinweist und warnt, dieses oder jenes in Zukunft nicht mehr zu tun. Die grundsätzlich akzeptierende Basisbeziehung ist deshalb wichtig, weil in ihrem Rahmen Emotionen nie missbraucht oder bloßgestellt werden« (S. 74).

Demgegenüber steht die Figur des negativen »Beschämers« in der Tradition der »schwarzen Pädagogik« und im Zusammenhang mit einem nicht adäquaten Umgang mit (und Öffentlichmachen von) Fehlern und Schwächen, deren Thematisierung mit einer Verletzung von Integrität u. a. mit Bloßstellungen, Zynismus oder Vorwürfen verbunden ist. Aus solchen negativen Erfahrungen – der erlebten Beschämung – erwächst kein Lernen, vielmehr erwachsen Gefühle und Verhaltensweisen wie Flucht, Rückzug, Angst, Abwendung, Aggression und Blockaden.

> »Abgesehen davon, dass Lernen an sich schon ›schmerzhaft‹ ist, gibt es eine Menge nicht-notwendigen Zufügens von Demütigungen, die oft eben gerade nicht zu Negativem Wissen, wohl aber zu Hass gegenüber Personen, die Demütigungen vorgenommen oder zugelassen haben, und zu Situationen, die mit solchen Prozessen in Verbindung stehen, führt. Das Problem ist aber nicht das Lernen aus Fehlern oder das Negative Wissen an sich, sondern es liegt in der Schwierigkeit, dem Wissen durch die emotionalen Befindlichkeiten, die die negativen Beschämer auslösen, keinen Zugang mehr zum Verarbeitungs- und Verstehensapparat und damit auch zu den verschiedenen Gedächtnisprozessen zu erlauben. Statt diesen ›brennen‹ die Situationen, die man erlebt, und die Personen, die sie auslösen, eine negative Spur, die aber nicht das zu lernende Wissen darstellt, sondern die soeben negativ eingeschätzten und daher abgelehnten Personen und Situationen betrifft« (ebd., S. 74f.).

Zu den negativen Emotionen, die Fehler und Schwächen begleiten und das negative Wissen bestimmen gehören nach Oser/Spychiger (2005) neben Ärger, Schuld und Angst auch Scham. Letztere impliziert nach ihnen eine soziale Situation und sie entsteht,

> »wenn jemand vor anderen eine Leistung nicht erbringen kann, die die Allgemeinheit oder sie selber von sich erwartet hat. Die Öffentlichkeit hat den Protagonisten in einer seiner Schwächen (öffentlich) gesehen, also in einer Situation, in der er oder sie die Kontrolle verliert und eine erwünschte Handlung nur schlecht oder ungenügend ausführen kann. Scham hat ihren Ursprung in der möglichen ›Nacktheit‹ der Person. Nacktheit bzw. Bloßgestelltsein deuten auf Verletzung der Intimität hin; Leistungsscham auf Verletzung des Ehrgefühls. Andere haben den Blick auf einen gerichtet. Vermutlich produziert Scham nur fruchtbares Negatives Wissen, wenn sie vom Individuum selbst initiiert wird. Entsteht sie durch eine Gefährdung von

außen, wird die Abwehrhaltung so groß, dass die betroffene Person gar nicht mehr weiß, wie die Scham zu Stande gekommen ist« (S. 78f.).

5.

Im Jahre 2002 hat der Bremer Senat die Akademie für Arbeit und Politik der Universität Bremen mit der Durchführung einer Schülerbefragung zum Thema Gewalterfahrungen und extremistische Deutungsmuster beauftragt. Im Rahmen einer Schulleiterbefragung wurde nach Gewaltbelastung, Präventionsstrategien und Handlungsbedarfen gefragt. In der Studie heißt es u. a.:

»Schüler und Lehrer stehen in einem hierarchischen Verhältnis zueinander, das weit über die Möglichkeit der Lehrer zur Festlegung von Inhalten und methodisch-didaktischen Arbeitsformen hinausgeht. Sie können auch die Kommunikationsmodi bestimmen und verfügen über Sanktionsmöglichkeiten, wenn gegen Regeln verstoßen wird. Über die eigenverantwortliche Vergabe von Zensuren schließlich sind sie entscheidende Akteure in einer zentralen Institution im Gesamtsystem der Status- und Positionsvergabe. Die Schüler-Lehrer-Interaktion kann entsprechend als institutionelles Gewaltverhältnis beschrieben werden. Diese Dimension von Gewalt lässt sich jedoch wie die strukturelle Gewalt, die theoretisch auf gesellschaftlicher Ungleichheit basiert, nicht sinnvoll in einer quantitativen Erhebung explorieren. Schon angesichts der weitreichenden Akzeptanz von institutionellen Hierarchien und gesellschaftlicher Ungleichheit werden diese Formen von Gewalt nur selten als solche, also als dem Subjekt konkretes Leid zufügende Normenverletzungen wahrgenommen.

Natürlich gelten auch für das Lehrpersonal zentrale Verhaltensstandards gegenüber den Schülern. Neben dem Verbot von jeglichen körperlichen Übergriffen seit den 1950er Jahren zählt hierzu auch die Nutzung der Macht und kommunikativen Überlegenheit zur verbalen Verhöhnung, Herabsetzung oder Stigmatisierung von Schülern. Gegenüber Schülern gilt für die Pädagogen in besonderer Weise ein umfassender Gleichbehandlungsgrundsatz« (S. 26).

Weiter heißt es dann in den Ergebnissen der Studie zu den Formen und der Verteilung von Lehrergewalt:

»Wie bereits angeführt, zeichnen die Mittelwerte zur Lehrergewalt in der fünfstufigen Ratingskala ein nahezu paradiesisches Bild, das den Eindrücken der Schüler vollständig zuwiderläuft. In der Schülerbefragung meinten beispielsweise deutlich über die Hälfte der Befragten, dass einige oder alle ihrer Lehrer unfair zu einzelnen Schülern der Klasse seien und über ein Viertel gab an, einige oder alle Lehrer ›machen sich lustig über Schüler, die etwas falsch gemacht haben‹. Schließlich meint über ein Drittel, im vorangegangenen Jahr mindestens einmal ›mit Worten fertig gemacht worden‹ zu sein. Und immerhin jeder zwanzigste sah sich glaubhaft körperlichen Grenzverletzungen durch Lehrer ausgesetzt. Aus den Angaben der Schulleiter ergibt sich am ehesten noch Handlungsbedarf bei der verbalen Gewalt von Lehrern gegen Schüler, wobei auch hier der Mittelwert von 1,45 extrem niedrig ist. Der Belastung nach folgt die verbale Gewalt unter Lehrern mit 1,23, gefolgt von der verbal-sexuellen Lehrergewalt (1,08) und schließlich der körperlichen Gewalt von Lehrern (1,06). Die Aussagekraft der Mittelwerte erscheint äußerst gering. Lediglich bei der verbalen Lehrergewalt gegen Schüler und Kollegen gibt es wenige Schulleiter (jeweils fünf bzw. 2,6 %), die eine mittlere Gewaltbelastung angeben. Für alle anderen Gewaltarten und Schulleiter gilt, dass bezüglich der Lehrergewalt maximal der Wert 2 (geringe Belastung) angegeben wird.

Für die verbale Gewalt von Lehrern gegen Schüler ergibt sich dabei folgendes Bild: Weit über die Hälfte der Leiter von Schulzentren der Sekundarstufe II (68,4 %) und I (57,4 %) konzedieren die Existenz von verbaler Lehrergewalt gegen Schüler, während dies unter den Grundschulleitern zu weniger als einem Drittel gilt. An den sozialstrukturell unterprivilegierten Standorten ist die Bereitschaft zum Zugeständnis von Lehrergewalt deutlich ausgeprägter als bei Schulleitern aus den bevorzugten Quartieren. Werden nur die Schulzentren der Sekundarstufe I aus den Brennpunkten berücksichtigt, so gestehen zwei Drittel der Schulleiter eine prinzipielle Belastung mit verbaler Lehrergewalt zu, in den privilegierten dagegen nur ein Drittel.

Aus der Schülerbefragung ergab sich bezogen auf die Lehrergewalt keinerlei Gefälle nach der Sozialstruktur der Standorte, wohl aber zeigen sich erhebliche Unterschiede zwischen den Standorten innerhalb der Segmente. Das Gefälle in der Schulleiterbefragung lässt sich möglicherweise damit erklären, dass an den benachteiligten Schulen ohnehin offener und offensiver das Gewaltthema behandelt wird. Zudem sind die Belastungen der Lehrer möglicherweise in den Brennpunkten größer und Fehlverhalten kann leichter mit strukturellen Problemen rationalisiert werden« (S. 27f.).

6.

Der Begriff der »Lehrergewalt«, wie er z. B. in der Bremer Studie verwandt wird, lädt zu missverständlichen Assoziationen ein. In anderen Studien – so z. B. Prengel (2003, 2012) ist von »verletzendem Lehrerverhalten«, von »negativem Lehrerverhalten« oder von »Lehrerfehlverhalten« die Rede.[37] Der

[37] Nicht thematisiert wird ein pädagogisch problematisches Lehrerverhalten, das sich neben dem hier im Mittelpunkt stehenden »mangelhaften Umgang« – auf die zweite Dimension, nämlich das »mangelhafte Unterrichten« bezieht. Schlechter Unterricht und mangelnde Motivation (Desinteresse, Faulheit) des Lehrers können auch als Beschämungen und Kränkungen verstanden werden, weil den Kindern und Jugendlichen durch diese Form institutioneller Gewalt und von Machtmissbrauch immer auch Entwicklungs- und Bildungschancen verweigert werden.

Ausdruck »positives Lehrerverhalten« bezeichnet ein Verhalten, welches das Lernen fördert und nicht mit dem Unterrichten und deshalb mit dem Lernen interferiert. Es schließt die Fähigkeit ein, zu motivieren und positive Gefühle anzuregen. Positives Lehrerverhalten umfasst eine weite Palette von Verhaltensweisen wie etwa Schüler zu unterstützen, Rückmeldungen zu geben, zu loben und zu ermutigen im Sinne des Verstärkens, konstruktiv zu kritisieren, Schüler anzuhalten, das Beachten von Regeln zu akzeptieren und Leistungsbereitschaft zu entwickeln. Hier sind Pädagogen »Stärken-Sucher«, die Prozesse fördern und »kleine« positive Entwicklungen und Erfolge wertschätzen; die Kindern und Jugendlichen positiv Anerkennung vermitteln, auf die Schüler stolz sein können. Für die Qualität der Schule sind als Kernaufgabe von Lehrern, ein kompetenter, guter, einladender und Neugierde weckender Unterricht sowie individuelle Förderung und Betreuung zu verstehen.

Das negative Verhalten von Lehrern setzt eine negative Bewertung und Einstellung den Schülern gegenüber mit einer entsprechenden Handlungsbereitschaft voraus. Diese Werthaltung und negative Handlungsbereitschaft stellen das eigentliche Kriterium des »schlechten« Lehrers dar. Der Ausdruck »negatives Lehrerverhalten« (Lehrerfehlverhalten) bezeichnet ein Verhalten, das mit dem Unterrichten und deshalb mit dem Lernen interferiert; seine Bandbreite reicht von langweiligem Unterricht über negative Kritik, Kränkung, aggressive Akte oder unfaire Tests bis hin zum körperlichen Angriff. Schüler erleben ihre Lehrer mit schlechter Laune, als gereizt und mit abfälligen Bemerkungen.

7.

Zahlreiche Publikationen kommen von der Salzburger Gruppe um Volker Krumm (1997, 2000, 2001, 2002, 2003), die u. a. zeigen, dass die Belastungen in den pädagogischen Beziehungen gegenseitig sind. So fühlen sich Lehrer nach den Studien von Volker Krumm und Kirstin Eckstein (2003) sowie Krumm und Weiß (2000, 2002) von keinem Schul- und Unterrichtsmerkmal mehr belastet als von schwierigen, störenden und verhaltensauffälligen Schülern; bei den Faktoren, die Schüler belasten stehen wiederum Lehrer an erster Stelle. In mehreren Untersuchungen seit Ende der 1990er Jahre wurden Lehrer, Eltern und Studenten in Österreich, der Schweiz und Deutschland über das – aus ihrer Sicht und mit ihren Erinnerungen verbundene – Verhalten »schlechter Lehrer«, über ein als kränkend oder verletzend erlebtes Lehrerverhalten befragt; über ein Lehrerverhalten, das als »pädagogisch nicht mehr akzeptabel« bewertet wird und das »Schüler und Eltern krank macht«. Als »unannehmbar«,

»nicht akzeptabel« oder »ungerechtfertigt« werden Verhaltensweisen bezeichnet, die gegen anerkannte pädagogische Normen wie Würde, Anerkennung, Motivation und Förderung verstoßen.

Mit Blick auf »ungerechte Lehrer« untersuchten Krumm und Weiß (2000) die »ungerechten« – willkürlichen, unklaren, fragwürdigen – Leistungsbeurteilungen (Noten), die von den interviewten Studenten in ihrer Schulzeit als »ungerecht« empfunden wurden. »In vielen Fällen wird die ungerecht empfundene Note auf Rechthaberei, Vorurteile oder Antipathie sowie auf Revanche des Lehrers wegen ungebührlichen Schülerverhaltens zurückgeführt« (S. 67). Für Schüler steht die ungerechte Leistungsbeurteilung an erster Stelle der erlebten und dann meist von weiteren Kränkungen; dabei sind die »Kränkungen durch Lehrer nachhaltiger als die Kränkungen durch Schüler« (ebd., S. 78).

Einer repräsentativen Erhebung mit 10.000 Schülern im Rahmen der internationalen TIMSS-Studie in Österreich konnten Krumm, Lamberger-Baumann und Haider (1997) drei Fragen zum negativen Lehrerverhalten anhängen. Schüler der 7. und 8. Klassen aller Schularten und der Abschlussklassen verschiedener weiterführender Schulen sollten ankreuzen, »wie oft Lehrer einen Schüler« (Befragte als Beobachter) »ungerecht behandelt« – »gekränkt« – »sonst irgendwie geärgert« haben. In den Schulstufen (Jahrgangsstufen) 7 und 8 fühlten sich 46 Prozent der Schüler eins, zwei oder drei Mal und mehr »ungerecht behandelt« (Schulstufe 11: 37 Prozent), »gekränkt« 38 Prozent (33 Prozent) und »sonst irgendwie geärgert« 51 Prozent (36 Prozent). Krumm und Weiß (2000) geben für die Klassen 7-12/13 als Durchschnittswert für alle drei Fragen einen Wert von 17 Prozent an.

Eine nachfolgende Studie von Krumm und Weiß (2000) scheint die Ergebnisse zu bestätigen: Bei einer Befragung von 1.374 deutschen Studenten (939 weiblich, 417 männlich) gaben 9 Prozent (4 Prozent w.; 11 Prozent m.) an, von Lehrern schon einmal »geschlagen«, 45 Prozent (40 w.; 49 m.) »beschimpft«, 49 Prozent (46 w.; 60 m.) »angeschrien«, 24 Prozent (24 w.; 27 m.) »als ungeeignet für die Schule bezeichnet« worden zu sein. Am häufigsten haben die Befragten sich »ungerecht beurteilt« 79 Prozent (81 w.; 79 m.) und »unfair behandelt« gefühlt (ebd., S. 27).

Weiter kommen Krumm und Eckstein (2003) mit vielen Fallbezügen und anschaulichen Beispielen u. a. zu folgenden Kränkungsarten: Bloßstellen und Vorwürfe vor der Klasse, Ausgrenzung, Einschüchterungen und Demotivierungen, Körperverletzungen und Zwangsausübungen, Schreien, Beschimpfen und Beleidigen, Lächerlich machen und Beschämen, Ignorieren und Missachten, ungerechtes und unfaires Verhalten, Weitergabe von Informationen,

Verletzung von Rechten, Unterstellung von Fehlhandlungen oder Straftaten (S. 26f.). Zu den Ergebnissen zählen dann:

- Von den interviewten Eltern haben sich 67 Prozent an Kränkungen ihres Kindes erinnert und mindestens eine geschildert. Bei den Studenten waren es – je nach Fragemethode – 70 bis 80 Prozent.
- Nach den Aussagen von Eltern – hier 14 Fälle – hat das Lehrerverhalten die Schüler u. a. »fertiggemacht«, zum Weinen gebracht, traurig gemacht, Schulabneigung und -angst gefördert, somatische Beschwerden verursacht, störrisch und aggressiv gemacht, im Unterricht verstummen lassen, entmutigt, demotiviert und verunsichert. Es gab nachlassende Schulleistungen und abnehmendes Selbstvertrauen, Hilflosigkeit und Ohnmacht, Angst und Scham, Wut und Verzweiflung, Hass und Zorn und andere negative Emotionen.
- Schüler können zwischen einer »pädagogisch gerechtfertigten Strafe« und einer »ungerechtfertigten Verletzung oder Kränkung« unterscheiden; ob sie »zurecht« oder »ungerechtfertigt« gestraft worden sind.
- Beide Seiten werden durch die Schule belastet: Lehrer, denen es nicht gelingt die pädagogischen Herausforderungen zu bewältigen; Schüler, denen es nicht gelingt, die Herausforderungen der Schule, des Unterrichts bzw. des Lehrers zu bewältigen, vor allem, wenn diese aus pädagogisch inakzeptablen Verhalten bestehen (ebd., S. 35ff.).

Die Bandbreite negativen Lehrerverhaltens (Lehrerfehlverhalten) reicht – aus Schülersicht – von langweiliger Lektüre, die den Schüler unbefriedigt zurücklässt, über negative Kritik, Demütigung, Kränkung, Sarkasmus oder unfaire Tests bis hin zum körperlichen Angriff. Ein weiteres Ergebnis der Studie ist, dass die Schüler das Lehrerverhalten aufgrund der Machtverhältnisse zwischen Schülern und Lehrern weitgehend resigniert und widerstandslos hingenommen haben.

In der bisherigen Tradition der Forschung sind nach Prengel (2012) im deutschsprachigen Raum vor allem die Ergebnisse von Krumm bedeutsam, weil er das »Fehlverhalten« von Lehrern wiederholt untersucht hat.

> »Er gewann seine Daten durch rückwirkende Befragungen von Studierenden sowie durch Schüler-, Lehrer- und Elternbefragungen. Er entwickelte eine aufschlussreiche Kategorienliste. Sie enthält u. a.: negative Zuschreibungen, Bloßstellen, Ungerechtigkeit, Anschreien, Beschimpfen, Beschämen, Ignorieren, Unterstellungen, Körperverletzungen, Zwangsausübung, Drohungen, Isolierung, Ausgrenzung, Informationsweitergabe und unangemessene Arbeitsaufträge. Circa drei Viertel der Befragten klagen über Missachtungserfahrungen durch Lehrer in ihrer Schulzeit« (S. 182).

8.

In seinen plastischen und alltagsnahen Reflexionen über Schulfreude und Furcht, Zwang und Auslese befasst sich Kurt Singer (2009) auch mit »verletzenden Worten« und »abfälligen Bemerkungen« (S. 181), die den Schüler kränken und sein Selbstwertgefühl verletzen. Er listet vielfältige und anschauliche Beispiele von »beleidigenden Ausdrücken«, »geringschätzigen Bemerkungen«, »entwertenden Worten« auf, die den Schülern »unerwünschte Eigenschaften zuschreiben, Vorurteile ausdrücken, Kinder bloß stellen, sie ausgrenzen, lächerlich machen und beschämen« (ebd., S. 182).

Singer (2009) referiert die Studie von Krumm und Weiß (2002), mit der Machtmissbrauch von Lehrern in Österreich untersucht wurde und nach der folgende Kränkungen unterschieden werden:

> »Lehrer haben eine vorgefasste Meinung über das Leistungsniveau: ›Mathematik wirst du nie begreifen‹. Sie schreiben dem Schüler mangelndes Denkvermögen zu und zweifeln seine Eignung für das Gymnasium an: ›Hier hast du keine Chance.‹ Kränkend erleben Jugendliche, wenn Lehrer sie mit Schwächen vor der Klassen bloßstellen: ›Jetzt zeig mal an der Tafel deine großartige Leistung‹. Der Lehrer kritisiert Eigenschaften oder Aussehen der Schüler: ›Deine Langsamkeit nervt mich‹, stellt Aufgaben, die den Schüler überfordern und zwingt das Kind zu Tätigkeiten, von denen er weiß, dass es sie nicht bewältigen kann.
>
> Unfair finden es Jugendliche, wenn der Lehrer ihren Arbeitseinsatz falsch bewertet: ›Das ist das Ergebnis deiner Faulheit‹. Als kränkend bezeichnen die Befragten ferner: Der Lehrer schreit den Schüler an, beschimpft ihn, verwendet unflätige Ausdrücke, macht sich über mangelnde Fähigkeiten lustig, beschämt den Schüler, indem er zum Beispiel einen missglückten Aufsatz gegen den Willen des Kindes vorliest« (S. 182).

Weiter referiert er:

> »Eine andere Kategorie verletzenden Lehrerverhaltens ist, Schüler zu ignorieren, zu vernachlässigen oder zu missachten, sie fühlen sich wie Luft behandelt. Ebenso kränkt sie, ihnen den Mund zu verbieten und Unterstützung zu verweigern. Die Persönlichkeitsrechte werden verletzt, wenn der Lehrer das Privatleben des Schülers angreift oder ihn einschüchtert. Häufig nennen zu ihren Schulerfahrungen befragte Personen die Drohung mit schlechten Noten oder damit, den Schüler durchfallen zu lassen oder ihn auszufragen« (zit. nach Singer 2009, S. 183).

9.

Mit einer subjektiven, schülerorientierten Perspektive haben Edgar Schmitz, Peter Voreck, Klaus Hermann und Ernst Rutzinger (2006) mehrere Untersuchungen zum positiven (d. h. Lernen fördernden, motivierenden und anregenden) Lehrerverhalten und zum negativen (z. B. launigen und ungeduldigen, aggressiven und feindseligen, kränkenden und demütigenden) Verhalten von Lehrern (Lehrerfehlverhalten) im Unterricht ausgewertet. Darunter ist eine teilnehmende Beobachtungsstudie und in den Hauptstudien wurden mehr als 1.260 Schüler befragt, insgesamt waren es über 5.000 Schüler. Nach einer explorativen Erkundungsstudie mit über 400 Schülern (und 100 Lehramtstudenten als Kontrollgruppe) kommt die Forschungsgruppe u. a. zu dem Ergebnis:

> »Die Bandbreite positiven Lehrerverhaltens reicht aus Schülersicht von freundlichem Verhalten über die Mühe, etwas verständlich zu erklären bis hin zum persönlichen Einsatz für Schüler (…). 19 % der Schüler und 32 % der Studenten berichten vom persönlichen Einsatz von Lehrern über den Unterricht hinaus, 34,6 % der Schüler und 38 % der Studenten berichten, dass Lehrer sie gelobt, unterstützt und motiviert hätten (…). Die Bandbreite negativen Lehrerverhaltens (Lehrerfehlverhalten) reicht von langweiliger Lektüre, die den Schüler unbefriedigt zurücklässt, über negative Kritik, Demütigung, Kränkung, Sarkasmus oder unfaire Tests bis hin zum körperlichen Angriff (…). Die Ergebnisse zeigen, dass 12 % der Schüler und 18 % der Studenten mindestens einmal körperliche Gewalt erlebt hatten. 30,7 % der Schüler und 46 % der Studenten berichten von schweren und 41 % bzw. 23 % von leichteren verbalen Aggressionen. Nur 1,5 % bzw. 1 % gaben an, kein negatives Lehrerverhalten erlebt zu haben. Mädchen erlebten persönlich weniger körperliche aber mehr verbale Gewalt als Jungen« (S. 5).

Nach einer weiteren Studie der Autorengruppe – hier unter 700 Schülern beruflicher Schulen – fühlen sich 31 Prozent der befragten Schüler ungerecht behandelt und bewertet, weiter sind 49 Prozent der Meinung, dass Lehrer nicht ruhig bleiben und »nach Meinung von 46 Prozent sind fast alle Lehrpersonen launisch, kümmern sich nicht um einzelne Schüler (45 Prozent), bevorzugen Schüler (53 Prozent). Die Klassenarbeiten sind unfair (22 Prozent)« (ebd., S. 18). Für die Schüler sind vor allem drei Aspekte des Lehrerverhaltens – so Ergebnisse aus einer Hauptuntersuchung – von Bedeutung: schlechter, langweiliger Unterricht; dann fehlende Unterstützung und Anerkennung sowie ungerechte Beurteilung (Benotung).

Die Zahlen der Untersuchungen zeigen, dass es in Schulen außerordentlich gute Lehrer gibt und die Schüler, »die angeblich keine positiven Erfahrungen mit Lehrern gemacht haben, sind mit 5 bis 6 Prozent eher selten« (ebd., S. 30).

Dabei wird deutlich, dass viele Lehrer bereit sind, sich weit über ihre formale Dienstverpflichtung hinaus für ihre Schüler einzusetzen, dass sie fähig und bereit sind, sie zu fördern und zu motivieren. Aber die Autoren kommentieren auch: »Bei den berichteten Größenordnungen von Aggression und körperlichen Gewalt durch Lehrer lässt sich keinesfalls von Einzelfällen und von einer Randerscheinung in der Institution Schule reden« (ebd., S. 68).

10.

Zu körperlichen und verbalen Gewalthandlungen zwischen Lehrpersonen und Schülern befragten Thomas Leithäuser und Frank Meng (2003) rund 4.000 Schüler der Klassenstufen 7 bis 13 an sieben (von 21) Schulen in Bremen. Ein Drittel gab an, im letzten Schuljahr mindestens einmal von Lehrern »mit Worten fertig gemacht« worden zu sein; 2,7 Prozent der Sekundarstufe I und 1,2 Prozent der Stufe II gaben an, 1-5mal »geschlagen« worden zu sein; 0,9-1,8 Prozent fühlten sich »körperlich sexuell belästigt« (z. B. »begrabscht«). Zwischen den Schulstufen ergaben sich keine bedeutsamen Differenzen. Die Wiederholungsfrequenz nahm mit zunehmendem Alter geringfügig ab. In der Studie von Wilfried Schubarth (2000) berichteten 50 Prozent bis 70 Prozent der Schüler von subtilen Aggressionen (vor der Klasse bloßstellen, blamieren) und 23 Prozent (im Bundesland Sachsen) bis 29 Prozent (im Bundesland Hessen) von manifesten Aggressionen (physische Gewalt). Nur verbale Entgleisungen der Lehrkraft, wie zum Beispiel »anschreien«, erreichten in Sachsen einen höheren Anteil als in Hessen. Nach einer Untersuchung von Wolfgang Melzer und Winfried Schubarth (1998) empfindet nur ein Drittel der befragten Schüler das Lehrerverhalten als nicht abwertend; jeweils ein Drittel fühlen sich von den Lehrern vor der Klasse bloßgestellt bzw. ›teils – teils‹ bloßgestellt.[38]

11.

Nachdem bereits 2007 und 2010 in zwei Studien (Wilbert/Gerdes) über den Unterschied zwischen dem »idealen und typischen Lehrer« nachgedacht wurde, ist Ende 2011 vom Münchener Meinungsforschungsinstitut »Iconkids & Youth« (Pressemitteilung vom 20. Oktober 2011) repräsentativ bei 700 sechs- bis zwölfjährigen Schülern nachgefragt worden, wie sie sich ihre Lieblingslehrer vorstellen. Dabei wurden dem »typischen Lehrer« negative Eigenschaften und Verhaltensweisen in zwei Richtungen zugewiesen: einmal ist er »müde,

[38] Zahlreiche weitere Untersuchungen werden in dem Bericht von Schmitz et. al. (2006) referiert.

verschwommen, missmutig«, dann ist er »hart, streng, ernst«. Solche »Lehrertypen« lehnen Schüler ab, wobei sie streng-direktive Lehrer ablehnen, aber etwa zwei Drittel der befragten Schüler sind mit ein »bisschen Strenge« durchaus einverstanden.

Demgegenüber erwarten Schüler vom »idealen Lehrer«, dass er motiviert und interessant ist. Sie erwarten zunächst »Fairness« (gleiche Leistung – gleiche Noten, gleiches Verhalten – gleiche Folgen), dann »Klarheit, Verständnis, Aktivität, Offenheit, Geselligkeit und Hilfsbereitschaft«; weiter wird neben dem »Fachwissen« ein gutes »Allgemeinwissen« gewürdigt. Damit wird der Kern von erwünschten und erwarteten Eigenschaften aus Schülersicht skizziert, die ein Anforderungsprofil von »guten« Lehrern ausmachen. Neben weiteren Eigenschaften wie – so die Studie von »ikonkids & youth« – »nett« (45 Prozent), »nicht zu streng« (33 Prozent) und »lustig« (26 Prozent) scheint ein »guter Lehrer« zu sein, wenn es ihm gelingt, die Stärken der Schüler zu erkennen und zu fördern, ihre Aufmerksamkeit und Neugierde für ein Thema bzw. eine Sache sowie darüber hinaus Begeisterung als Bearbeitung von Wissen zu wecken. Wenn dies gelingt und zum Ausgangspunkt für weitere und tiefer greifende pädagogische Arbeitsbündnisse wird, dann wird – und das ist die pädagogische »Kunst« – neben Erziehung und Lernen auch Bildung als Entstehung von Neuem ermöglicht. Solche motivierenden und erfolgreichen Transformationsprozesse gelingen vor allem dann, wenn der Lehrer selbst an der Sache, die er unterrichtet, interessiert und von ihr begeistert ist; wenn es ihm gelingt, die Schüler in einem »pädagogischen Arbeitsbündnis« neugierig zu machen und zum Mitmachen einzuladen.

12.

In seiner Studie zu den Ursachen von Gewalt an Schulen mit ihren unterschiedlichen Phänomenen (wie Problemschüler, Schulschwänzer, Schläger oder Amokläufer) bezieht sich Tilmann Kammler (2013) vor allem auf die interaktionellen Kontexte, Prozesse und Dynamiken von Konfliktverläufen – so auch auf die Bedürfnisse von Jugendlichen nach Anerkennung. Er fragt (neben den schulexternen) nach den schulinternen Faktoren, »den institutionellen Bedingungen des Schulalltags und dem Gewaltverhalten der Schüler« (S. 15) in einer pädagogischen Welt, in der Schulerfolg gelingen oder misslingen, Selbstwertgefühl entwickelt oder nicht entwickelt und konstruktives Konfliktverhalten gelernt oder nicht gelernt werden können. Er bilanziert die bisherige Forschung mit dem Ergebnis,

»dass Teilnahmemöglichkeiten, Akzeptanz und ein konstruktives Miteinander im Gegensatz zu offen ausgetragenen Disziplinierungsversuchen sowie etikettierenden und gewaltanwendenden Lehrerinteraktionen gewaltmindernde Faktoren sind. Ein positives Schulklima mit zwar fordernden Lehrern, aber prinzipiell guten Sozialbeziehungen und hoher Integrationskraft unter den Schülern, die durch lebensweltbezogenes und schülerorientiertes Lernen gekennzeichnet ist, sind ebenfalls klare protektive Faktoren« (ebd., S. 15).

In seiner anerkennungs- und desintegrationstheoretisch geleiteten Studie – durchgeführt an einer mittelhessischen Gesamtschule – geht es um die Annahme, »dass Desintegrationserfahrungen und eine negative Anerkennungsbilanz über massive Schamgefühle und ein schwaches Selbstbewusstsein zu gewalttätigen Konflikten führen« (ebd., S. 17). Theoretischer Bezugspunkt für die Genese von Gewalt ist u. a. die Abwehr bzw. Wandlung (Kompensation) von Minderwertigkeitsgefühlen in – unbewusst und mit Aggression verbundene – Scham- und Schuldgefühle, weil die Integrität verletzt und Beschämung erlebt wurde. Dabei sind die jeweils einsetzenden Abwehrmechanismen davon abhängig, »wie die Quelle der Beschämung kognitiv verarbeitet wird und davon, wem die Verantwortung für die Beschämung oder Scham zugeschrieben wird« (ebd., S. 41). Weiter entscheiden die biografisch erworbenen Situationsdefinitionen, Deutungs- und Verarbeitungsmuster, ob erlebte Frustartionen, aufkommende Scham- und Schuldgefühle in narzisstische Wut und Gewalt als Reaktion auf vorausgegangene Anerkennungsverweigerungen übergehen und »damit wieder eine aktive Handlungsmacht erlangt« (ebd., S. 45) wird.

Beispiel: Sportunterricht

In der Institution Schule ist vor allem der Sportunterricht mit seiner spezifischen Körperlichkeit prädestiniert, dass Beschämungen als pädagogisch-öffentliches Verhalten in Form von bloßstellen, vorführen, erniedrigen oder allein lassen möglich werden.[39] Die Schule ist eine bewegungs- und sportpädagogische Herausforderung, weil Kinder und Jugendliche im Schulsport lernen müssen, ihren Körper und ihre Bewegungen zu handhaben bzw. zu mögen. Bewegung und Sport haben Bedeutung für Körper und Gesundheit, sie sind mit spezifischen Bildungspotenzialen für die persönliche und soziale Entwicklung verbunden (vgl. Neuber 2010). Es ist das Schulfach »Sport«, in dem Körper

[39] Der Sportunterricht wird hier beispielhaft thematisiert. Ähnliche Beschämungsphänomene gibt es auch in ästhetisch-musischen Fächern, in denen ebenfalls Körperlichkeit, Gefühle und Präsentation von Bedeutung sind und Schüler sich über kognitives Vermögen – Sprache und Wissen – hinaus ausdrücken müssen.

und Körperlichkeit unterrichts- und leistungsbezogen im Mittelpunkt stehen. Wenn ein Kind oder Jugendlicher im Sportunterricht keinen Erfolg hat, kein Wohlbefinden und keine Bewegungsfreude erlebt oder nur widerwillig in einer Mannschaft aufgenommen wird, dann haben diese Erfahrungen folgenreiche Konsequenzen für dessen Selbstbild. Das kann zu der Selbsteinschätzung führen: ich bin unsportlich, körperlich und sportlich wenig leistungsfähig. Ein wenig positiv ausgeprägtes Bewegungs- und Körperkonzept kann dazu führen, dass Situationen, in denen dieses erkannt und gespürt wird, gemieden bzw. nicht mehr freiwillig aufgesucht werden.

Nach Eckart Liebau (2002) berührt kein anderes Schulfach »so intim und existenziell wie der Schulsport« (S. 36). Er hebt hervor, dass der humane, der anerkennende Umgang mit dem Körper eine der größten und schwierigsten pädagogischen Herausforderungen ist. Im Gegensatz zum Klassenraum steht der Körper im Sportunterricht im Mittelpunkt des Geschehens und vor allem der Betrachtung. Gerade für Jugendliche, die auf der Suche nach ihrer körperlichen, vor allem geschlechtlichen Identität sind, ist es ganz entscheidend, ihren Körper nicht als Anlass für Beschämungen öffentlich machen und preisgeben zu müssen. Gesellschaftliche Bilder über männliche und weibliche Körper werden – vielfach moralisch aufgeladen und kulturell-modischen Attraktivitätsnormen unterworfen – auch in pädagogischen Verhältnissen produziert und ausagiert. Die sportpädagogische Herausforderung ist, dass »Kinder und Jugendliche ein positives Bild von sich und ihrem Körper ausbilden und damit auch für ihre Persönlichkeitsentwicklung wichtige Erfahrungen machen können« (S. 291). Im Sportunterricht wird nicht nur der Körper ausgestellt, man selbst wird mit seinem Körper zur Schau gestellt. Dabei können sich sogenannte unsportliche Schüler als unbeholfen erleben und sich »irgendwie« fehl am Platz fühlen. Sie stellen die eigenen körperlichen Voraussetzungen in Frage und nehmen sie als unzureichend wahr.

Schamauslösende Verhaltensweisen und Konstellationen im Sportunterricht und bei sportlichen Aktivitäten, die weniger der Heterogenität einer Lerngruppe, einem fairen Wettkampf und gemeinsam vereinbarten Regeln folgen, führen immer zu körperlichen Verlierern und diskriminieren die körperlich Schwächeren. So können ein schmächtiger Körperbau, körperliche Veränderungen in der Pubertät, Übergewicht, modisch falsche Sportbekleidung (Markenkleidung) oder fehlende Regelkenntnisse dazu beitragen, eine Leistung oder erwartete Normen – z. B. eine Kletterstange hochzuklettern – nicht zu erbringen. Beim Mannschaftswahlverhalten zu den Schwächeren zu gehören und zum Schluss gewählt bzw. zugeordnet zu werden, kann mit entsprechenden Kommentierungen und Abwertungen einhergehen und Auslöser für Scham sein. Das gilt auch für unerwünschte Berührungen oder Hilfestellungen durch Lehrkräfte oder Übungsleiter um doch noch Hürden zu überwinden oder die erforderliche Leistung (gerade noch) zu erbringen.

Die Sportstätten, Hallen, Stadien sowie Geräte und Materialien sind vielfach so ausgestattet, dass sie die impliziten Erwartungen an den sportiven Umgang mit dem Körper und der Bewegung untermauern (vgl. Rumpf 1983). Dabei werden ganz bestimmte Körperbilder zugrunde gelegt, die den vorherrschenden Standards in unserer Gesellschaft entsprechen. Sie legen fest, wie die Körper sein sollen, welche Voraussetzungen anerkannt werden und welche nicht. Sie legen damit auch fest, wer dazu gehört und wer nicht.

Mit der enormen medial-kulturellen Aufmerksamkeit für den Körper in unserer Gesellschaft steigt der Druck, über den richtigen, den angemessenen Körper verfügen zu können. Immer geht es um die Herstellung eines spezifischen Körpers, d. h. eines Körpers, der den Normen des jeweiligen Geschlechts und der jeweiligen Gruppe oder Szene, der man angehört bzw. angehören will, entspricht und der wie ein »natürlicher Ausweis« über Zugehörigkeit und Grenzziehung zu anderen Auskunft gibt (Lösch 2003, S. 2). Darüber hinaus stellt Neckel (1991) eine Verbindung zwischen der zunehmenden gesellschaftlichen Bedeutung des Körpers und dem Aufkommen von Scham her. In seiner soziologischen Untersuchung betont er den Wert des Körpers als Kapital in kultureller wie sozialer Hinsicht. In unserer Gesellschaft stehen demnach nicht mehr die herkömmlichen Leistungskategorien wie körperliche Arbeit, Anstrengung, Fleiß und Produktivität im Vordergrund, vielmehr zählen Erfolg, soziale Durchsetzung und beruflicher Aufstieg. Und diese werden auch an der öffentlichen Darstellung und der Inszenierung des Körpers festgemacht und entschieden. Der Körper fungiert – so Neckel – zunehmend mehr als performatives Instrument. Es kommt mehr auf die geschickte Selbstdarstellung und die gelungene Präsentation an; statt der Prüfung, in der über Erfolg oder Misserfolg entschieden wird, ist es heute das Casting. Am und mit dem Körper zeigt sich, ob und inwiefern dies gelungen ist. Wer die Voraussetzungen nicht mitbringt, erweist sich auf dieser Ebene als eher defizitär, so dass die damit verbundene Abwertung besonders beschämend wirken kann; und Beschämungen, die die Sphäre des Körperlichen betreffen, sind besonders verletzend.

Schülerperspektive

Im Rahmen einer qualitativen Studie zur Schülerperspektive im Sportunterricht – an der 117 Schüler teilgenommen haben – haben Wolf-Dietrich Miethling und Claus Krieger (2004) sieben relevante Schülerthemen untersucht. Zu den Themen gehören auch die »Körperliche Exponiertheit« und »Doppelte Verletzbarkeit«. Im Sportunterricht sind letztere nach Miethling/Claus (2004) Vorkommnisse,

> »in denen physische Verletzungen durch psychische Verletzungen begleitet werden. Sich blamiert und ausgeliefert fühlen, bloßgestellt, beschimpft, verhöhnt oder auch allein gelassen, ignoriert und nicht ernst genommen zu werden, scheinen gerade im Sportunterricht Erfahrungen zu sein, die physische Verletzungen erst zu tiefer gehenden Kränkungen werden lassen« (S. 211).

Die Bedeutung der Wechselwirkung von physischer Verletzbarkeit (verbunden mit körperlicher Verletzungsgefahr) und psychischer Verletzbarkeit ist im Sportunterricht durch die »körperliche Exponiertheit«, die Körperlichkeit und Bewegung als Zentrum des Faches, vor sich selbst, vor Lehrern und anderen Schülern besonders augenscheinlich. Sich vor ihnen »präsentieren« zu müssen, stellt sich für Schüler im Sportunterricht häufig als problematisch dar und die Situationen und Anlässe sind vielfältig: Demonstrationen von Übungen, Techniken oder Bewegungsabläufen im kleineren Gruppenrahmen oder vor der ganzen Sportklasse, wettkampfmäßige Inszenierungen und Vergleiche bei Notengebung und Bewertung, oder auch das mitunter unbeholfene Erproben von neuen, ungeübten Bewegungen und sportlichen Disziplinen enthalten aus Schülersicht jeweils unterschiedlich kritisch bewertete Momente ›Körperlicher Exponiertheit‹.

> »Sich vor Publikum ›offenbaren‹ zu müssen, bedeutet für einen Teil der Schüler eine eher ungewohnte und dadurch – insbesondere wenn noch ungünstige leistungsmäßige Voraussetzungen hinzukommen – hochgradig unsichere und bedrohliche Situation, während andere Schüler (aus dem außer-sportunterrichtlichen Bereich) ›Publikum‹ gewohnt sind und körperliche Exponiertheit geschützt erleben und ggf. ausleben und genießen« (ebd., S. 227).

Schüler erwarten bei manifesten physischen Verletzungen wie auch bei ihren Bedenken und Ängsten vor sportlichen Herausforderungen, bei negativem Erleben körperlicher Exponiertheit ein unterstützendes, Kompetenz und Souveränität förderndes Lehrerverhalten – als Entwicklung hin zu einem positiven Körper- und Sportkonzept. Das gilt auch für eine konstruktive Interaktion, wenn sportliche Leistungen nicht erbracht worden sind. Erfolgt dies nicht, dann reagieren Schüler nach Miethling/Claus (2004) mit kompensierenden Sicherungs- und Bewältigungsstrategien, die sich in einem »aktiv-konfrontierenden wie passiv-entziehenden und kognitiven« Verhalten zeigen können, »die jedoch das Erleben einer nachhaltig belastenden ›Doppelten Verletzbarkeit‹ nicht gänzlich kompensieren können« (S. 211).

IV. Beschämung der Pädagogik

Beschämungen sind im deutschen Schulalltag und auch in Einrichtungen der Kinder- und Jugendhilfe (durchaus) üblich und können das Selbstwertgefühl aller Beteiligten beeinträchtigen und auch ruinieren: der Lehrenden wie der Lernenden. Neben den vielfältigen direkten, personalen Beschämungen, die sich zwischen Lehrern und Schülern ereignen, müssen – in einem komplexen und vielschichtigen Feld – *auch* die strukturellen Erniedrigungen des Bildungssystems und des Systems Schule (wie auch der sozialen Arbeit, der Kinder und Jugendhilfe) in den Blick genommen werden.[40] Vor allem sieben Aspekte machen diese Beschämungsperspektive für die Schule deutlich:

1. Teil des heimlichen Lehrplans von Schulen ist es, dass die Schüler in eine starre Zeitstruktur und vorgegebene Lernrythmen (für die es keine lernpsychologische Begründung gibt) eingepasst werden. Im vorgegebenen Zeitkorsett des Unterrichtes und im Abarbeiten von Lehrplänen sowie dem Aneignen von curricular festgelegten Inhalten dominiert – nach wie vor – eine Lehr- und Lernform, die kaum Zeit lässt für Umwege und Offenheiten, für selbsttätiges Lernen und eine eigene Zeitsouveränität in Lehr- und Lernprozessen. Die Grundlagen für eine wie auch immer geartete Auffassung von Zeit, die Geschwindigkeitsnormen und die Zeitstrukturen werden in frühester Zeit gelegt und in der Schule in der Regel nahtlos vertieft. In den Bildungseinrichtungen hat sich parallel zu der gesellschaftlichen Entwicklung eine »Zeit-Unkultur« entwickelt und die Mehrzahl der sogenannten Reformen im Bildungswesen hat die eindeutige Tendenz zur weiteren Instrumentalisierung von Bildung und damit zur Aufhebung der letzten freien Räume und Zeiten für Kreativität und produktive Aneignung. Es gibt in der

[40] Auf die vielen anderen – positiven, qualifizierenden und fördernden, bildenden und erziehenden – Seiten des Bildungssystems, der vielen pädagogischen Einrichtungen mit ihrem jeweiligen Auftrag und ihren unterschiedlichen Aufgaben sei hier nur hingewiesen. Sie sind – insgesamt als Fortschrittsdiagnose – nicht Gegenstand der Publikation.

Schule kaum Zeit für kollegiale Abstimmung und für fundierte Elterngespräche; man hastet als Lehrperson atemlos von Stunde zu Stunde, die Schulleitungen fühlen sich überlastet und es fehlen die echten Pausen. Im Unterricht werden schnelle Schüler den langsamen, oft kreativeren Schülern vorgezogen, Lehrer entschuldigen sich mit dem erhöhten Stoffdruck und immer mehr von ihnen kündigen innerlich. Statt einer positiven Zeitkultur herrscht in den Bildungseinrichtungen flächendeckend Zeitdruck – »der Zeitinfarkt« – und man hat sich mehr oder weniger mit den Symptomen arrangiert.

2. Belastungsstudien zeigen, dass rund ein Drittel aller Lehrer dauerhaft unter Erschöpfung leiden und dass etwa 40 Prozent der Schüler über Schulstress klagen; etwa jeder dritte Schüler leidet an depressiven Stimmungen, und ein Achtel reagiert auf den Dauerdruck mit ernsthaften psychosomatischen Symptomen (wie Kopfschmerzen, Schlafstörungen). Bundesweit geht eine verbeamtete Lehrkraft im Schnitt mit 62,7 Jahren in Pension. Rund jede fünfte ist nach Angaben des Statistischen Bundesamtes 2010 wegen Dienstunfähigkeit aufgrund psychischer oder psychosomatischer Erkrankungen, Herzleiden, Depressionen oder wegen Störungen des Muskel- oder Skelettapparates vorzeitig ausgeschieden. Zum Umgang mit den Symptomen gibt es bei Schülern nach Klaus Hurrelmann (2012) unterschiedliche Ventile:

   »Zum einen: die exteriorisierende Verarbeitung, die sich nach außen richtet. Zu ihr gehören verschiedene Formen der Verhaltensauffälligkeit, von Aggressionen bis zur Lernverweigerung. Hyperaktivität kann eine weitere Form der Stressverarbeitung sein. Zum anderen gibt es die invasive Reaktion: Der Schüler weicht Stress aus, indem er sich mit Medikamenten oder Alkohol betäubt; oder er nimmt Tabletten, um seine Leistung zu steigern. Dass alle Formen zunehmen, unter Heranwachsenden wie in der Gesellschaft, steht außer Frage« (S. 12).

Beide Seiten haben kaum Freiräume für Kreativität, »schöpferische Muse« und sind unter Zeitdruck. Für die Lehrer (und Schulleiter) gelten neben dem Schülerverhalten vor allem Zeitnot, Hektik, mangelnde Erholung, dann der Leistungs- und Kontrolldruck von Eltern (z. B. schwierige Elterngespräche, feilschen um Noten) und schließlich Politik und Administration (permanente Veränderungen bei mangelnden Ressourcen) als Belastungserfahrungen. Im Bildungssystem – Kindergarten, Schule, Hochschule – ist ein gesamtgesellschaftlicher Beschleunigungsprozess angekommen. Es steht unter Spannung und einem Druck, der von »Frühförderwahn« über »Turboabitur« bis zu den konsekutiven Studiengängen Bachelor und Master reicht. Kinder haben kaum Zeit zum Spielen und unterliegen vor allem in den Mittelschichten (mit ihren Abstiegsängsten) einem hohen Leistungs- und Kontrolldruck der Eltern. Hier gibt es »klare Abgrenzungstendenzen in einer Bildungslandschaft, die zunehmend unter Druck gerät« (Irle 2012, S. 8).

3. Die Selbstverortung innerhalb des sozialen Gefüges der Schule, das Verhältnis zu »Gatekeepern« und Statusinhabern (Lehrer, Schulleiter, Ämter) sowie die habituelle Zuordnung zu den Gewinnern oder Verlierern hat einen kaum zu überschätzenden Effekt auf Bildungsentscheidungen von Eltern, aber auch auf die eigene Kompetenzüberzeugung und damit auf die tatsächliche Performance. Soziale Benachteiligung wirkt im Sinne fortschreitender und über Generationen vererblicher Selbstzuschreibung endemisch. Oder, anders ausgedrückt, sozial Benachteiligte sind nicht nur benachteiligt, weil sie es sind, sondern weil sie sich dafür halten. Soziale Machtverhältnisse werden sowohl durch materielle Ungleichheit als auch durch Verinnerlichung der sozialen Rolle stabilisiert. Die etablierte Gruppe – so Elias (1993) – hat gewöhnlich »einen Verbündeten in einer inneren Stimme der Unterlegenen selbst«. Passivität und mangelnde Zuversicht werden so zum wesentlichen Moment der Persönlichkeitsentwicklung. Die sozial Schwächeren erleben ihre geringere Macht emotional als ein Zeichen ihres geringeren Wertes.
4. Weitere Faktoren, die zur strukturellen Einpassung in die Schule beitragen, sind: Viele Schulgebäude und Klassenzimmer haben eine fabrikähnliche Architektur oder sind verwahrlost. Nicht selten ist das ›Klima‹ innerhalb eines Kollegiums sowie zwischen Schulbehörden, Schulleitern, Lehrern und weiteren Mitarbeitern wenig kommunikativ und verständigungsorientiert. Dazu trägt u. a. bei, dass Schulen in der Regel ihr Kollegium nicht selbst zusammenstellen dürfen. Die Schulkultur nicht weniger Schulen ist abwertend; dies zeigt sich etwa in der Sprache (wenn z. B. von ›Schülermaterial‹ gesprochen wird) und in der Rückmelde- und Zeugniskultur (die Sprache, in der Schüler Rückmeldungen erfahren).
5. Schließlich geht es um den politischen und administrativen Umgang mit Schule, der Verachtung und Beschämungen beinhaltet. Regelmäßig und geradezu zyklisch wiederkehrend ist ein gesellschaftliches Phänomen zu konstatieren: Es ist die Beschimpfung, Verachtung, Missachtung und Geringschätzung – letztlich Kränkung und Beschämung – der Pädagogik als Disziplin, mit ihren Einrichtungen und Institutionen sowie ihrer Professionen. Solche Inszenierungen und Rufschädigungen haben sowohl eine strukturelle als auch eine individuelle Dimension – beschimpft werden Schulen, Einrichtungen der Kinder- und Jugendhilfe, dann die pädagogischen Professionen des Lehrers und Sozialpädagogen.
6. Vor dem Hintergrund der schwierigen Bedingungen, einem belastenden Schulsystem, mit den herangetragenen und überfordernden Aufgaben sowie dem permanenten Kontrolldruck (weil Bildung eine große Bedeutung hat), sind etwa – so Schätzungen – 60 Prozent der deutschen Lehrer an der Grenze ihrer Belastbarkeit und gefährdet; sie sind erschöpft, ausgebrannt, überengagiert und/oder ohne Erfolgserlebnisse. Dabei ist der Zusammenhang bzw. die Wechselwirkung von Stress, Burn-out und politisch-gesellschaftlichen Veränderungen (Krisen-

entwicklung) mit den Folgen im Bildungssystem bisher kaum untersucht. In der Eigenverantwortung und Selbstkontrolle (auch) im pädagogischen Arbeitsprozess ist der Alltag derart von Reformen und vermeintlichen Veränderungen geprägt, dass Beschäftigten die notwendige Zeit und Routine genommen wird; Zeit und Raum (und Handlungsspielräume) für produktive Wege und Umwege fehlen. Der Zeitforscher Karl-Heinz A. Geißler (2012) ruft dazu auf, Langsamkeit, Wiederholung und Warten schätzen zu lernen. Es seien die Zeiten des Dazwischen, die Pausen, Aus- und Halbzeiten, die für den Rhythmus im Leben sorgen und damit dem Leben Lebendigkeit verleihen würden. Zahlreiche Studien zeigen, dass Phasen des Nichtstuns, der Gelassenheit und des Abschaltens vor geistiger Erschöpfung und Ausgebranntsein schützen und oftmals der Nährboden für neue Ideen sind.[41]

7. Die prägende Kraft der sozialen Lage erklärt strukturell die bisherige Chancenlosigkeit der Bildungseinrichtungen, Schüler aus sozial abgehängten und diskriminierenden Elternhäusern vor einem oft lebensbestimmenden Verlust von Motiven und Anstrengungsbereitschaft zu bewahren. Deutschlands Schulen produzieren jedes Jahr – vor dem Hintergrund der sozialen Herkunft von Schülern als zentrales Merkmal für deren Bildungsbeteiligung – hunderttausende Schulabgänger, die auf eine Geschichte von Misserfolgen und Maßregelungen zurückblicken. Es sind junge Menschen, denen das (schulische) Versagen gleichsam in »Fleisch und Blut« übergegangen ist und die schulische Bildung zu keinem Zeitpunkt als ein attraktives Sinnangebot erfahren haben (vgl. Büchner/Brake 2012, Jürgens/Miller 2013).
8. Die Zusammenarbeit der Schule (der Schulleitung, den Lehrern) mit Eltern ist auf der einen Seite respektvoll, kooperativ und partnerschaftlich, sie kann auf der anderen Seite aber auch konflikthaft und dann in Elterngesprächen verletzend und beschämend sein. So gibt es problematische Erwartungen, Forderungen und abwehrende Haltungen von Elternseite, die mit Problemen und Belastungen verbunden sind; wenn z. B. die Professionalität und Kompetenz in Frage gestellt

---

[41] Neben der öffentlichen Abwertung, den inszenierten Beschimpfungen und Beschämungen der Pädagogik und ihrer Professionen – das gilt vor allem für die Berufsgruppe der Lehrer als wiederholt vorgebrachte »Lehrerschelte« – gibt es solche auch innerhalb von pädagogischen Einrichtungen. Erfahrungen von fehlender Anerkennung, von Kränkungen und Beschämungen können, wenn Sympathie und Autorität bei Kollegen und/oder Schülern verloren gehen, wenn die pädagogische Arbeit mit überzogenen Erwartungen bedrückt und unzufrieden stimmt, zu Resignation und Arbeitsmüdigkeit, zu Burnout und vorzeitigem Ausstieg führen. In einer Gesundheitsstudie des Robert Koch Instituts (GEDA) von 2011 gaben für die gesamte Erwerbsbevölkerung 36 Prozent der Frauen und 44 Prozent der Männer an, häufig unter Termin- und Leistungsdruck arbeiten zu müssen. Nach dem DAK-Gesundheitsreport 2012 nimmt die Bedeutung derartiger psychosozialer Belastungen bei der Arbeit zu, dies führe wiederum immer öfter zu Arbeitsunfähigkeiten.

wird, wenn die Prüfungsaufgaben, Notenvergabe und das Verhalten von Lehrkräften kritisiert werden, wenn Wut, Frustration und Ärger ausgelebt werden, wenn Grenzen und Distanz verletzt werden, oder wenn Klage angedroht wird (vgl. Gartmeier u. a. 2012).

Die Beschämungskultur in der Pädagogik – die sie selbst als Institutionen und mit ihren Professionen betrifft – haben als öffentliche »Verachtung der Pädagogik« (Ricken 2007) und »Anerkennungsdefizite der Pädagogik« (Andresen 2007) in der Erziehungs- und Bildungsgeschichte eine lange Tradition. Sie waren wiederholt Thema im disziplinären Diskurs. Einzelne pädagogische Einrichtungen und auch generalisierend die Pädagogik und ihre Professionen waren und sind wiederholt beschimpfenden Angriffen ausgesetzt sowie mit Stereotypen und diffamierender Pauschalkritik konfrontiert. Verachtung begleitet die Pädagogik und ihre Professionen, sie gehört zu ihrer Selbstthematisierung seit ihrer Herausbildung als moderne Profession.[42] Heinz Bude (2011) skizziert Vorurteile dieser Art folgendermaßen:

> »Nicht erst seit den nunmehr zehn Jahren laufenden PISA-Untersuchungen stehen die Lehrerinnen und Lehrer in Deutschland unter verschärfter öffentlicher Beobachtung. Sie gelten als faul, schlecht angezogen und mental ausgebrannt; sie beschweren sich darüber, gesellschaftlich nicht genug anerkannt zu sein, kaschieren, dass sie selbst nur mittelmäßige Schüler waren, und sind vor allem auf Sicherheit und Versorgtheit im Beamtenstatus bedacht. Schließlich sind die Lehrerinnen und Lehrer heute nach allgemeiner Ansicht im Durchschnitt viel zu alt« (S. 101).

Die politische und öffentliche Wahrnehmung sowie der Umgang mit Pädagogik und ihren Professionen sind ambivalent und paradox. Sie sind einem Wechselbad öffentlicher Thematisierung und wiederkehrender Muster ausgesetzt, dabei gibt es gleichzeitig: Einerseits positive Würdigungen, Lob, Wertschätzung, Anerkennung und Verständnis für eine notwendige, anspruchsvolle und belastende Arbeit, der immer neue Aufgaben und Herausforderungen zugewiesen werden; andererseits gibt es negative Zuschreibungen, Beschimp-

42 Neben der politischen und gesellschaftlichen »Verachtung bzw. Beschämung der Pädagogik« gibt es Verachtung auch in allen pädagogischen Einrichtungen, so z. B. in den Pädagogen-Schüler-Interaktionen in der Schule und im Unterricht, im Verhältnis zu Eltern und auch unter Pädagogen. Zu den mentalitätsgeschichtlichen Traditionen und der Rhetorik, den Praktiken und Formen, den Erklärungsansätzen und Diskursen sowie den Erkenntnissen aus der Disziplin- und Professionsforschung (auch mit ihrer eigenen Selbstüberschätzung, ihren Selbstzweifeln und ihren Grenzendiskursen), die zur »Verachtung der Pädagogik« (u. a. als »Lehrerschelte«) beitragen vgl. Bernfeld (1925/1973), Adorno (1969) und Ricken (2007).

fungen, Vorwurfshaltungen und Verachtung, mit denen ihnen vorgeworfen wird, dass sie ihren Aufgaben nicht gerecht werden.[43] Auf der einen Seite sind die Pädagogik und ihre Professionen die Hoffnungsträger für die zukünftige Entwicklung, weil an sie der Anspruch gestellt wird, die reproduktiven Erwartungen der Gesellschaft einzulösen und auf die junge Generation positiv einzuwirken; auf der anderen Seite wird ihnen mit Misstrauen, Skepsis und Besserwisserei begegnet, wird Druck und Kontrolle auf sie ausgeübt.

Mit der Personalisierung von Verachtung und Beschämung (z. B. »Lehrerschelte«) werden Pädagogen beschimpft, verletzt und gekränkt – letztlich beschämt. Sie werden synchron auf- und abgewertet, idealisiert und beschuldigt; nach Johannes Bastian und Arno Combe (2007) werden die Angriffe auf Lehrer »häufig in einer Mischung aus hohen Verantwortungszuweisungen und entsprechenden Versagensvorwürfen vorgetragen« (S. 235). Dabei wird »an die Lehrkraft delegiert, was die komplexe Gesellschaft vom kindlichen Ich verlangt, und führt zugleich Beschwerde darüber, dass diese auch tut, was sie tun soll« (Bude 2011, S. 109). Man gelangt bei dem Modell des gleichzeitigen Ab- und Aufwertens zu dem Ergebnis, dass mit den hohen Erwartungen eine enttäuschende Realität einhergeht und somit auch »Kreisläufe der Verachtung« entstehen können. Nach Bude (2011) werden Lehrer

> »auf der einen Seite als die wesentlichen Träger des Bildungsgeschehens in den Himmel gehoben, ohne die alle Veränderungen und Verbesserungen des Bildungssystems ins Leere laufen, und auf der anderen Seite kommen sie in den Szenarien der Bildungsreform als die entscheidenden Akteure vor, die mit ihren herkunftsbedingten Urteilen problematische Selektionen vornehmen und mit ihren verengten Laufbahnempfehlungen ungerechte Benachteiligungen exekutieren« (S. 104).

---

[43] Demgegenüber zeigen aktuelle Befragungen, dass die überwiegende Mehrheit der Eltern mit den Lehrern fachlich zufrieden ist, ebenso sind sie davon überzeugt, dass Lehrer in ihren Leistungsbewertungen und ihrem Verhalten »gerecht« sind. Nach einer Umfrage des Instituts für Demoskopie Allensbach im Jahr 2012 bereitet 71 Prozent der Lehrer in Deutschland ihre Arbeit Freude, für mehr als jeden zweiten ist der Beruf attraktiv. Weiter gehört der Lehrerberuf mittlerweile mit zu den angesehensten Professionen in Deutschland. Während die überwiegende Mehrheit der Eltern (etwa 90 Prozent) die Lehrer ihrer Kinder für fachlich kompetent halten, sind sie weniger zufrieden mit der Schule und deren Rahmenbedingungen (z. B. Ausstattung, Abläufe, Autonomie). Hinzuweisen ist auch auf das »Lehrerhasserbuch« von Lotte Kühn alias Gerlinde Unverzagt (2005), in den es u. a. pauschalierend, denunzierend und anmaßend heißt: »Und mit dem ganzen Ensemble von schrulligen, ungerechten, sadistischen Lehrern hat ja nun jeder seine Erfahrungen gemacht. Deshalb ist jeder Mensch, der jemals eine Schule besucht hat, ein Experte auf dem Gebiet der Lehrerbeurteilung« (S. 12).

Es gibt kaum ein Feld und eine Profession, die so mit paradoxen Mustern in die öffentliche Diskussion und in spannungsreiche strukturelle Zwänge und Anforderungen eingebunden sind. So pendeln die Pädagogik und ihre Professionen zwischen gesellschaftlichem Auftrag und bürokratischem (Kontroll-)Zugriff, dann dem Recht auf Eigenständigkeit und eines Eigenlebens des pädagogischen Raumes mit den zugehörigen Eigenlogiken professioneller Kompetenz bzw. professionellen Handelns. Das paradoxe Muster gilt auch für die empirischen Befunde zum Lehrerberuf (Berufsprestige, Selbst- und Fremdbild); so zeigen Umfragen wiederholt »eine hohe gesellschaftliche Achtung des Lehrerberufes« und im öffentlichen Gespräch erfährt er neben diesem Ansehen überhöhte Ansprüche und kritische Kommentierungen bis hin zu vernichtenden Urteilen und negativen Zuschreibungen (wie »faul«, »überfordert«, »überbezahlt«, »viel freie Zeit«) (Bastian/Combe 2007, S. 238).[44] Die Verachtungsrhetorik hat sich in den letzten Jahren mit den Lehrerbelastungsstudien verändert und neue Zuschreibungen und Bilder des Mitleids und Beschreibungen wie »wehleidig«, »desillusioniert« und »ausgebrannt« hervorgebracht. Alle diese

> »klischeehaft dramatisierenden Schilderungen zur ›Misere‹ des Lehrerberufs geben allerdings weder die wissenschaftlichen Ergebnisse zur realen Belastungssituation von Lehrkräften noch die Sichtweise der Bevölkerung auf die Lehrertätigkeit korrekt wieder. Eine sehr große Mehrheit der befragten Lehrkräfte ist vielmehr mit ihrer Berufswahl zufrieden. Resignation oder Burnout sind bei den Befragten selbst kein bedeutsames Thema, vielmehr zeigen sie eine schon in früheren Umfragen immer wieder sichtbar gewordene Bereitschaft, den Lehrerberuf wieder zu ergreifen« (Enzelberger 2007, S. 266).

Beschämte Lehrer

In einer nicht-repräsentativen Online-Befragung des Zentrums für empirische pädagogische Forschung der Universität Koblenz-Landau haben im Jahr 2012 rund 1.800 Lehrer beantwortet, ob sie in den letzten zwei Monaten

[44] Solange der Schulunterricht in einem strukturell bzw. potenziell beschämenden Kontext stattfindet, können auch Evaluationen von Lehrern, von Unterricht und Schulleistungen nur als potenziell beschämend erlebt werden. Die Ambivalenz im Verhältnis zu Lehrern rührt auch von einem fortwirkenden biografischen Erbe, weil jede(r) dem unentrinnbaren Zwang seiner Schule ausgesetzt war, gegen den weder Kinder- noch Elternrecht etwas ausrichten konnten. Man entkommt der Schule mit seinen Lehrern nicht, ist ihnen »ausgeliefert«; ihnen wird die Macht verübelt, die zugleich bewundert wird (vgl. Adorno 1969). Vor allem der zweigeteilte Arbeitsplatz des Lehrers – in der Schule und zu Hause – und die Ferienzeiten führen in der öffentlichen Wahrnehmung zu wiederholten Verzerrungen und vielfältigen Klischees.

Mobbing-Erfahrungen gemacht und wie sie und ihre Schule reagiert haben.[45] Die »Mobbing-Studie« zeigt, dass nicht nur Lehrer – weil sie mächtiger sind, am längeren Hebel sitzen, bewerten und Noten vergeben – Schüler mobben und beschämen, sondern auch sie selbst in der Schule geärgert, beleidigt, bedroht und beschämt werden. Sie werden einerseits von Schülern schikaniert, geraten aber vor allem durch Vorgesetzte, Kollegen und Eltern unter Druck; von ihnen werden sie kritisiert, schlecht behandelt, ignoriert, benachteiligt und ausgegrenzt. In einer ersten Auswertung wurden Ende des Jahre 2012 folgende Ergebnisse mitgeteilt:

- Cybermobbing spielt bei Lehrern – anders als bei Schülern – kaum eine Rolle; rund 92 Prozent der Befragten gaben an, dass sie nicht im Internet gemobbt wurden.
- Beim direkten Mobbing gaben rund 59 Prozent an, dass sie nicht darunter leiden. Gut jeder sechste Befragte (17, 24 Prozent) gaben an, viermal im Monat oder häufiger gemobbt worden zu sein. Damit fühlen sich die befragten Lehrer wesentlich häufiger schikaniert als andere Arbeitnehmer: Eine repräsentative Studie für die Bundesanstalt für Arbeitsschutz und Arbeitsmedizin aus dem Jahr 2012 geht davon aus, dass in Deutschland 2,7 Prozent der Erwerbstätigen betroffen sind.
- Am häufigsten sagten die Betroffenen, sie fühlten sich von jemand anderen schlecht behandelt (rund 54 Prozent), unter Druck gesetzt (rund 54 Prozent), ignoriert (rund 47 Prozent), ausgegrenzt (rund 47 Prozent), kritisiert (rund 45 Prozent) oder benachteiligt (rund 40 Prozent). Eine Minderheit gab an, telefonisch terrorisiert worden zu sein (4,2 Prozent), mit Worten sexuell belästigt (2,6 Prozent) oder körperlich angegriffen worden zu sein (0,5 Prozent).
- Am häufigsten fühlen sich Lehrer (54 Prozent) durch ihre eigenen Schulleiter angegriffen. Rund 48 Prozent nannten die eigenen Kollegen, rund 21 Prozent nannten die Eltern der Schüler. Die eigenen Schüler mobben demnach vergleichsweise selten (rund 16 Prozent).
- Betroffene Lehrer gingen selten wegen der Vorfälle zu einem Psychologen, zum Schulpsychologischen Dienst oder zur Polizei. Bei Problemen wandten sich die betroffenen Lehrer am häufigsten an ihren Partner, ihre Partnerin, an Freunde und Kollegen.

In der Auseinandersetzung und im Umgang mit Mobbing werden vor allem drei Forderungen formuliert:

- In pädagogischen Einrichtungen muss sich die Erkenntnis etablieren, dass Mobbing geächtet werden muss.

---

[45] Erste Ergebnisse der Auswertung wurden vorgestellt in »Spiegel Online«, abgerufen am 13. November 2012.

- Lehrer und Schüler müssen für das Thema sensibilisiert werden. So wurde in der Studie auch deutlich: Je mehr eine Schule unternimmt, desto seltener wird von Mobbing berichtet.
- Schulleiter müssten besser auf ihre Führungsaufgabe vorbereitet werden und Lehrer sollten lernen, dass sie sich bei Mobbing professionelle Hilfe holen dürfen.

1. Funktionen von Schule

Schule ist eine Bildungseinrichtung des »formalen Lernens« und ist charakterisiert durch organisiertes und strukturelles Lernen, sowie Zertifizierung. Es findet institutionell in einem abgesicherten Rahmen statt, das an didaktisch-methodischen Kriterien orientiert ist sowie Lernziele und –inhalte enthält. Die Schulen haben u. a. den Auftrag, die Schüler mit ihren Leistungen zu bewerten und in ihren Übergängen zu steuern. In der schulpolitischen Debatte geht es vor allem um Zahlen wie Unterrichtseinheiten, Klassengrößen, Lehrerstellen, Notendurchschnitte, Ranking, Standards, Input-Output, Messung von Leistung und Kompetenz. Dabei werden die Schüler in der Regel vor allem nach ihren Leistungen (und ihren zukünftigen beruflichen Funktionen) bewertet. Sie werden weniger als Menschen gewürdigt, die ein Recht auf Förderung ihrer je eigenen Potenziale haben. So können sich strukturelle Erniedrigungen mit persönlichen Beschämungen addieren, die das Lehren und Lernen in einer Schule blockieren.

Das Schulsystem kann als eine Organisation begriffen werden, das eine Vielzahl jugendlicher Karrieren hervorbringt. Es hat mit seiner institutionellen Differenzierung eine strategische Position in der Beeinflussung, Zuweisung und Ermöglichung positiver – dann auch negativer – biografischer Erfahrungen sowie der beruflichen und sozialen Platzierung der jungen Generation. Dabei hat die Schule – grob typisierend – einmal Vorstellungen über den erwünschten »guten« und netten Schüler, der freundlich und klug ist, sich leistungsbereit, engagiert und angepasst verhält; dann über den »schlechten« Schüler, der abweicht, renitent und faul ist, sich desinteressiert und unangepasst verhält.

Die Expansion des Schulsystems hat nicht nur zu positiven Mobilitätschancen, sondern auch vermehrt zu »Negativkarrieren« geführt. Wenn die Hauptschule immer mehr leistungsfähige Schüler an weiterführende Schulen abgibt, erleben Jugendliche ihren Erfolg und Misserfolg »hautnah«, d. h. nicht als Klassenschicksal, sondern als individuelle Leistung und individuelles Versagen. Das Bildungssystem fungiert als »Rüttelrost« und neben erfolgszuversichtlichen Aufsteigern erzeugt es systematisch auch immer misserfolgsängstliche, depressive oder aggressive Sitzenbleiber oder Absteiger. Schule ist nach Roland Eckert (2012) immer auch eine »Zuteilungsapparatur« für Lebenschancen und Gruppenbeziehungen und »die im Bildungssystem eingebauten Selektionsmechanismen erzeugen dabei nicht nur erfolgszuversichtliche, sondern auch misserfolgsängstliche Schüler, die ihre Ausschlusserfahrungen vielfach gemeinsam machen« (S. 163).[46] Die organisatorische Struktur der Schule und die professionellen Handlungen tragen auch (als Teil des Sozialisations- und Erziehungssystems) zu negativen Karrieren bei. Dabei kann die Vielfalt jugendlicher Probleme (»Problemfälle« aus Sicht von Schule und Lehrern) in der Schule so differenziert werden:

- das Leistungsverhalten von Schülern, das nicht den Erwartungen entspricht;
- die Verletzung von Normen und Regeln im unterrichtlichen und schulischen Alltag;
- emotionale Probleme und Verhaltensweisen, die mit verhaltensbezogenen und äußerlichen Auffälligkeiten (z. B. stören im Unterricht, Haltung, Kleidung) verbunden sind.

Negative Karrieren spiegeln sich in der Denktradition von Schule wider, wie sie u. a. Helmut Fend (1974) begründet hat. Nach ihm liegen die drei Reproduktionsfunktionen von Schule in ihrer Bedeutung von Sozialisation und Selektion. Die Erstere hat wiederum mit der Schaffung des »Arbeitsvermögens« und der Erzeugung von sozialintegrativem Bewusstsein unterschiedliche Funktionen, die so differenziert werden können:

1. Im Schulsystem ist die Reproduktion kultureller Systeme, die oft als Wissen und Fertigkeiten charakterisiert werden, institutionalisiert. Dabei geht es von der Beherrschung grundlegender Symbolsysteme wie Sprache und Schrift bis zum Erwerb spezifischer Berufsqualifikationen (Funktion der Qualifizierung).

[46] Heinz Bude (2008) hat die Symptome sozialer Exklusion, wie sie heute in den Randbezirken deutscher Großstädte vorzufinden sind, anschaulich beschrieben. In der Gemeinschaft der sozial Exkludierten herrsche eine »Atmosphäre abgestumpfter Gleichförmigkeit«. Man habe sich daran gewöhnt, »wenig zu besitzen, wenig zu tun und wenig zu erwarten« (S. 153). Wer im Leben immer wieder die Erfahrung gemacht hat, dass die eigene Leistung nicht ausreicht, dass der eigene Beitrag zum gesellschaftlichen Geschehen marginalisiert wird, dass die Fähigkeiten nicht ausreichen oder gar nicht gebraucht werden, verbleibt entweder innerhalb der Grenzen einer Transferleistungsexistenz, wendet sich von dem Sinnangebot der Mehrheitsgesellschaft ab, einer »Leitkultur«, in der er vornehmlich Ablehnung und Misserfolg erfahren hat, oder kompensiert mit unterschiedlichen Strategien.

2. Die zweite Reproduktionsfunktion bezieht sich direkt auf die Sozialstruktur einer Gesellschaft. Unter Sozialstruktur wird das System von Positionsverteilungen einer Gesellschaft verstanden, das sich z. B. im Anschluss an die berufliche Tätigkeit ergibt. Danach reproduziert das Schulsystem von Generation zu Generation *erstens* die bestehenden sozialen Positionsverteilungen und *zweitens* die personellen Besetzungen der jeweiligen Positionen (Rekrutierung). Selektionsprozesse erfolgen – wie viele Studien seit PISA belegt haben – in deutlichem Zusammenhang mit der sozialen Herkunft von Schülern.
3. Schulsysteme sind institutionalisierte Instrumente der gesellschaftlichen Integration. In ihnen erfolgt die Reproduktion von Normen, Werten und Interpretationsmustern, die zur Sicherung wünschenswerter Herrschaftsverhältnisse dienen. Was als wünschenswert gilt, ist selbst das Ergebnis eines von Herrschaftsverhältnissen beeinflussten Auseinandersetzungsprozesses zwischen verschiedenen gesellschaftlichen Gruppen (hier liegt die zentrale politische Funktion des schulischen Sozialisationsprozesses).

2. Kontroll- und Druckdynamiken

Die Verachtung vor allem der schulischen – und auch außerschulischen – Pädagogik und ihrer Professionen ist eingebunden und wird begleitet von einem Elterntypus vor allem aus den bürgerlichen und bildungsbeflissenen Mittelschichten, die von sozialen Abstiegsängsten, Leistungszwängen und einem »Kontrollwahn« befallen sind. Die Schule ist schon immer – und vor allem in ungewissen und unsicheren Zeiten – ein zentraler gesellschaftlicher und auch symbolischer Austragungsort von Konflikten, der Statusreproduktion, Integration und beruflichen Platzierung gewesen. Die Mittelschicht ist ein differenziertes soziales Feld mit hoher sozialer Mobilität und zugleich Entwicklungen mit veränderten und prekären Beschäftigungsverhältnissen. Pierre Bourdieu (1983) sprach hier von den »intern Ausgegrenzten«, die zwar in das Bildungssystem eingebunden sind, deren Ausbildungsniveau jedoch durch die Dynamiken des Ausbildungs- und Beschäftigungssystems an Wert verlieren. In den Mittelschichten wird – um die eigene familiäre und berufliche Position zu wahren – vor allem im Bildungssystem um Distinktion und Privilegiensicherung gekämpft. Schon in den 1930er Jahren diagnostizierte Theodor Geiger dieses Phänomen als »Statuspanik« in der Mitte der Gesellschaft. Hier kämpfen soziale Gruppen aus der erwachsenen Elterngeneration abgrenzend und auch aggressiv – in einer kälter werdenden Gesellschaft – um die Zukunft ihrer Kinder, gegen soziale Abstiegsängste, für den Erhalt eines wenig Durchlässigkeit bietenden Schulsystems.

Die Schule, die Schüler und Eltern unterliegen einer gesellschaftlich und politisch (administrativ) induzierten Stress- und Kontrollentwicklung, die mit dem Gefühl einer ungewissen Zukunft der Kinder (»die es ja einmal besser haben sollen, als man selbst«) verbunden ist. Die Hausaufgaben, Leistungen und Noten der Kinder, deren täglicher Schulweg und die Verwendung der Freizeit, die Nachhilfe werden – vielfach mit Hilfe angeblicher Erziehungs- und Schulratgeberliteratur wie dem Magazin »Focus Schule«, das sich »als kompetenten Navigator durch den Bildungsdschungel« anbietet – ebenso kontrolliert wie die Leistung der Lehrer, die Qualität der Schule und das Verhalten von anderen Eltern. Neben der Sorge um ihr Kind sind die schulische Laufbahn und ihr Erfolg ein »Projekt« (und die Eltern sind der Coach) mit Vorstellungen von leistungsbezogener Überlegenheit und davon, zu den Gewinnern zu gehören. Es geht um die geplante bzw. vermeintlich planbare Schulkarriere und die Schule ist zu einem konkurrenten Kampfplatz um Überlegenheit, die besseren Übergänge und Plätze in einer beschleunigten Gesellschaft und einem Bildungssystem unter Zeitdruck geworden. Bildung ist das Feld, auf dem soziale Unterschiede ausgespielt werden, Selektivität stattfindet und berufliche Platzierungen vorentschieden werden.

Damit sind grundlegende Fragen zur Bildung angesprochen, zumal Bildung (und ihre Abschlüsse) die Hauptlast der symbolischen Integration zukommt. Zu beantworten sind die Fragen: Welche Art von Subjekten sollen im Bildungssystem erzeugt werden? Von welcher Subjektvorstellung lässt sich Bildung bzw. das Bildungssystem leiten? Hier deuten Verschiebungen in die Richtung, dass es weniger um Citoyens und engagierten Bürger – der am Gemeinwesen aktiv teilnimmt – als um marktkompatible Individuen, den Homo oeconomicus, geht. Es ist die neoliberale Übersetzung des – früher gesamten – Individuums in »Humankapital« und seine Steuerung und sein Funktionieren (gerade auch mit seinen psychischen Ressourcen). Für diese Vorstellung und Art von Subjektproduktion gelten nach wie vor die Mechanismen der Disziplinierung, Kontrolle, Überwachung und Strafe; doch sie sind nicht mehr der dominierende Sozialisationsmodus in den Bildungssituationen. Selbstaktive und selbstgesteuerte Subjekte werden weniger durch Disziplinierung als durch Kreativität, Eigeninitiative und Autonomie erzeugt. Diese Attribute stehen weniger – und das ist Ausdruck der Ambivalenz der entwickelten Moderne – in der Tradition einer »Bildung zur Emanzipation«, von Selbstverantwortung und

Eigensinn, sondern werden zur Ressource einer neoliberalen Subjektivität verwandelt.[47]

Das ambivalente Verhältnis und Verhalten der Eltern gegenüber der Schule und der pädagogischen Profession zwischen Unterstützung, Kontrolle und Druck (vor allem, wenn es um die Noten und den Übertritt ihrer Kinder geht) ist eine Projektion ihrer Ängste vor dem Abstieg, vor dem Versagen der Kinder, vor den Noten, vor der Schule, vor den Lehrern und dem Schulsystem mit seinen Übertritten. Gelingen diese und der Notenschnitt nicht, dann entstehen weitere Kontrollpaniken und – neben dem Kind selbst – werden die angeblich »bösen« und »unfähigen« (»faulen«, die »dauernd fehlenden und kranken« und »immer nur Ferien machenden«) Lehrer sowie die angeblich »schlechte« Schule und »unfähige« Schulleitung beschimpft, verantwortlich gemacht und verachtet.

> »Am Ende werden die Lehrerinnen und Lehrer von den Schülern, von den Eltern und von der Öffentlichkeit zur Verantwortung gezogen. Sie sind an allem schuld und sollen doch alles richten. Gegen diesen mit der Schule einfach gesetzten Zwang, gegen den weder das Kind- noch das Elternrecht etwas auszurichten vermag« (Bude 2011, S. 105).

Wie die Selektionsverfahren im dreigliedrigen Schulsystem aussehen, die Herkunft die Schulwahl bestimmt und eine bürgerliche Ober- und Mittelschicht sich abschottet, um die schulische Karriere ihrer Kinder zu sichern, das zeigen eindrucksvoll die Lebens- und Bildungsgeschichten von Jutta Allmendinger (2012). Die Schulkarrieren und die Leistungsspirale werden flankiert von bezahlter Nachhilfe und Hausaufgabenhilfe (-kontrolle) durch die Eltern. So zeigen Studien, dass etwa zwei Drittel der Eltern mit ihren Kindern den Schulstoff gemeinsam erarbeiten; mehr als drei Viertel helfen bei der Vorbereitung auf Klassenarbeiten und Referate. Wenn die elterliche Hilfe nicht begleitende Förderung und Unterstützung ist, sondern eine systematische »Zwangsbetreuung« und Drucksituation, dann kann das folgenreich sein: emotionaler Druck und Vorwürfe, Kränkungserfahrungen, Streit und Tränen, Entmündigung und fehlende Entwicklungschancen hin zu Eigenständigkeit und Selbstvertrauen und auch Leistungsverschlechterung.

Die panische Kontroll-, Überwachungs- und Beaufsichtigungsentwicklung der letzten Jahrzehnte – der vor allem mit PISA begonnen hat – erinnert an die

---

[47] Hier zeigt ein Blick auf die historische Tiefendimension der Bildungslandschaft, welche Stärke der kontinuierliche Moment und die zugehörigen Interessen haben. Dies sollte vor der Überschätzung von Wandlungschancen im Bildungswesen/warnen, welche erregte Debatten bis heute charakterisieren.

Schrift des Pädagogen Janusz Korczak (1918), in der es heißt: »Aus Furcht, der Tod könnte uns das Kind entreißen, entziehen wir es dem Leben«.

3. Gesellschaftliche und sozialpsychologische Aspekte

Die geradezu zyklisch wiederkehrenden öffentlichen Debatten und die Thematisierung von Erziehung, Schule und Entwicklungen in der nachwachsenden Generation kann als Vergegenwärtigung (bzw. Dauerkonferenz) des gesellschaftlichen Zustandes und seines Konflikthaushaltes gelesen werden. Eine Gesellschaft, die sich ihrer selbst, ihrer Jugend und ihrer Zukunft unsicher und ungewiss ist, nimmt die Pädagogik und ihre Professionen als Bühne und Arena, Medium und Projektionsfläche von dann pädagogisierenden und moralisierenden Ursachen, Erklärungen und Schuldzuweisungen. Strukturelle Defizite, fehlende finanzielle und personelle Ausstattung, bürokratische Gängelung und vielfältige »Mängel« von pädagogischen Einrichtungen (vor allem der Schule) werden als Defizite und »Mängel« von Pädagogen (vor allem von Lehrern) betrachtet und ihnen wird die Schuld an Verhältnissen, Leistungsentwicklungen und problematischen Verhaltensweisen von Kindern und Jugendlichen zugewiesen. Sie werden vielfach kritisiert und angeklagt, dabei werden sie und nicht – das ist die instrumentelle und komplexitätsreduzierende Funktion – die politischen Entscheidungen, das Schulsystem bzw. das Bildungswesen für gesellschaftlich und sozial komplexe Ursachen und Probleme verantwortlich und haftbar gemacht.

So fragt Norbert Ricken (2007) nach dem Ausmaß von Erwartungen, das gesellschaftlich (von Politik, Wirtschaft, Eltern, Medien u. a.) an die Pädagogik und ihre Professionen herangetragen und von ihnen erwartet wird: »Was alles sollen Lehrer und Erzieher eigentlich letztlich nicht richten, beheben, ermöglichen und hervorbringen?« (S. 16). Zu dem Mechanismus – der Pädagogisierung von komplexen sozialen Problemen und den diffusen Zuweisungen an die pädagogischen Institutionen und Professionen – schreiben Bastian/Combe (2007):

> »In regelmäßiger Wiederkehr werden soziale Probleme zu Vorwürfen gegen die Schule umgemünzt. Immer dann, wenn solche Probleme sich in abweichendem Verhalten von Kindern und Jugendlichen zuspitzen, werden Lehrerinnen und Lehrer dafür angegriffen. ›Experten‹ an Familien- und Stammtischen, in Talkshows und Parlamenten wissen, was in der Schule falsch läuft und was zu tun wäre – können also mitreden: Ob über die Halbstarken der 50er Jahre oder die Gewalt in den 90er Jahren – die Argumentations- und Angriffsmuster ähneln sich« (S. 239)

Der Erwartungsdruck und die Aufbürdungen sind zusammen mit den Verachtungsdebatten und -erfahrungen für die Professionen folgenreich, weil sie Anerkennung verweigern und Auswirkungen auf die berufliche Identität und das Selbstbild, die Selbstschätzung und -achtung haben (vgl. Honneth 1992). In der Verachtung geht es weniger um rationale und empirisch fundierte Kritik an den pädagogischen Einrichtungen und der Berufspraxis, sondern um irrationale Züge, die mit den Aufgaben und der Funktion von Pädagogik und ihren Berufen zusammenhängen. Vor allem in der Schule wird – und das ist eine Seite der Schule – Fremdbestimmung erfahren, erfolgt Anpassung an Regeln und Zwänge, die Durchsetzung von Trieb- und Wunschverzichten, in ihr zählt Leistung und Disziplin. Dies wird von Lehrern durchgesetzt, sie sind zuständig und verantwortlich für solche – vielfach schmerzhaften, beschämenden – Prozesse der nachwachsenden Generation, die ihre Kindheit, Pubertät und Adoleszenz vor allem auch in der Schule durchlebt. Der Gefühlshaushalt der Schüler ist ambivalent und kann in und gegen die Schule (Pädagogik und Profession) Affekte wie Ärger, Frustration, Wut und Racheimpulse erzeugen. Das kann nach Gerhard Vinnai (2007) bedeuten:

> »Der Lehrer wird von Kindern und Jugendlichen nicht zuletzt als derjenige erfahren, der zur schmerzlichen Anpassung an Regeln zwingt, deshalb wird er häufig als feindliche Macht erlebt. Die Verachtung von Lehrern hat nicht zuletzt hierin eine Wurzel: man will ihnen das vermeidbare und unvermeidbare Leiden an den Zwängen der Institution Schule heimzahlen« (S. 315).

Weiter werden Lehrer unter den belastenden Entwicklungsaufgaben und -herausforderungen der Adoleszenzphase von Schülern als Repräsentanten der Erwachsenengesellschaft »gebraucht« und »genutzt«. Sie haben eine stellvertretende »Containerfunktion«, um die vielschichtigen Gefühls- und Erfahrungswelten der Jugendphase – die in einem Wechselverhältnis in die Schule mitgebracht und hier zugleich produziert werden – auszuagieren. Dazu gehören nach Vinnai (2007) u. a. Übertragungen (Beziehungserfahrungen mit den Eltern), Schuldgefühle, Ängste, Enttäuschungen, Neid, Konflikte zwischen den Generationen, das Austesten und Überschreiten von Grenzen, die Auseinandersetzung mit Machtverhältnissen und Zwängen, Ablösungs- und Emanzipationsbedürfnisse; aber auch die Suche nach Halt und Spiegelung, nach produktiven Reibungen, nach (vorübergehend) idealisierungsfähigen und orientierenden Erwachsenen. Diese Gefühlswelten und Prozesse können auch mit Verachtung (als Überschreiten der immer auch notwendigen Distanzperspektive) gegenüber den Pädagogen ausagiert werden und prägen das Bild gegenüber Pädagogik und ihren Professionen. So bestimmt die jeweils konkrete (und als prägend) erlebte und später erinnerte Schulzeit entscheidend das Verhältnis und Bild von Erwachsenen über Schule und Lehrer. So können nach Vinnai (2007) Lehrer

> »von Schülern verachtet werden, wenn sie ihre eigene Verantwortung für ein fragwürdiges Schulleben nicht übernehmen wollen und sie stattdessen ihren Lehrern zuschieben. Lehrer werden von Eltern als Schuldige verachtet, wenn sie nicht ertragen können, dass ihre Kinder nicht ihren Erwartungen entsprechen. Ganz allgemein schiebt man gerne den Lehrern die Verantwortung für alles zu, was es an der Jugend auszusetzen gilt. Die Verantwortung anderer Bildungsmächte hierfür wird mit Hilfe der Verachtung von Lehrern tabuisiert. Sie werden zu Sündenböcken für ein gesamtgesellschaftliches Versagen gemacht« (S. 322).

Weiter heißt es bei ihm in politisch-historischer Perspektive:

> »Vermutlich werden Lehrer heute durch eine Art Verschiebung stellvertretend für die Lehrer beschämt, die in der eigenen Schulzeit erlebt wurden und gegen die man sich damals nicht zu wehren vermochte. In der Abwertung von Lehrern könnte sich auch ein versteckter Antisemitismus (der ja in Deutschland seit 1945 politisch nicht mehr ›korrekt‹ ist) ausdrücken, verschoben vom ›Volk des Buches‹ (den Juden) auf den Berufsstand der Intellektuellen; beide Gruppen waren in der NS-Propaganda oft in einem Atemzug genannt worden (›jüdische Intellektuelle‹)« (ebd., S. 331).

Das ökonomische System gibt den Takt und hat auch das Bildungs- und Sozialsystem, die Kinder- und Jugendhilfe – und vor allem die Schule – erreicht. Dieser Takt mit seinem andauernden Druck und seiner Beschleunigung, seiner Leistungsverdichtung und Kontrolle, von Präsenz auch bei Krankheit oder andauernden Überstunden, folgt einem neoliberalen Arbeitsethos. Er führt wie in vielen Berufen auch in den pädagogischen und sozialen Berufen zu belastenden Arbeitsbedingungen, die gesundheitliche Folgen haben, zur emotionalen Erschöpfung und Überforderung führen, die krank machen und als Burnout – als psychische Erkrankung – diagnostiziert werden. Zur Demoralisierung und zurückgehender Arbeitsmotivation sowie erodierender Sinnstiftung (wie auch der notwendigen Freude) ihrer Arbeit tragen vor allem bei, wenn Beschäftigte in ihrer Arbeitsleistung nicht angemessen gewürdigt und anerkannt werden, wenn sie in einem internen und /oder externen Klima von Kontrolle und Misstrauen und Kontrolle, Konkurrenz und Missachtung (und ggf. drohender Arbeitslosigkeit) arbeiten. Allgemein lassen sich die empirischen Befunde der psychosozialen Forschung zur Arbeitsplatzbelastung (Stressforschung) – als Ursachen für Krankheiten – in drei Modellen abbilden:

- Erstens zeigt das Anforderungs-Kontroll-Modell, dass sich unter Arbeitsbedingungen mit extremem Zeitdruck und bei denen Menschen nicht über den Ablauf der Arbeit entscheiden können, das Risiko für stressbedingte Erkrankungen wie Depressionen erhöht.
- Das zweite Modell beschreibt berufliche Gratifikationen, weil Arbeit als ein Prozess von Geben und Nehmen zu verstehen ist. Wenn hier bei großem Einsatz und hoher Belastung keine angemessenen Gratifikationen (Gegenleistung) – in Form von Lohn, Aufstieg, Wertschätzung – erfolgen, dann kann das zu einem höheren Risiko für stressbedingte Krankheiten führen.
- Drittens geht es um Organisationsungerechtigkeiten, bei denen Formen von Arbeitsstress wie Mobbing, ungerechte Behandlungen oder Verfahrungsweisen untersucht werden; auch hier bist das relative Risiko für stressbedinget Krankheiten deutlich erhöht (vgl. Siegrist 2007, 2008).

V. Anerkennung, Respekt und Wertschätzung

1. Folgen von Beschämung

Gesunde Scham bzw. gesundes Schamempfinden schützt und reguliert zwischenmenschliche Beziehungen und das Selbstwertgefühl sowie die Grenzen des Selbst in den Interaktionen; hier werden die Würde des Kindes und des Jugendlichen geachtet sowie die Grenzen gewahrt. Gesunde Scham hat die Aufgabe, die Grenzen des Selbst zu schützen, dagegen sind pathologische oder gar traumatische Scham schmerzhafte und heimliche Gefühle (Kränkungen), die als Schamdynamiken verwunden und unerträglich werden können. Sie sind vielfach mit unterschiedlichen Formen von Abwehr verbunden. Verächtlichmachen und Verachtung, Zurückweisung, Erniedrigung, Missachtung Abwertung, Demütigung, Diskriminierung, Häme und Spott sowie negative Anerkennung gehören zu den – pädagogisch-öffentlichen – Dimensionen, die eine »Beschämungspädagogik« konturieren. Der Beschämte ist bzw. wird mit »Fehlern« konfrontiert, er entwickelt Angst und möchte »im Boden versinken«. Es sind Bilder, Urteile bzw. Vorurteile und die Beschämungen zielen immer auf eine Bestrafung und Schuldzuweisung an die Kinder und Jugendlichen. Dabei wird das Strafbedürfnis der erwachsenen Akteure in den skizzierten Formen aus einer Machtposition des Stärkeren gegenüber einem Abhängigen ausagiert und mit »erzieherischen Wirkungen« bzw. Hoffnungen legitimiert. Diese sind wiederum mit normativen Mentalitäten und einem Kinder- und Jugendbild verknüpft, nach dem die junge von der erwachsenen Generation – mehr oder weniger offen, subtil, autoritär, repressiv – kontrolliert, beeinflusst und erzogen werden soll. Dabei kann der Pädagoge – wie auch Väter und Mütter in der familialen Erziehung – als »Beschämungsspezialist« charakterisiert werden; und mit diesem pädagogischen Professionsverständnis wird eine Tradition der »schwarzen Pädagogik« fortgeschrieben, das den Kindern und Jugendlichen mehr instrumentell und autoritär, feindlich und ohne Empathie gegenüber tritt.

Vieles von dem, was bei Kindern und Jugendlichen vorschnell als irrationaler Ausbruch von Gewalt(dynamik) oder als Dummheit, Faulheit, mangelnde Begabung oder soziale Inkompetenz etikettiert ist, dürfte auch die Folgewirkung einer Pädagogik von Scham und Beschämung sein. »Wie viele menschliche Fähigkeiten, wie viel an Kreativität, Lebensfreude, Motivation und letztlich Gesundheit durch diese Pädagogik kaputtgemacht wird, lässt sich kaum ermessen« (Marks 2007a, S. 43).[48]

Scham macht verlegen, sie ist peinlich, wirkt entmutigend und demotivierend. Sie wird hervorgerufen durch eine Diskrepanz zwischen den Handlungen einer Person und einer relevanten sozialen Norm. Sie ist immer auch Ärger über sich selbst und/oder darüber, eine akzeptierte Norm nicht erfüllt bzw. eingehalten zu haben. Die Erfahrungen mit Scham und Beschämung sind für die Betroffenen in ihrer intellektuellen, emotionalen und gesundheitlichen Entwicklung, in der Bewältigung von Entwicklungsherausforderungen im Prozess des Erwachsenwerdens und Identitätsaufbaus folgenreich. Sie können mit Schul- und Leistungsverweigerung, körperlichen (z. B. Erröten) oder mit unterschiedlichen Formen der Abwehr (z. B. Rückzug, Verachtung, Zynismus, dissoziales Verhalten, Größenphantasien und Arroganz sowie einer Umkehrung der Beschämung) reagieren. Weiter können ängstliche und resignative Verhaltensweisen, Verzweiflungs-, Ohnmachts-, Einsamkeits- und Verlassenheitsgefühle entstehen; Selbstwertgefühl und Selbstwirksamkeit, Handlungssicherheit, Kreativität und Interesse (z. B. an einem Schulfach wie Musik, Sport, Kunst, Literatur, Geschichte, Mathematik, Naturwissenschaft), Kompetenzentwicklung und Lernprozesse können blockiert werden. Wiederholte und traumatische Erfahrungen können zur Folge haben, dass es nicht gelingt, Körperscham wieder abzulegen. Das gilt auch für das Auftreten von Selbstdarstellungs- und Auftrittsängsten, dabei handelt es sich um Beeinträchtigungen durch Beschämungen, die mit Körper, Präsentation, Sport, Bewegung und Gesehen-Werden zusammenhängen, dann weiter auch für (Auto-)Aggressionen, Sozialphobien und Panikattacken.

Schamgefühle können von verschiedener Intensität sein: Sie reichen von Verlegenheit oder dem Empfinden von Peinlichkeit bis hin zur traumatischen

48 Angesichts dieser Pädagogik ist es kein Zufall, dass es für viele junge Menschen zum Ideal geworden ist, ›cool‹ zu sein und Kälte, Unbeteiligtsein und Abstand können zum Lebensprinzip werden.

Scham und dem umfassenden Gefühl nichts wert zu sein. Diese Gefühle können so schmerzhaft sein, dass sie – oft unbewusst – abgewehrt werden. Sie können nach Marks (2007a) in eine der folgenden Reaktionen münden:

»– ›Einfrierende‹ Reaktionen und Versteck-Impulse: Wir erstarren und verharren im Schmerz. Wir fühlen uns deprimiert, traurig, sind enttäuscht über uns selbst und haben eine geringe Wertschätzung für uns selbst. Wir wollen im Boden versinken, uns verbergen oder verstecken;
– Flucht-Impusle: Wir verlassen fluchtartig die Scham auslösende Situation, laufen weg;
– Kampf-Reaktionen: Wir ärgern uns über uns selbst, werden wütend, aggressiv oder überheblich. Wir haben den Impuls, die Person, die uns beschämt hat, zu beschämen oder anderweitig zu bestrafen« (S. 37).

Für das Schamerlebnis vor den Anderen sind vor allem die Folgen und die Art des Umgangs der Anderen für die (gekränkten) Betroffenen von Bedeutung. Die Metapher wegen der gesehenen und unmittelbar erlebten Scham »in den Boden zu versinken«, »sich in ein Mauseloch zu verkriechen« oder »am Pranger zu stehen« drückt das Bedürfnis nach (aus den Augen zu) verschwinden aus und zeigt einen Zustand des Gelähmt-Seins.[49] Die mit Scham bezeichneten – und mit Selbstvorwürfen verbundenen – Gefühle und Empfindungen beziehen sich immer auf konkrete Personen, deren Wert und Eigenschaften. Unakzeptables, verletzendes Verhalten und Kränkungen durch Pädagogen haben Störungen in der pädagogischen Kommunikation und pädagogischen Beziehung zur Folge; sie können zur Antipathie gegen den Lehrer und sein Fach führen, wenn sie mit Anpassung, Unterwerfung, Resignation verbunden sind. Nach der Studie von Krumm und Weiß (2002) können sie auch Angst und Verunsicherung, Entmutigung und Abneigung, Resignation und Fluchtverhalten, Motivationsverlust und Selbstwertkrisen, aber auch Zorn, Hass und Aggression zur Folge haben. Nach ihnen haben etwa ein Drittel der Befragten gegen verletzendes Schülerverhalten opponiert und knapp 57 Prozent der Studenten meinten, die Kränkungen würden sie auch heute noch beschäftigen. In der Studie wurden Schüler auch danach befragt, was verletzendes Lehrerverhalten bei ihnen bewirkt hätte. In den Antworten heißt es u. a.:

»– Ich hatte richtig Panik vor dem Unterricht dieses Lehrers. Ich fand das total unfair und beleidigend.

[49] Im Gegensatz zum Schulderleben, das eher einen lastenden Druck hervorruft und dem Hören (z. B. die Stimme des Gewissens) zugeordnet ist.

- Ich, eher sensibel, was Leistung und Selbstbewusstsein angeht, ging weinend nach Hause und dachte noch den ganzen Tag voller Hass an diesen Lehrer.
- Das Resultat dieses grausamen Schultages war, dass ich von nun an jeden Morgen mit Bauchschmerzen in die Schule ging, bis ich die schreckliche Frau nie mehr sehen musste.
- Die meisten von uns hatten richtige Angst, in diesen Unterricht zu gehen, weil wir vor anderen nicht gedemütigt werden wollten.
- Nachdem der Lehrer der Drittklässlerin sagte, sie sei unfähig, zu singen: Seitdem habe ich nie mehr gesungen – oder nur leise im Hintergrund.
- Ich möchte meinen, dass ich einen Schaden fürs Leben davongetragen habe. Insofern, weil ich krampfhaft versuche – auch im Studium bei der Auswahl der Fächer – Fremdsprachen, wenn möglich, zu umgehen, wegen einer demütigenden Fremdsprachenlehrerin« (zit. nach Singer 2009, S. 187f.).

2. Identität und Intersubjektivität

Vor dem Hintergrund intersubjektivitätstheoretischer und relationaler Annahmen mit den verschränkten intrapsychischen und interpersonalen Welten setzt Individualität zwingend den Anderen voraus. Sie bildet sich und bildet sich ab im intersubjektiven Feld, bleibt dabei mit dem Anderen – als »vermittelte Identität« – jedoch unauflösbar verwoben. Identität ist somit ein nie abgeschlossener und ein vermittelter Prozess sowie eine Konstruktion, die in inneren und äußeren dialogischen Prozessen verankert ist. Dabei ist Identifikation wiederum als ein sozialer Vorgang zu verstehen, der sich nach Parsons zwischen zwei Rollenträgern ereignet. Der nichtidentische Andere wird in der jeweils individuellen Lebensgeschichte zu einem Teil der eigenen Identität. Nach Dieter Kunzke (2011) versteht die intersubjektive Perspektive

> »zwischenmenschliche Prozesse als beständigen Versuch, Erfahrungen zu machen, die Kohäsion, die Stabilisierung des Selbstwerts und das Erleben von Verbundenheit ermöglichen; auch wenn die dabei zum Zuge kommenden interpersonalen Muster dies oft nicht in der intendierten Weise ermöglichen, sondern manchmal sogar in dysfunktionaler Weise verunmöglichen« (S. 601).

Die Frage nach der subjektiven Identität (als unmittelbares Selbsterleben) und Lebensgeschichte wird vor allem dann gestellt, wenn sie vor dem Hintergrund von Lebensumständen, Kindheitskonflikten und -traumata, von ambivalenten Bindungserfahrungen und Gefühlsdramen als gefährdet und als »Identitätsdiffusion« (Erikson) erlebt wird, die sich subjektiv in einem gestörten Ich-Gefühl (mit innerer Leere, Langeweile und Entfremdungserlebnissen) ausdrückt. Die

Möglichkeiten der Selbstorganisation bzw. Integration der Psyche und psychischer Dynamiken resultieren aus individuellen Erfahrungen und Interaktionen (inneren Modellen) mit Anderen. Sie hinterlassen Erinnerungsspuren, gehören zum biografischen Erbe (Schicksal) und bestimmen im weiteren Leben – in der weiteren Lebensgeschichte und Lebensgestaltung eines Menschen – die Wahrnehmung, Verarbeitung(stätigkeit) des Ich von Erlebnissen, unmittelbar gegenwärtiger Erfahrungen und den damit verbundenen Affekten, unbewussten Impulsen und Phantasien. Beschämungen gehören zu den Erfahrungen, die als fortwährendes Wirken der Vergangenheit in der Gegenwart die Arbeit an der individuellen Bearbeitung von Lebensereignissen und -dramen die weiteren Biographie- und Identitätsentwicklungen – und damit die Eröffnung von Lebensperspektiven – gefährden können. Sie sind als interpersonale und entwicklungshemmende Milieu- und konkrete Beziehungserfahrungen sowie (auch als pathologische) Umgangsformen zu verstehen, die zum Bestandteil der subjektiven Lebensgeschichte und -erzählungen werden können. Die Internalisierungen, die durch Identifizierung entstehen, betreffen alle möglichen Merkmale (auch pathologische) von bedeutsamen Anderen; dazu gehören auch moralische Normvorstellungen, kognitive Stile und Ausdrucksstile. Deren Verinnerlichung in Form von mentalen und affektiven Repräsentanzen sowie bedeutsamen Organisatoren intrapsychischer und zwischenmenschlicher Prozesse kann dann maßgeblich das innere Leben strukturieren und den Umgang mit anderen in der Gegenwart bestimmen.

3. Disziplin als »Dauerbrenner«

Mit Begriffen wie »Erziehungskrise«, »Bildungsnotstand«, dem »Versagen« von erziehenden Institutionen und den pädagogischen Professionen wurde in den letzten Jahrzehnten wiederholt ein generalisiertes negatives Szenario jenseits von wissenschaftlich-empirischen Befunden, der differenzierten schulischen und außerschulischen erzieherischen Wirklichkeit, den unterschiedlichen Bedingungen des Aufwachsens und von Lebenssituationen der jungen Generation geboten. Mit solchen allgemeinen Krisendiagnosen ist ein eindeutiges – an die Anerkennung von Autorität und Disziplin gebundenes – Rezept- und Expertenwissen verbunden, wie es in den Buchtiteln »Lob der Disziplin« bei Bernhard Bueb (2008) mit Postulaten wie: »Wir brauchen wieder Mut zur Erziehung«, »Alle Macht den Eltern«, »Disziplin wirkt heilend«, »Wer gerecht erziehen will, muss bereit sein zu strafen«, kulminiert.

Für eine angeblich »verwahrloste Erziehungslandschaft« (Bergmann) – für die einzelne Gewalt- und Verwahrlosungssymptome und Phänomene herhalten müssen – werden Erziehungs- und Machbarkeitsfantasien angeboten, die der Pädagogik Macht zuschreiben und geben wollen und die an Härte, Strafe und Disziplin gebunden sind. Angeboten wird Rezeptwissen, das unabhängig von der Komplexität, Wirklichkeit und dem Realitätsgehalt der erzieherischen und pädagogischen Welten mit schlichten sozialtechnischen Regeln, alten Werten und autoritären Verhaltensweisen propagiert wird. Diese sollen – in einer unübersichtlichen (pädagogischen) Welt – den pädagogischen Professionen (und Eltern) vermeintliche und erneute Sicherheit und Orientierung, Macht und Kontrolle geben (vgl. Brumlik 2007, Andresen/Brumlik/Koch 2010).[50] Nach Dornes (2012) ist die Klage über zu wenig und die fehlende Disziplin ein Dauerbrenner in der pädagogischen Diskussion, und jede ältere Generation hat vermeintlich dieselben Befürchtungen über die Disziplinlosigkeit der nachwachsenden Generation. Es ist eine »fixe Idee » und »so wundert man sich, wie lange die Disziplin noch verfallen kann, bis sie am Ende ist« (S. 229).

4. Pädagogische Räume

In der (sozial)pädagogischen Diskussion gibt es keinen einheitlichen Raumbegriff, aber seit Beginn der 1990er Jahre hat das Konzept der »Sozialraumorientierung« als pragmatisch-planerischer und auch aneignender Ansatz immer mehr an Bedeutung gewonnen. Dieses Raumverständnis zielt auf eine Verbesserung der Lebensbedingungen von Menschen in einem definierten Raum, und erkennbar ist eine deutliche Abkehr von der Person als Objekt von Erziehung hin zur Lebenswelt, wie es in gemeinwesensorientierten (dann vernetzungsorientierten) Grundgedanken begründet ist (vgl. Galuske 2009).

Sowohl der materielle als auch der soziale Raum – z. B. die Kindertagesstätte, die Schule, das Jugendhaus – ist von Macht- und Herrschaftsverhältnissen geprägt. Das gesamte soziale Raumgefüge, in dem sich junge Menschen bewegen, ist immer auch mit normativ vorausgesetzten Denkmustern, Abläufen und Routinen durchzogen. Hier ist es die Aufgabe von Pädagogik für Kinder und Jugendliche, reale Räume zu schaffen, in denen sie sich bewegen können und anerkannt werden. Ein subjektiv-lebensweltlicher Raumbegriff prägt vor allem und nachhaltig das Feld der Kinder- und Jugendarbeit, dem ein Raumverständnis mit der Kernannahme zugrunde liegt, dass »Raum nicht länger

[50] Vgl. im Überblick zu den Erziehungsratgebern: Rogge (2012)

(als) naturhaft gegebener materieller Hinter- und erdgebundener Untergrund sozialer Prozesse unveränderbar und für alle gleichermaßen existent angenommen werden kann. Vielmehr wird Raum selbst sozial produziert, damit sowohl Gesellschaft strukturierend als auch durch Gesellschaft strukturiert und im gesellschaftlichen Prozess verändern begriffen« (Löw et. al. 2005, S. 31). Dabei machen verschiedene Faktoren die sozialräumliche Qualität einer Einrichtung aus. So haben Größe, Öffnungszeiten, Erreichbarkeit und Ausstattung z. B. von Jugendzentren, aber auch die Möglichkeit, Räume zu verändern und verschiedene Nischen und Zugangsmöglichkeiten wahrzunehmen, einen Einfluss für das Aneignungspotenzial der Jugendlichen; ebenso prägen finanzielle und personelle Ressourcen das spezifische Klima der Offenen Kinder- und Jugendarbeit. Nach Ulrich Deinet (2005) gibt es

> »hier besondere Möglichkeiten, weil sie eine der wenigen gesellschaftlichen Bereiche ist, die noch nicht so gesellschaftlich vordefiniert ist wie etwa die Schule als klassische Bildungsinstitution, die nur ›nebenbei‹ Raumaneignung von Kindern und Jugendlichen zulassen kann (z. B. auf Schulhöfen, in Treppenhäusern und Toiletten). Jugendarbeit bietet dagegen geografische Orte, an denen die Möglichkeit besteht, soziale Räume zu schaffen« (S. 224).

Dieser Ansatz versucht Raum nicht länger als naturhaft und unveränderbar anzusehen. Der Umgang mit Raum wird entnaturalisiert und als doing space – wie auch doing gender – in alltäglichen Prozessen verstanden, in denen menschliches Handeln und ein (zum Teil planvolles) In-Bezug-Setzen von Gütern und Menschen zueinander im Zentrum stehen. Spacing ist der Begriff dafür, wie Jugendliche sich Räume aneignen. Für Martina Löw (2005) liefert die prozesshafte Konstitution von Räumen durch die Auseinandersetzung des Individuums mit seiner Umwelt auch eine Erklärung für die unterschiedliche Raumkonstitution von Jungen und Mädchen. Eine sozialräumliche Jugendarbeit ist daher nicht nur eine Methode der Jugendarbeit, sondern eine Sichtweise und Perspektive; dabei stellt vor allem der Begriff der Lebenswelt subjektive und individuelle Bezüge in den Vordergrund. Sozialpädagogische Tätigkeiten im Raum der Jugendarbeit können das Ziel haben, soziale Räume für Jugendliche zu schaffen und sie bei der Aneignung von Räumen zu unterstützen, gegen die gesellschaftliche Raum-Verdrängung anzukämpfen und Entscheidungsspielräume im öffentlichen Raum zu erweitern, indem sie sich z. B. in der Stadtumwelt Räume aktiv aneignen. Albert Scherr (2004) spricht weiter von der Bedeutung von Rückzugsräumen in der Kinder- und Jugendarbeit, die dazu dienen, den normativen Zwängen und Routinen des Alltags zu entkommen, um somit kognitive Distanzierung und Reflexion zu ermöglichen.

Sozialräumliche Aneignungsprozesse werden als Grundlage für die Entwicklung eines Menschen verstanden. Aneignung kann beispielsweise die eigentätige Auseinandersetzung mit der Umwelt sein, die Gestaltung von Räumen mit Symbolen, das Inszenieren von Nischen und Ecken in Institutionen oder im öffentlichen Raum, dann die Erweiterung des Handlungsraumes durch die neuen Möglichkeiten, die sich in den Räumlichkeiten eines Jugendhauses ergeben. Des Weiteren kann Aneignung als Veränderung vorgegebener Situationen und Arrangements durch die Jugendlichen begriffen werden, und oft können diese neue Verhaltensrepertoires und Fähigkeiten in bisher unbekannten Situationen entwickeln (vgl. Deinet 2005). Kinder- und Jugendarbeit hat somit die Aufgabe, die geschriebenen und ungeschriebenen gesellschaftlichen Normen nicht kritiklos zu übernehmen, sondern Normalitäten zu hinterfragen und Handlungsspielräume und Reflexionsmöglichkeiten angesichts des Normalitätsdrucks zu bieten. Nach Deinet (2005) ist die Offene Kinder- und Jugendarbeit

> »dafür besonders geeignet, weil ihre Angebote Teil des öffentlichen Raumes sind, die von Kindern und Jugendlichen einerseits offen zugänglich angeeignet werden können, andererseits auch erst dann zu sozialen Orten werden, wenn sie von den Kindern und Jugendlichen angenommen, verändert und gestaltet werden. (…) Auf Grund der Freiwilligkeit der Teilnahme, aber auch der geplanten Unverbindlichkeit vieler Angebote sind vielfältige Prozesse der Veränderung von Räumen (…) möglich« (S. 224).

Dieser Ansatz gilt auch für die Vernetzungen von Räumen und meint auch den Zusammenhang von virtuellen und realen Räumen, die in die Arbeit mit jungen Menschen zu integrieren sind; denn »Jugendliche, die in der Mediengesellschaft aufwachsen, entwickeln also nicht nur gleichzeitig unterschiedliche Raumvorstellungen, sondern auch die Fähigkeit, in unterschiedlichen Räumen gleichzeitig zu agieren« (ebd., S. 225.).

5. Schulische Fehlerkultur

In dem Sammelband von Martin Rothland (2013) wird der komplexe und widersprüchliche Beruf des Lehrers und der Schule als Arbeitsplatz dargelegt, weiter wird ein differenzierter Einblick in die Beanspruchungen und Belastungsforschung sowie in Umgangs- und Bewältigungsstrategien gegeben. Ein spezifisches Merkmal neben vielen anderen – wie asymmetrische Beziehungen, Wissens- und Erfahrungsvorsprung, Altersunterschied, fehlenden eindeutigen Kausalbeziehungen zwischen Lehrerarbeit und Schülerlernen – ist, dass Unterricht(en) in der Regel nicht auf Freiwilligkeit beruht, sondern die Zusammenarbeit »erzwungen« ist; »weder der Lehrer kann sich seine Klienten, mit denen er häufig über viele Jahre zusammenarbeiten wird, aussuchen, noch können die Schüler ihre Lehrpersonen auswählen« (S. 25). Daher kann guter Unterricht nur Ergebnis der Zusammenarbeit – der Ko-Konstruktion – von Lehrern und Schülern sein, für die von Lehrern anregende und fördernde Lerngelegenheiten/ -möglichkeiten bereit gestellt werden müssen.

Von einem Lehrerverhalten, das auf Fehler und Schwächen von Schülern lernfördernd oder hindernd reagieren kann, sprechen Oser/Spychiger (2005). Sie begründen für die Schule einen Umgang mit Fehlern bzw. eine schulische Fehlerkultur und den Umgang mit Nicht-Wissen als einem produktiven Umgang mit Fehlern, Irrtümern und Schwächen. Noch-Nicht-Wissen und Defizite sind notwendigerweise die Voraussetzungen für jegliches Lernen; und »dass man etwas nicht weiß, nicht kann, oder nicht versteht, ist (aber) ein zentrales Movens für den Einstieg in einen Lernprozess« (S. 112). Ähnlich argumentiert Fritz Bohnsack (2013), der der Frage nachgeht, wie Schüler – die Verlierer des Bildungssystems sind – Schule erleben. Sein Plädoyer zielt auf eine schüler-gerechte Schule, zu der Anerkennung, Bestätigung und die Akzeptanz von Schwäche gehören. Negatives Wissen ist notwendig, um lernen zu können, und Lernanstrengungen werden unternommen, weil man etwas noch nicht weiß und kann, aber neugierig ist und etwas wissen und können will. Lernen ist einerseits herausfordernd, »schmerzhaft« und mit Fehlern verbunden, es ist andererseits mit Freude und Lust, Gelingen und Entwicklung verbunden. Anstrengung und Stress sind dann positiv, wenn Schüler erfahren, dass sie anerkannt werden und damit etwas erreichen und weiterkommen. Dabei kann nach Marrin Mosimann (2000)

> »wirkliches Lernen nur glücken, wenn genau diese Verzagtheit überwunden werden kann. Grundlage des Lernens ist ja zunächst immer das Nichtkönnen: Wer sich eine Fähigkeit erwerben will, wer sich über ein Gebiet umfassendes Wissen erarbeiten will, wer sich auf einen großen Plan festlegt, handelt sich mit diesem Wunsch zunächst allein Ungenügen ein; das Ungenügen, das umso schmerzlicher erlebt werden muss, als es sich ja ausgerechnet dort einstellt, wohin sich der Wunsch richtet. Wer plant, Fagott spielen zu lernen oder sich in die antike Philosophie einzuarbeiten, steht damit nicht nur vor einer großen, möglicherweise gar nie abzuschließenden Aufgabe (die allein schon deswegen zur Verzweiflung Anlass bieten könnte), sondern muss auch noch ertragen können, dass ausgerechnet sein Lieblingsinstrument unter seinen Händen (einige Jahre lang) nicht auch nur in Ansätzen

> so wunderbar erklingt, wie er es liebt, und dass ihm ausgerechnet jene Texte, von denen er sich gedankliche Bereicherung oder doch Herausforderung verspricht, zunächst absolut verschlossen bleiben (...) Am Anfang jedes Lernprozesses steht das existenzielle Erlebnis einer umfassenden Ohnmacht« (S. 85).

Gefordert werden eine Lehrerkompetenz und ein Habitus, bei der eine lernorientierte Haltung gegenüber Fehlern und Irrtümern favorisiert wird. Dabei geht es Oser/Spychiger (2005) um kooperative Lernformen und eine Vermittlungsstrategie, die nicht abweisen und strafen, sondern gewährleisten und erlauben, »dass Fehler im Aufbau einer Wissens- oder Könnensarchitektur in einem bestimmten Sachbereich oder im Strategiegebrauch lange, ja sehr lange, keinen defizitären Charakter haben dürfen« (S. 119). Und es heißt bei ihnen weiter: »Lehrpersonen, die die Situation des Falschen nicht nutzen, um das Richtige sichtbar und plausibel zu machen, verpassen die Chance des Erkennens des Richtigen als Spiegelbild des Falschen« (S. 120).

Für den richtigen und gelingenden Umgang mit Fehlern bietet Spychiger (2007) acht Merkmale an:

»– Grundsätzliche Gesprächsbereitschaft der Lehrperson und
- Individualisierung – Schülerinnen und Schüler werden in Fehlersituationen gemäß ihren persönlichen Eigenarten und Fähigkeiten behandelt.
- Der erste Bezug ist das Wissen und Können einer Person; das Gewissen ermahnt mich, eine Aufgabe oder Arbeit nach den Regeln der Kunst zu erledigen, meine Fähigkeiten anzuwenden, meine Sache gut zu machen – nach bestem Wissen und Gewissen, wie es im Volksmund heißt (»craft«).
- Angemessenheit der Körpersprache und nonverbalen Kommunikation, sie stimmt mit der verbalen Botschaft überein und ist fehlerfreundlich, z. B. ist die Lehrperson dem betreffenden Schüler zugewandt, hat Blickkontakt, hat die richtige Distanz.
- Die Fehlersituation wird für das Lernen durch Einsicht genutzt.
- Der Umgang mit dem Fehler ist kreativ, didaktisch einfallsreich, möglicherweise sogar lustvoll.
- Die Lehrperson ist bereit und fähig, sich im entwicklungspsychologischen Sinne in den Denkprozess des Schülers zu versetzen und daran anzuknüpfen.
- Die Lehrperson praktiziert Vertrauensvorschuss, sie geht im Prinzip davon aus, dass der Schüler/die Schülerin seinen/ihren Fehler selbst findet und daraus lernen kann« (S. 170).

6. Nähe und Distanz, pädagogische Beziehung und Arbeitsbündnis

Es geht in den professionellen pädagogischen Einrichtungen um die Herstellung und Lebenspraxis von »generationellen Ordnungen« und Generationsbeziehungen sowie die Akzeptanz von Generativität. Diese sind angesiedelt im Spannungsfeld von antinomischen bzw. paradoxalen Figuren oder »Achsen der Ambivalenz«, zu denen vor allem »Diffusität und Rollenförmigkeit« (als diffuse und spezifische Sozialbeziehung), »Tradierung und Transformation«, »Autonomie und Heteronomie«, »Symmetrie und Asymmetrie«, Individuierung und Abhängigkeit«, »Nähe und Distanz« (Helsper et. al. 2009, S. 24) gehören und die in der Spannung von »Routine und Krise« (Oevermann 1996) gedeutet werden können. Der Entwurf von antinomisch strukturierten Generationsbeziehungen mit einer konstitutiven Generationsdifferenz wird von Werner Helsper et. al. (2009) zu einer Theorie der »Anerkennung zwischen den Generationen« (S. 54) entwickelt.[51] Danach gehören zu den schulischen Anerkennungsformen (als Lehrer-Schüler-Beziehung) die emotionale, moralische und individuelle Anerkennung und ein – auf die Sache bezogenes, als Stützung und Förderung von sachlich-fachlichen Bildungsprozessen, mit Begrenzungen verbundenes – pädagogisches Arbeitsbündnis, die ein »Ergebnis der interaktiven Generierung zwischen Lehrkräften und Schülern sind« (ebd., S. 357). In der Denktradition des »pädagogischen Arbeitsbündnisses« (Oevermann 1996) begründen Helsper et. al. (2009) drei Perspektiven professionellen Lehrerhandelns in der schulisch-generationellen Ordnung:

> »Geht es im ersten – für die Lehrerprofessionalität zentralen – Fokus um die sachbezogene Vermittlung fachlicher Inhalte und Fähigkeiten, so geht es für den zweiten Fokus um die Vermittlung zentraler normativer Haltungen und Regeln, die im Kern um die Ermöglichung der Teilhabe am öffentlichen Leben, an modernen Organisationen und als politischer Staatsbürger zentriert sind. Damit ist gerade keine Vermittlung ›partikularistischer‹ Wert- und Lebensformen verbunden, sondern es geht um die Vermittlung universalistisch geprägter Haltungen. Genau darin besteht die Differenz zur Familien- bzw. lebensweltlichen Erziehung, die immer zu konkreten, milieuspezifischen Lebensformen erzieht. Der dritte Fokus, die implizite prophylaktisch-therapeutische Dimension, steht einerseits mit den beiden ersten im engen Zusammenhang. Denn nur wenn in den entscheidenden Individuationsprozessen zwischen dem sechsten und dem sechzehnten Lebensjahr entsprechende fachliche Wissensbestände und kognitive sowie soziale Kompetenzen entfaltet

[51] Grundlegend zur Theorie der Anerkennung vgl. Honneth (1992)

werden, wird die Entwicklung lebenspraktischer Autonomie im Bildungsprozess gefördert. Wird dies erschwert oder gar blockiert, dann resultieren daraus erhebliche Beeinträchtigungen der psychosozialen Integrität. Neben dieser Bedeutung der fachlichen und normativen Foki für die Entfaltung lebenspraktischer Autonomie greifen die schulischen Bildungsprozesse auch umfassend in die kindlich-jugendlichen Individuationsprozesse ein, können diese fördern, unterstützen oder auch belasten und blockieren« (S. 361).

Die Qualität pädagogischer Beziehungen bewegt sich im Spannungsfeld zwischen inkludierend-anerkennend und exkludierend-verletzenden Handlungsmustern. Für die Entwicklung und das Gelingen von Bildungsbiografien von Kindern und Jugendlichen ist es neben den familiären und Gleichaltrigeneinbindungen entscheidend, ob sie es mit Pädagogen zu tun haben, von denen sie anerkannt und ermutigt werden oder ob diese sie beschämen, demütigen und verletzen. Diese Erfahrungen sind für das seelische Wohlbefinden, kognitive und psycho-soziale Lernprozesse ebenso folgenreich wie für die eine demokratische Sozialisation. Gleichzeitig gehören zu den Grundmustern pädagogischer Interaktionen immer auch Abhängigkeits- und Machtverhältnisse, weil pädagogische Interaktionen strukturell asymmetrisch und mit institutionell organisierten Generationsbeziehungen (Differenz zwischen den zuständigen Repräsentanten der erwachsenen Generation und Kindern und Heranwachsenden) verbunden sind. Dabei geht es mit dem Verhältnis von Nähe und Distanz zwischen den Generationen in allen pädagogischen Bereichen, in Kindertagesstätten, Schulen, in der Familie und Kinder-/Jugendhilfe, nicht um die Beherrschung der jungen Generation, sondern um eine (argumentativ) erarbeitete Autorität und um die »Beherrschung der Generationenverhältnisse« (Brumlik 2011, S. 28). Nach Dirk Varbelow (2003) erweisen sich wechselseitige Beziehungen zwischen Lehrern und Schülern

»als außerordentlich bedeutsam und folgenreich. Aus Sicht der Schüler hängen alle schulischen Erfahrungen stets mit den Beziehungen zu ihren Lehrkräften zusammen: Unterricht als Lehr-Lern-Prozess, Beurteilung von Leistungen, Verhaltenskontrolle durch Lehrkräfte, unterrichtsinhaltliche und soziale Anforderungen. All diese Prozesse werden in hohem Maße durch die Lehrkräfte (mit)geprägt. Den meisten Schülern ist sehr wohl bewusst, dass Schulfreude oder Schulfrust, Leistungsbemühungen und inhaltliche Interessen sehr stark von der Lehrer-Schüler-Bindungsqualität abhängen. Je unangenehmer die schulisch bedingten Interaktionen von Schülern und Lehrern ausfallen, desto größer wird die Belastung der Schüler« (S. 257).

Die pädagogische Beziehung definiert sich traditionell durch die Beziehung zwischen einem Erziehenden und einem zu Erziehenden; darüber hinaus bedarf sie einer inhaltlichen Ausfüllung. Sie ist in vielerlei Hinsicht veränderbar, und die periodisch auftretende Debatte um Nähe und Distanz kreist um die Frage, wie partnerschaftlich diese Beziehung sein darf, wie viel Orientierung sie geben muss und wie die Regeln dieser Beziehung zu gestalten sind.[52] Das Begriffspaar Nähe und Distanz – aber auch Hilfe und Strafe – gehört zur paradoxen Grundstruktur professionellen Handelns, und es gehört zum Habitus der Profession, die beiden Elemente (reflektiert und klug, transparent und »vertraglich« vereinbart) auszubalancieren.[53] Es ist zugleich prekär. Es kann als »pädagogische Beziehung« gelingen, es kann aber auch, wenn Grenzen nicht eingehalten werden, misslingen und im schlimmsten Fall zu Gewalt führen. Das gilt für Formen direkter, tätlicher Gewalt und für subtile Formen indirekter, verbaler Gewalt. Es gehört u. a. zu den professionellen Herausforderungen mit dem »Nähe-Distanz-Verhältnis« und dem »Grenzendiskurs« umgehen zu können, diese mit ihren strukturellen Aspekten und in pädagogischen Beziehungen systematisch zu reflektieren und im pädagogischen Handeln zu realisieren (vgl. Strobel-Eisele/Roth 2012). Dabei geht es um die Herausforderung, angemessene Balancen zu finden und sie nach Margret Dörr und Burkhard Müller (2006) im Feld der sozialen Arbeit in drei miteinander verschränkten Ebenen zu verorten:

»– als Balance von persönlicher Nähe und Distanz zwischen Professionellen und den Lebenswelten und Lebenslagen von KlientInnen;
– als Balance von Nähe und Distanz zur Eigenlogik und zu den Interessen und selbstwertdienlichen Kognitionen und Bedürfnisse der professionell Handelnden;
– als Balance von Nähe und Distanz zur Eigenlogik und zu den Interessen der organisatorischen, infrastrukturellen und ökonomischen Voraussetzungen der professionellen Intervention« (S. 16).

In der psychoanalytischen Pädagogik wird vom Erziehenden und Lehrenden

[52] Michael Hecht (2013) sieht den schulischen Unterricht bzw. die schulische soziale Welt als Herausforderung und Versuche der Ausbalancierung von »Aufmerksamkeit und disziplinierter Subjektivität«.

[53] Das Verhältnis von Nähe und Distanz gehört zu den strukturellen und unauflösbaren, aber immer wieder neu zu bearbeitenden Merkmalen und Paradoxien professionellen Handelns. Dabei ist für die professionelle pädagogische Arbeit auf den Unterschied von »pädagogischem Eros« und einer sorgenden Liebe hinzuweisen, die sich ausschließlich am Wohle der Kinder orientiert. Hilfe und Strafe stehen in professionellen Kontexten ebenfalls in einem Spannungsverhältnis, das von sozialpolitischen und disziplinaren Kontextbedingungen abhängig ist (vgl. Riecker u. a. 2013).

gefordert, dass er wisse, was und warum er was tue; es geht also um die stete Verknüpfung von Verstehen und Tun. Nach diesem Verständnis zeichnet sich der pädagogische Dialog vor allem durch Metakommunikation und Selbstreflexion und der Fähigkeit (Containing-Funktion) aus, Impulse wahrzunehmen, sie aber nicht sofort auszuagieren, sondern zunächst bei sich zu behalten und zu reflektieren. Danach muss der Lehrer als pädagogischer Akteur eine gelungene Balance zwischen verstehender Zuwendung und begründeter Autorität herstellen. Dabei meint Nähe und Distanz eine verstehende Zuwendung, die Wahrnehmung des Schülers in seinen Motiven, seinem Verhalten und auch seinen problematischen Seiten. Autorität und Distanz meint die Notwendigkeit, eigene Werthaltungen zu vertreten, Ziele zu formulieren, das Gegenüber zu fordern, zu ermutigen, aber auch zu kritisieren.

Nach Hermann Giesecke (1997) ist die pädagogische Beziehung eine spezifische, »eigentümliche menschliche Beziehung«, und die Beziehungsfrage ist nach ihm »ein Kernstück des beruflichen Selbstverständnisses, weil alles, was pädagogisch veranstaltet wird, über diese Beziehung transportiert werden muß« (S. 5). Professionelle pädagogische Beziehungen basieren für ihn auf einer ausgebildeten Fachlichkeit (Kompetenz) und öffentlichen Zuständigkeit für die junge Generation, die mit emotional distanzierten Beziehungen verbunden sind; gleichzeitig kann die Welt aber nur durch personale Vermittlung erschlossen werden.[54] Zu den zentralen Werten des pädagogischen Berufsethos gehören – mit ihrer intermediären Stellung – eine professionelle Handlungspraxis im Spannungsfeld von zu vermittelnder Sachthematik und einer gelingenden pädagogischen Beziehung sowie »Arbeitsbündnisse« und Prozesse, die auf Förderung und Herstellung von Autonomie der Subjekte zielen. Es geht nach Oevermann (1996) um eine Strukturlogik mit der widersprüchlichen »Einheit von Rollenhandeln und Handeln als ganze Person als einer der zentralen Dimensionen professionalisierten Handelns« (S. 109).

Damit ist die Antinomie und Balance von »Nähe und Distanz« angedeutet, und wird diese hin zur Nähe, zu einer asymmetrischen und übergriffigen personenzentrierten Beziehungsstruktur aufgelöst bzw. dem Schüler oder Klienten aufgezwungen, dann wird dieser in eine heteronome Position versetzt. Solche Entgrenzungen, Regelverletzungen und reflexiven Begrenzungen im pädagogischen Handeln verweisen auf eine »unreife« mit »ungelösten« Lebens-

[54] Giesecke reflektiert ausgewählte Klassiker der Pädagogik – Rousseau, Pestalozzi, Bosco, Wichern, Makarenko, Korczak, Neill, Nohl – mit Blick auf ihren theoretisch-konzeptionellen und auch praktischen Umgang mit dem Thema.

problemen und Krisen verbundene Persönlichkeit (die wiederum z. B. in der Lehrer-Schüler-Interaktion ausagiert werden).[55]

7. Neugierde und Lernkultur

Kinder und Jugendliche wollen lernen, Neues aufnehmen und sind neugierig auf die Erkundung und Entdeckung der Welt. So zeigen die empirischen Befunde u. a.: Wenn Lehrer »streng, aber gerecht« sind, wenn sie sowohl »Leistungsstärke fordern und Schwächere fördern«, wenn sie Schülern zeigen, dass sie »was können« und jeden einzelnen respektieren; wenn sie sich durch eine »heitere Selbstdistanz« auszeichnen und Erfolge organisieren können, dann haben Schüler eine »gute Meinung« über ihre Lehrer. In der pädagogischen Diskussion, aus den kognitiven Wissenschaften und der Hirnforschung ist in den letzten Jahren wiederholt auf diesen Grundtatbestand hingewiesen worden. Es gehört zur Eigenart der (kleinen) Kinder, unbefangen zu handeln und schnell zu lernen. In ihrer Entwicklung sind sie in der Lage, immer wieder neue Wirklichkeiten und Perspektivenwechsel wahrzunehmen; mit Phantasie, kreativen Kompetenzen und originellen Ideen ihre äußeren und inneren – auch widersprüchlichen – primären Welterfahrungen zu organisieren, um zu einem Bewusstsein (des eigenen Denkens) über die Welt zu gelangen. Wenn dies ermöglicht werden soll, dann bedarf es in den pädagogischen Institutionen einer positiven Lernkultur (-atmosphäre), produktiven Herausforderungen und Kritiken sowie schlüssigen Abwechslungen. Weiter bedarf es einer bildungspoltisch und pädagogisch einzulösenden vor-, außer- und schulischen Lernumgebung mit tragfähigen kommunikativen Beziehungen und Prozessen; die wiederum – wenn Lernen gelingen soll – mit klaren Regeln und eindeutigen Spielregeln verbunden sind. Weiter geht es um stimulierende Anlässe und Herausforderungen, die Kinder und Jugendliche befähigen, ihre Selbstständigkeit und ihr Selbstwertgefühl zu fördern und zu steigern. Lern- und Bildungserfolge sind einerseits abhängig von den äußeren, materiellen Rahmenbedingungen und Strukturen der pädagogischen Einrichtungen; andererseits kommt es auf die »guten Pädagogen« an, ob Lernen und Bildung gelingen. Sie sind mit

[55] Dabei können Schulen bzw. schulische Kulturen und Ordnungen, die eine besondere (diffuse) Nähe- und Personenorientierung favorisieren und betonen – wie z. B. kirchliche und reformpädagogische Internate – in problematische Dynamiken, Verwicklungen und Entgrenzungen geraten; das haben die aufgedeckten Vorfälle in den letzten Jahren nachdrücklich belegt.

ihrer fachlichen und methodischen Kompetenz zuständig und verantwortlich für das Lerngeschehen. Sie strukturieren dieses als Regisseur (activator) und müssen Kinder und Jugendliche – immer aus deren Perspektive – zum Lernen (wollen) einladen. Pädagogen sind daher nicht nur Lernbegleiter und Architekt von Lernumgebungen (faciliator) oder Lerncoach, sondern sie steuern selbstkritisch, mit Respekt und Wertschätzung, Anerkennung und Vertrauen, klugem didaktischen und pädagogischen Handeln (so die zentrale Haltung) das Lerngeschehen.

Bildung braucht eine kulturelle Leitidee und die Gesellschaft eine humane Bildungspraxis, die abgekoppelt sind von unmittelbarer Verwertbarkeit und sich Traditionen des Humanismus und Pragmatismus berufen (vgl. Nida-Rümelin 2013). Wenn dies fehlt, dann gerät z. B. durch die traditionelle Fixierung auf Curricula und Unterrichtsstoff aus dem Blick, dass die Schule von psychosozial vorbelasteten Schülern vor allem ein Ziel verfolgen sollte, nämlich zu verhindern, dass aus potenziellen Bildungsverlierern auch Motivationsverlierer werden. Angeleitete und dann selbstauferlegte Disziplin in der Verfolgung eines Ziels, das einen Bezug zur eigenen Lebenswelt hat, ist dem Lernprozess zuträglicher als Disziplin infolge erhöhten Leistungsdrucks oder in Antizipation von Strafarbeiten. Insbesondere bei schwierigen Schülern, die zu »unangepasstem Bewältigungshandeln« neigen (schnelles Aufgeben oder Vermeiden schwieriger Aufgaben), führt eine starke Leistungsorientierung eher zu Hilflosigkeit, sofern die eigenen Fähigkeiten gering eingeschätzt werden. Dabei geht es mit Blick auf einen (leistungs)fördernden Unterricht nicht um die falschen Alternativen von Frontalunterricht und problemorientierten oder offenen Unterricht, sondern einen Methoden-Mix aus kooperativem und eigenverantwortlichem Lernen in Kombination mit Feedbacks und klugen Instruktionen. Der Lehrer hat eine Steuerungsrolle, bei der er wiederum den Schüler ins Zentrum seines Handelns stellt. Der Lehrer sollte präsentieren, erklären, Zusammenhänge herstellen, und die Schüler sollten gleichzeitig die Gelegenheit haben auszuprobieren, zu debattieren und zu trainieren (üben).

Nur wenn der Lerngegenstand eine Bezug zur je eigenen Wirklichkeit des Handeln hat, wenn dieser Bezug erkannt und die Aufgabe somit als sinnvoll erfahren wird, entfaltet sich intentionales Interesse, dessen es bedarf, um sich eine Fähigkeit hartnäckig und ausdauernd anzueignen. Lernen gelingt vor allem dann, wenn der Lerngegenstand als Autonomie fördernd erlebt und mit positiven Emotionen verknüpft ist, insofern das Lernziel als subjektiv wertvoll und erstrebenswert und die nötige Anstrengung als sinnvoll erlebt wird (vgl. Dewey 2008). Die Lernkultur ist dann weniger von einem beschleunigten Wissenserwerb und immer neuen Bildungsplänen als Reproduktion des bestehenden Wissens geprägt, sondern von Lernen bzw. Lernprozessen, die mit Risikobereitschaft, Geduld und Vertrauen verbunden sind, um sich so die Welt selbstständig anzueignen. Es ist Aufgabe der Pädagogen, sich solche Lernsituationen, -orte und -herausforderungen auszudenken, in denen sie ermutigen und sich Kinder und Jugendliche untereinander und mit den Pädagogen beobachtend, experimentierend, nachahmend, erfindend und kommunizierend zur Entfaltung bringen können.

Demgegenüber ist das derzeitige pädagogische Leben weitgehend von habitualisierten Formen und Symbolen geleitet, um das Lernen in geordneten Bahnen zu ermöglichen. Ein Beispiel für eine solche Zivilisierung ist die Macht über die Rede und die Erteilung des Rederechts – im Kindergarten, in der Schule und in der Hochschule. Kindern und Jugendlichen wird vor allem in den formalisierten Bildungseinrichtungen beigebracht sich zu melden.[56] Aber die Geste des erhobenen Arms und ausgestreckten Zeigefingers ist mehr als die Bitte um Gehör und dranzukommen (sein Wissen loszuwerden); sie symbolisiert die Anerkennung eines (geregelten und mit Sanktionen verbundenen) Herrschaftsverhältnisses. Der Anthropologe Arnold Gehlen (1963) begreift den Menschen als weltoffenes Mängelwesen, das seine Außenwelt aktiv gestalten muss, und die jeweilige Kultur zeigt, welche Verhaltensweisen erwünscht und sanktioniert werden, welche (pädagogischen) Institutionen für deren Durchsetzung ausgewiesen und legitimiert sind. Hier gehört die Schule zu den historisch sich herausgebildeten und den habitualisierenden Institutionen (Berger/Luckmann 1989), die durch ständige Wiederholungen auf eingeübten und verinnerlichten Handlungsabläufen beruhen. Alle kennen die Bedeutung des Prinzips des Sich-Meldens, haben es verinnerlicht; man muss sich ihm unterordnen, kann es aber auch bewusst missachten, sich ihm entziehen und es verweigern. Ein weiteres Beispiel ist: In der Schule und anderen pädagogischen Einrichtungen wird die Strafe als Reaktion auf das Fehlverhalten von Schülern legitimiert; sie symbolisiert die Sanktionsmacht bzw. die Herrschaftsverhältnisse in der Schule und pädagogischen Einrichtungen. In seiner Schulpädagogik hat Georg Simmel (2004) über die Strafarbeit – so eine häufige Form der Bestrafung – geschrieben:

---

[56] Ein weiteres Beispiel ist der beachtete und respektvolle Umgang, der sich u. a. über Blickkontakte ausdrückt. Wenn Schüler mit Blickkontakt (Anschauen) beachtet werden, dann wird ihm Zuwendung signalisiert, und dass sie dem Lehrer nicht gleichgültig sind.

»Es ist eigentlich ein Widersinn, in der Schule, die dem Schüler das Arbeiten als etwas Befriedigendes, Natürliches, sein Lebensgefühl Förderndes beibringen soll, die Arbeit als Strafe aufzuerlegen, also als etwas, was auf der Passivliste des Lebens steht, und ihm dadurch Abscheu und Überdruss an ihr beizubringen« (S. 416).

Deutlich wird ein Dilemma, weil hier zwei symbolische Ordnungen aufeinander treffen. Arbeit in der Schule und pädagogischen Einrichtungen steht zunächst als Zeichen von Bildung, die Entwicklung soll gefördert und Engagement angeregt werden; die Strafarbeit ist eine Drohkulisse und repräsentiert demgegenüber die Unterwerfung unter die pädagogischen Einrichtungen und unter die in Organisationen vorfindbaren Überwachungs-, Abhängigkeits- und Herrschaftsverhältnisse.[57] So repräsentiert die »Schulkultur« (Helsper 2000) zwei symbolische Ordnungen und Arenen von »Anerkennungskämpfen« (Honneth 1992) und »Herrschaftsverhältnissen« (Foucault 1977) mit all ihren Antinomien und Paradoxien (Helsper et. al. 1998), deren Geltungsanspruch sie – immer wieder neu und unter Rechtfertigungsdruck – als Teil symbolischer Sinnwelten, als notwendig und bedeutsam zu legitimieren und zu entwickeln hat.

Pädagogische Einrichtungen mit negativen und feindlich-aggressiven Grundstimmungen unter oder auch gegen Kinder(n) und Jugendliche(n) können mit Gleichgültigkeit, Desinteresse und Missachtung durch Pädagogen sowie der Etikettierung (Vorverurteilung) von Kindern und Jugendlichen einhergehen. Diese werden als faul, unfähig, nicht lernfähig und nicht bildbar beschrieben und denunziert – und somit durch eine kollektive (Selbst-) Beschimpfung der Einrichtung wiederum kollektiv beschämt. Das kann sich ausdrücken im Dienst nach Vorschrift, in Weggucken, Schulterzucken und Resignation; mit solchen pädagogischen Verhaltensweisen werden Beschämungen mitgeteilt und erfahrbar. Ein positives und freundliches Schulklima ist demgegenüber

»unabdingbare Voraussetzung adäquater Unterrichtung von Schülern. Positive Klimata, wie ebenfalls die Organisationspsychologie postuliert, fördern positive Einstellungen innerhalb der Gruppengefüge und dies fördert ebenfalls die Gruppenkohäsion. Somit kann ohne Einschränkung konstatiert werden, dass positive in-

[57] Aber nicht nur die Schüler, auch die Lehrer werden durch Evaluierungs- und Monitoringinstrumente, Qualitätsmanagement und Standardisierung kontrolliert, überwacht und diszipliniert. So ermöglicht die Evaluation einer Lehrerleistung die Kontrolle und Disziplinierung einer Lehrkraft – in der Hierarchie von Schulleitung, Schulamt, Ministerium. Dies verweist auf die rahmenden und strukturellen Dimensionen von pädagogischen Einrichtungen.

terne Strukturen adäquates Klima erzeugen und dieses wiederum positiven Einfluss auf das Lernverhalten der Schüler ausübt. Förderndes Schulklima basiert zunächst auf gelungenen Interaktionen innerhalb der Schülersubgruppen, der Subgruppe des Lehrerkollegiums sowie der aktiven Auseinandersetzung der Subgruppen untereinander« (Varbelow 2003, S. 163).

8. Pädagogische Welt der Anerkennung

Voraussetzung für eine positive Entwicklung im Kindes- und Jugendalter ist neben einem gewissen Maß an materieller und sozialer Sicherheit vor allem die Gelegenheit, an den Lebenswelten der Gesellschaft – Kindergarten, Schule, Ausbildung, Jugendarbeit – und den anderen bunten »kleinen sozialen Lebenswelten« und deren Nebeneinander mit anderen Kindern und Jugendlichen (Gleichaltrige und Peers, Freizeit, Medien, Kultur, Sport) aktiv teilzuhaben (vgl. Harring et. al. 2010, Honer 2011, Hurrelmann/Quenzel 2012). Sie müssen die Möglichkeit haben, sinnvolle Aktivitäten und Tätigkeiten, Engagement und Sozialität auszuüben und dafür Anerkennung zu ernten. Nur wenn sie angenommen werden und sich zugehörig fühlen, können Kinder und Jugendliche ihr eigenes Handeln erfolgreich erleben und erfahren – entsprechend dem Konzept der »Selbstwirksamkeit« und »Lebenskohärenz« – und Produzenten ihrer eigenen Entwicklung werden sowie eine gelungene Lebensführung realisieren. Dabei geht es aus Sicht der Jugendlichen immer auch um lebensweltliche Erprobungs- und Schutzräume, die mit Zugehörigkeit und Sinnbezügen, mit Anerkennung, geteilten Erfahrungen und ähnlichen Weltbezügen verbunden sind (vgl. Hafeneger et. al. 2007, Jordan et. al. 2012).

Kinder und Jugendliche entwickeln Fragen nach dem, was sie selbst sind und haben Wünsche, wie sie gesehen werden wollen. Ihre Orientierung im Leben hat eine doppelte Richtung: Auf der einen Seite sind die eigenen Gefühle, Wünsche und Kompetenzen zu entdecken, auf der anderen Seite sind die Chancen der Anerkennung auszutesten, die sie zu finden hoffen. Ob die eigenen Gefühle und Fähigkeiten soziale Anerkennung finden, ob sie in eine gegebene Gesellschaft und die »pädagogische Welt passen« oder als abweichend definiert werden, ist häufig unsicher und muss erst erkundet werden. Dabei können die Vorstellungen darüber, wer sie sind oder »eigentlich« sein wollen, die persönlichen Identitäten also, wechseln und in verschiedenen Lebensbereichen wie Familie, Schule und Clique ganz unterschiedlich sein, ohne dass eine Abstimmung zwischen einzelnen Teilen erfolgen müsste. Unsicherheit und ambivalente Einschätzungen sowohl des eigenen »Ich« als auch der sozialen »Passung« sind die Regel. In den Aktionen und Interaktionen der Jugendlichen werden Chancen der Anerkennung ausgetestet. Nach Eckert (2012) ist »die ›Mikropolitik‹ um Identität, Anerkennung und Abgrenzung generell eine Dimension menschlichen Handelns« (S. 11). Die Identitätsbildung von Jugendlichen ist daher ein kontinuierlicher Prozess, und sowohl die eigenen Emotionen und Kompetenzen als auch die Anerkennungschancen sind zunächst unerforschtes Gelände und müssen getestet werden. Diese »Mikropolitik« um Anerkennung und Respekt hat für Jugendliche einen zentralen Stellenwert, das gilt auch für die pädagogischen Einrichtungen und Beziehungen als »Quelle« des Selbstwerts (z. B. der Zugehörigkeit, der Rolle und dem Status in der Schule). Was Dornes (2012) für die Eltern-Kind-Beziehung formuliert, gilt generalisiert für die pädagogischen Beziehungen:

> »Die Wertschätzung, die man ihnen gegenüber zum Ausdruck bringt, kann nonverbal oder verbal sein, sich auf bloße Lebensäußerungen wie ein Lächeln beziehen oder auf Leistungen – wie auch immer: Sie wird als positive kommunikative Stellungnahme und sich darin ausdrückende Einstellung zum Kind von diesem wahrgenommen, verinnerlicht und prägt so sein Verhältnis zu sich selbst. Wer wertgeschätzt wird, schätzt sich selbst, und in diesem Sinne ist eine wertschätzende Erziehung eine grundlegende Voraussetzung für ein gesundes Selbstwertgefühl bzw. einen gesunden Narzissmus. Man könnte diesen Erziehungsstil auch ›anerkennend‹ nennen« (S. 294).

Es geht aber auch um die Wertschätzung und Anerkennung der pädagogischen Profession und hier sind es vor allem die sechs folgenden Faktoren, die Anerkennungsprozesse fördern und mit denen sich Politik, pädagogische Institutionen und Professionen auseinandersetzen müssen:

1. Soziale Anerkennung, mit der Beschäftigte als wertvoll, nützlich und wichtig gewürdigt werden; dies macht Mut, stärkt die Motivation und macht widerstands- und belastungsfähiger.
2. Persönliche Zuwendung und Ansprache, das Gefühl als individuelle Person – und nicht nur als Kostenfaktor – von Arbeitgeber, Vorgesetzten und Kollegen angenommen und wertgeschätzt zu werden.
3. Leistungsbezogene und materielle Gerechtigkeit in Form angemessener Bezahlung/Vergütung, von Beförderungschancen und Entlastungsmöglichkeiten als Würdigung der Arbeit.
4. Interner Umgang von Vorgesetzten und mit Kollegen, der von Solidarität und Leitungskompetenz getragen ist; wenn von Leitungskräften in partizipativen und transparenten Strukturen auch Halt und Orientierung angeboten wird, dann

wirkt das für den Einzelnen auch entlastend und stärkt für die Auseinandersetzung nach außen (z. B. mit Behörden, der Administration, der Politik).

5. Mit Blick auf das Älterwerden und ältere Beschäftigte in pädagogischen Einrichtungen müssten Bildungseinrichtungen flexibler auf deren Bedürfnisse, Belastbarkeit und Kompetenzen eingehen. Mit einem »Diversity-Ansatz« verbunden, geht es um die produktive Nutzung und die Wertschätzung der Unterschiede, die jeweiligen Kompetenzen und Stärken in einem altersgemischten Team bzw. Kollegium. Der Perspektivenwechsel wäre – weg von einem »Defizitdenken« hin zum Stärken- und »Kompetenzdenken«.
6. Gerade auch die hohe emotionale Belastung und Beanspruchung begründet neben frühzeitiger Prävention und veränderten Arbeitsbedingungen (z. B. weniger Verwaltungsaufwand) vor allem auch individuelle Wege von Übergängen, z. B. in Form von weniger Belastungen und mehr Regenerationszeit, dann Arbeitszeitverkürzungen (Stundenreduktionen) oder Altersteilzeit.

9. Thematisierung von Scham(gefühlen) und Beschämung

Ob und in welchen Formen und Ausmaßen es heute eine »Straf- und Beschämungspädagogik« bzw. »Scham- und Schuldkulturen« in der professionalisierten Pädagogik und Sozialen Arbeit gibt, ist erst in wenigen Studien und vor allem für die Schule empirisch erhellt. Dabei sind willentliche und »große« Beschämungen und Bloßstellungen nach den bisherigen empirischen Befunden eher selten. Mit dem Thema verbunden ist zugleich und erneut die Klärung des professionellen Selbstverständnisses, das zur Daueraufgabe der pädagogischen Professionen (als Schlüssel- und Brückenpersonen für Kinder und Jugendliche) bzw. des disziplinären Diskurses gehört. Dabei wäre in der Professionsdebatte und dem Aufbau pädagogischer Professionalität (Kompetenz), in der Aus- und Fortbildung des pädagogischen Personals das Thema »Beschämung« als Lernherausforderung – als Bewusstsein für Scham und die Achtsamkeit im Umgang mit ihr, aber auch für die eigene Scham- und Beschämungsgeschichte – aufzunehmen. Dies ist mit dem Selbstverständnis der moralischen Achtung und des personalen Respekts, der achtsamen Begegnung mit sich selbst und dem Gegenüber sowie mit der Idee der »Würde« und dann mit der Figur des positiven »Anerkennungsspezialisten« und »Stärken-Suchers« zu verbinden.[58] Pädagogen sind immer auch moralische Akteure, dabei

[58] Eine sensible Problemwahrnehmung und Besorgnis sowie die notwendigen Veränderungen dürfen jedoch nicht zu übertriebenen Machbarkeits- und Optimierungsvorstellungen hinsichtlich professionalisierter Pädagogik führen.

sind Dimensionen wie Achtung, Anerkennung und Wertschätzung grundlegende berufsethische Haltungen gegenüber anvertrauten Personen. Das der Achtung entgegen gesetzte Gefühl ist die Verachtung, in ihr sind Geringschätzung und Missachtung enthalten. Während Nichtbeachtung noch als »eine Folge von Unkonzentriertheit oder mangelnder Aufmerksamkeit« verstanden werden kann, »unterstellt Missachtung Nachlässigkeit oder gar Absicht bzw. einen Vorsatz« (Kesselring 2009, S. 70).

Notwendig sind eine differenzierte Auseinandersetzung mit Scham, Beschämung und ihren Abwehrmechanismen sowie die Suche nach wertschätzenden Formen des Umgangs miteinander. Dies ist mit der Zielrichtung zu verbinden:

- gegenüber problematischen Orientierungen und Verhaltensweisen, die sich aus unverarbeiteten Schamerfahrungen speisen, prophylaktisch zu wirken,
- einer gelingenden Pädagogik, weil wirkliches Lehren und Lernen nur in anerkennenden und respektvollen Beziehungen möglich ist,
- einer freundlichen, menschenwürdigen und Grenzen achtenden Gestaltung der pädagogischen Beziehungen.

Der positive »Anerkennungsspezialist« vertritt und realisiert eine Anerkennungspädagogik bzw. anerkennende Haltung, die Kinder und Jugendliche mit ihrer Vielfalt und Verschiedenheit in deren Lern- und Bildungszeit in dem jeweiligen »Bewährungsraum« (Mannheim 1928) wertschätzt und einbezieht. So geht es in der Schule u. a. um einen kognitiv-aktivierenden Unterricht und eine zugehörige Aufgabenkultur, die mit Empathie anregt und fördert, begleitet und »Türen öffnet«; in den unterschiedlichen Domänen weiter um eine Pädagogik und um Umgangsformen, die ihren Sinn plausibilisieren kann, die interessiert ist und neugierig auf die Welt (auch in den Schulfächern) macht. Zugleich geht es um Erfahrungen, bei denen faire Konkurrenz, Heterogenität und ein gelingender Umgang mit »Fehlern« produktiv und Rückmeldungen respektvoll sind, weiter neu intellektuelle Anstrengungen in einem förderlichen Lern- und Unterrichtsklima, die Spaß machen und zeigen, dass »es beim Lernen etwas zu lernen gibt« (Bude 2011, S. 115).

VI.
Außerschulische Kinder- und Jugendarbeit

1. Rechtlicher Rahmen

Die UN-Kinderrechtskonvention formulierte im Jahr 1998 das Recht von Mädchen und Jungen auf Beteiligung, Privatsphäre, Hilfen in Notlagen und auf Schutz vor Grausamkeit, Vernachlässigung und Ausbeutung. Der Konvention folgten in vielen Ländern unterschiedliche gesetzliche Regelungen, so auch in Deutschland im Rahmen des BGB und SGB XIII (KJHG). Der deutsche Gesetzgeber schrieb dann im Dezember 2011 im Bundeskinderschutzgesetz das Recht von Mädchen und Jungen, jungen Frauen und Männern auf Schutz vor Gewalt und Hilfe in Notlagen fest. Das Gesetz ist am 1. Januar 2012 in Kraft getreten. Damit übernimmt der Bund u. a. die Finanzierung für »Netzwerke früher Hilfen«, in den alle wichtigen Akteure – Jugendämter, Schulen, Gesundheitsämter, Krankenhäuser, Ärzte, Schwangerschaftsberatungsstellen und Polizei – zusammenarbeiten sollen.[59]

Ende Mai 2012 haben die kommunalen Spitzenverbände der Deutsche Städtetag (DST), der Deutsche Landkreistag (DLT) und der Deutsche Städte- und Gemeindebund (DStGB) mit der Missbrauchsbeauftragten der Bundesregierung Vereinbarungen getroffen, Kinder in Zukunft besser vor sexualisierter Gewalt zu schützen. Die Verbandsspitzen und Träger sagen damit zu, die Einrichtungen in ihrem Organisationsbereich dabei zu unterstützen, konkrete Maßnahmen (z. B. einen Verhaltenskodex, eine Risikoanalyse, Fortbildungen für Fachkräfte oder einen Notfallplan bei Vorliegen eines Verdachts) zu entwickeln und anzuwenden, und zwar auf der Basis der vom »Runden Tisch sexueller Kindesmissbrauch« empfohlenen Leitlinien zur Prävention, Intervention und Aufarbeitung.

---

[59] Breit und grundlegend diskutiert Manfred Liebel (2013) das Wohlbefinden und ein Leben mit Kindern aus der Perspektive von Kinderrechten.

Viele Träger der Kinder- und Jugendhilfe formulierten vor dem Hintergrund des Rechtsanspruches von Kindern, Jugendlichen und jungen Erwachsenen fachliche Mindeststandards und Konzepte, Handlungsleitlinien und Verhaltenskodexe für die Prävention sexualisierter Gewalt sowie für Interventionen bei vermuteten oder erwiesenen Vorfällen. Dabei wird die Prävention sexualisierter Gewalt in pädagogischen und sozialen Einrichtungen und Institutionen durchweg mit der Analyse von begünstigenden trägerbezogenen, arbeitsfeldspezifischen und strukturellen Risiken (z. B. in geschlossenen Systemen bzw. Einrichtungen wie Internaten, Heimen, Wohngruppen) begründet, die zum Ort sexualisierter Gewalt werden können. Ein hohes Risiko zum Tatort zu werden, haben vor allem Institutionen, die die Grenzen zwischen den Generationen missachten und es beispielsweise als Normalität hinnehmen, wenn ein Sozialarbeiter – so beispielhafte Hinweise – einer überbetrieblichen Ausbildungsstätte mit einer minderjährigen jungen Frau knutscht, die Erzieherin in vertrauter Runde auf der Ferienfreizeit mit minderjährigen Jugendlichen gemeinsam Alkohol konsumiert, raucht und über ihre persönlichen sexuellen Erfahrungen spricht oder der Sportpädagoge mit Kindern und Jugendlichen in einem Zimmer nächtigt. In Einrichtungen, in denen die Grenzen zwischen den Generationen missachtet werden, sind Mädchen und Jungen, junge Frauen und Männer meist überfordert, wenn sie sich gegen sexuelle Grenzverletzungen abgrenzen müssen. Die Sensibilisierung für »unsichere« und »anfällige« Strukturen und die Förderung eines Grenzen achtenden Umgangs von ehren- und hauptamtlichen Mitarbeitern gehört zu den zentralen Selbstaufklärungsherausforderungen von Trägern der Kinder- und Jugendhilfe.[60]

[60] Den bisherigen Prozess der Aufklärung von sexualisierter Gewalt in reformpädagogischen und kirchlichen Internaten und seinen Folgen beurteilt Weber (2011) folgendermaßen: »Die Fassungslosigkeit und Ungläubigkeit derer, die zu den Gemeinschaften gehören, in denen sich der sexuelle Missbrauch zugetragen hat, legt beredtes Zeugnis von diesem Zusammenhang ab. Der Widerstand dieser Institutionen gegen die Aufklärung der Fälle ist keine simple Abwehr von Nestbeschmutzung, sondern eine notwendige Folge von moralischem Idealismus. Dass sich diese Institutionen mittlerweile dennoch auf den Weg der Aufklärung begeben, könnte ein erster Schritt der Abkehr von diesem Idealismus sein. Sollte die Aufklärung gelingen, ist dieser Idealismus wahrscheinlich das erste Opfer dieses Prozesses, womit aber das moralische Selbstverständnis dieser Institutionen insgesamt in Frage steht« (S. 41) So zeigt sich zu Beginn des Jahres 2013, dass sowohl die Entschädigungszahlungen der katholischen Kirche und der Odenwaldschule gering sind, als auch arbeitsfeldspezifische und strukturelle Tiefenbohrungen und Aufarbeitungen über die »dunklen Seiten« in beiden Bereichen kaum begonnen haben.

2. Kinder- und Jugendarbeit als Bildungsort

Im 12. Kinder- und Jugendbericht der Bundesregierung wird deutlich herausgestellt, dass Bildungsprozesse von Kindern und Jugendlichen nicht nur in der Schule stattfinden, sondern an unterschiedlichen Bildungs- und Lernorten, »da Bildungsprozesse keine institutionellen Grenzen kennen, sich zeitlich, räumlich und sozial nicht eingrenzen lassen« (Deutscher Bundestag 2005, S. 91).

> »Bildung als Prozess der umfassenden Entwicklung eines handlungsfähigen Subjekts kann nicht mehr nur in der Schule und auch nicht mehr nur in formalen Bildungsinstitutionen erworben werden. So unbestritten die Bedeutung der Schule für die Bildung von Kindern und Jugendlichen auch weiterhin ist, so wird in der politischen, der öffentlichen und der wissenschaftlichen Diskussion doch zugleich die Möglichkeit unterschätzt, dass andere Bildungsorte und Lernwelten für die Bildung von Kindern und Jugendlichen bedeutsam, vielleicht sogar unerlässlich geworden sind« (ebd., S. 90).

Die Kinder- und Jugendarbeit als Lern- und Bildungsort besitzt eine »eigene Aneignungs- und Vermittlungsstruktur«, dort werden vor allem non-formale wie auch informelle Bildungsprozesse angeregt.

> »Mit der Jugendarbeit wird ein Bereich der Kinder- und Jugendhilfe thematisiert, der eine explizite, auch gesetzlich verankerte Bildungsaufgabe hat. Bildungsangebote und –leistungen der Jugendarbeit weisen, im Gegensatz zu vielen formalen Bildungsinstitutionen, einen hohen Grad an Selbstorganisation durch Jugendliche auf. Sie sind durch eine Aneignungs- und Vermittlungsstruktur gekennzeichnet, in der lebensweltliche und sozialräumliche Bedingungen und Gegebenheiten zum unverzichtbaren Bestandteil gehören« (ebd., S. 38).

Der Unterschied zwischen Schule und Kinder- und Jugendarbeit besteht also zunächst weniger in Bezug auf die expliziten »Bildungsaufgaben«, als vielmehr in dem hohen Grad an Selbstorganisation durch Jugendliche, die für viele Angebote der Kinder- und Jugendarbeit charakteristisch sind. Sie ermöglicht drei Formen von Integration:

- soziale Zugehörigkeit durch die Gemeinschaft in den Peer-Groups, der Jugendgruppe,
- gesellschaftliche Integration durch Auseinandersetzung und Reflexion von Normen und Werten,
- soziale Integration vor Ort durch die lebensweltlichen und lokalen Angebote im Sozialraum.

Die Struktur und Merkmale der verschiedenen Formen der Kinder- und Jugendarbeit als non-formale und informelle Lern- und Bildungsorte gewinnen ihre Überzeugungskraft vor allem an Hand des Vergleichs mit dem schulischen Unterricht. Die Angebote der Kinder- und Jugendarbeit sind im Vergleich dazu deutlich weniger curricular strukturiert und didaktisiert; es handelt sich mehr um offene Lernwelten als um strukturierte Lernorte. Im Vergleich zum schulischen Unterricht sind die Lern- und Bildungsprozesse in der Kinder- und Jugendarbeit durch einen hohen Anteil an freiwilligen, selbst-organisierten Aneignungsprozessen aufseiten der Jugendlichen geprägt.

Neben den Trägern der Kinder- und Jugendhilfe, den Kirchen und Wohlfahrtsverbänden haben vor allem die öffentlichen und freien Träger der Kinder- und Jugendarbeit vor dem Hintergrund der Berichte und Diskussionen über sexualisierte Gewalt seit 2010 mit Rahmenordnungen, Schutzkonzepten, Leitlinien, Empfehlungen, Verhaltenskodex, Regeln und Bildungsangeboten reagiert. Im Sinne von Aufklärung, Sensibilisierung und Prävention ist der Kinder- und Jugendschutz in den letzten Jahren zeitweise zu einem zentralen Thema geworden. Im Folgenden sollen aus dem Bereich der Jugendverbände – als den großen freien Trägern von Kinder- und Jugendarbeit – einige ausgewählte Beispiele vorgestellt werden. Sie dokumentierten vor dem Hintergrund von Artikel 19 der UN-Kinderrechtskonvention, von § 1631, Abs. 2 BGB, dann des Bundeskinderschutzgesetzes und dem Schutzauftrag gemäß § 8 a SGB VIII, den Umgang und die Akzentsetzungen, die Strategien und Instrumente mit dem Thema – Kindeswohl und Kindeswohlgefährdung, sexualisierte Gewalt – in diesem Organisationsbereich.[61] Es sind normative Orientierungen und verbindliche Selbstaufforderungen, Handlungsempfehlungen und Praxisanleitungen für die Kinder- und Jugendarbeit von Jugendverbänden, die durchweg ein hohes reflexives Niveau haben und beispielhaft zeigen wie Träger mit diesem Gewaltthema produktiv umgehen.[62]

---

[61] Die Auszüge sind Materialien und Broschüren von Jugendverbänden aus den Jahren 2011 und 2012 entnommen; sie stehen als Papiere, Broschüren und Dokumente – z. T. im Netz – zur Verfügung. Sie sind in der Literatur gesondert ausgewiesen. Ein informatives Handbuch für die Praxis haben Ursula Enders (2012) und Jörg M. Fegert et. al. (2013) vorgelegt.

[62] Welche Bedeutung und Auswirkungen diese Selbstpositionen und -beschreibungen dann für die Praxis haben, bleibt abzuwarten und bedarf der empirischen Klärung. Formen der beschämenden Gewalt wurden in der Kinder- und Jugendarbeit bisher nicht thematisiert. Sie gibt es sicher auch in diesem Feld, aber aufgrund des Prinzips »Freiwilligkeit« können sich Kinder und Jugendliche diesen – entgegen Schulen, Heimen, Internaten – z. B. durch Austritt oder Wechsel eher entziehen.

3. Deutscher Bundesjugendring

Der Deutsche Bundesjugendring (DBJR) schreibt zu verbandlichen Präventionsansätzen:

> »In der Jugendverbandsarbeit ist Beziehungsarbeit ein wichtiger und elementarer Grundbaustein der Strukturen und Angebote. Dadurch ergeben sich zwangsläufig Risiken für sexuelle Übergriffe. Die Jugendverbände haben schon alleine aus ihrem Selbstverständnis heraus den Anspruch, ein sicherer und geschützter Raum für Kinder und Jugendliche zu sein, in dem sich Kinder und Jugendliche einbringen und ausprobieren können. Die Jugendverbände leisten mit ihrem Angebot und ihrer Methodik einen zentralen Beitrag gegen Gewalt an Kindern. Sie stärken Kinder und Jugendliche in ihrer Persönlichkeit und unterstützen sie, ihre eigenen Grenzen zu erkennen und selbstbewusst zu artikulieren.«

In einer »Kultur des Hinschauens« wird eine Sensibilisierung und Qualifizierung (Aus- und Weiterbildung u. a. im Rahmen der Juleica) von ehren- und hauptamtlichen Mitarbeitern sowie eine Enttabuisierung des Themas favorisiert. Zu den notwendigen (präventiven) Ansatzpunkten und Maßnahmen zählen für den DBJR:

»– Selbstverpflichtungserklärungen sowie Verhaltenscodizes und Sensibilisierungsmaßnahmen,
- Strukturelle Verankerung durch Vertrauensleutekonzepte und strukturelle Zuständigkeiten,
- Qualifizierung von hauptberuflichen und ehrenamtlichen Mitarbeiter/innen durch Schulungen und Kriseninterventionsleitfäden,
- Arbeitsrechtliche Maßnahmen für Hauptberufliche wie die Einholung von Führungszeugnissen, Zusätzen zu Arbeitsverträgen und Dienstanweisungen zur Umsetzung der §§ 8a und 72a KJHG,
- Einbeziehen von Fachberatungsstellen und anderen Expert/innen zum Aufbau entsprechender Netzwerke, die sowohl für Qualifizierung als auch für den Krisenfall tragfähig sein sollen.«

4. Deutsche Sportjugend

Die Deutsche Sportjugend (DSJ) hat einen Ehrenkodex für alle ehren- und hauptberuflich Tätigen verfasst, zu deren Einhaltung sich alle mit ihrer Unterschrift verpflichten. In dem Ehrenkodex heißt es u. a.:

»– Ich gebe dem persönlichen Empfinden der mir anvertrauten Kinder, Jugendlichen und jungen Erwachsenen Vorrang vor meinen persönlichen sportlichen und beruflichen Zielen.
– Ich werde die Persönlichkeit jedes Kindes, Jugendlichen und jungen Erwachsenen achten und dessen Entwicklung unterstützen. Die individuellen Empfindungen zu Nähe und Distanz, die Intimsphäre und die persönlichen Schamgrenzen der mir anvertrauten Kinder, Jugendlichen und jungen Erwachsenen sowie die der anderen Vereinsmitglieder werde ich respektieren.
– Ich werde Kinder, Jugendliche und junge Erwachsene bei ihrer Selbstverwirklichung zu angemessenem sozialen Verhalten anderen Menschen gegenüber anleiten. Ich möchte sie zu fairem und respektvollem Verhalten innerhalb und außerhalb der sportlichen Angebote gegenüber Mensch und Tier erziehen und sie zum verantwortungsvollen Umgang mit der Natur und der Mitwelt anleiten.
– Ich werde sportliche und außersportliche Angebote stets an dem Entwicklungsstand der mir anvertrauten Kinder, Jugendlichen und jungen Erwachsenen ausrichten und kinder- und jugendgerechte Methoden einsetzen.
– Ich werde stets versuchen, den mir anvertrauten Kindern, Jugendlichen und jungen Erwachsenen gerechte Rahmenbedingungen für sportliche und außersportliche Angebote zu schaffen.
– Ich werde das Recht des mir anvertrauten Kindes, Jugendlichen und jungen Erwachsenen auf körperliche Unversehrtheit achten und keine Form der Gewalt, sei sie physischer, psychischer oder sexualisierter Art, ausüben.
– Ich respektiere die Würde jedes Kindes, Jugendlichen und jungen Erwachsenen und verspreche, alle jungen Menschen, unabhängig ihrer sozialen, ethnischen und kulturellen Herkunft, Weltanschauung, Religion, politischen Überzeugung, sexueller Orientierung, ihres Alters oder Geschlechts, gleich und fair zu behandeln sowie Diskriminierung jeglicher Art sowie antidemokratischem Gedankengut entschieden entgegenzuwirken.
– Ich verpflichte mich einzugreifen, wenn in meinem Umfeld gegen diesen Ehrenkodex verstoßen wird. Ich ziehe im »Konfliktfall« professionelle fachliche Unterstützung und Hilfe hinzu und informiere die Verantwortlichen auf der Leitungsebene. Der Schutz der Kinder und Jugendlichen steht dabei an erster Stelle.
– Ich verspreche, dass auch mein Umgang mit erwachsenen Sportlerinnen und Sportlern auf den Werten und Normen dieses Ehrenkodexes basiert.«

5. Hessische Jugendfeuerwehr

Die Hessische Jugendfeuerwehr (HJF) hat zur »Sexuellen Gewaltprävention in der Jugendarbeit« eine Selbstverpflichtungserklärung vorgelegt und u. a. so begründet:

> »Mit solch einer Erklärung dokumentiert eine JF, dass sie großen Wert auf den Schutz ihrer Mädchen und Jungen vor (sexualisierter) Gewalt legt, dass Verstöße geächtet werden und Konsequenzen folgen. Man bekennt sich klar zur Verantwortung. Das Thema gelangt in das Bewusstsein unserer Multiplikatoren/innen und die Aufmerksamkeit gegenüber Grenzüberschreitungen wird erhöht. Wer sich in der Jugendarbeit der JF engagiert, wird durch die Unterzeichnung auch zur Reflexion gebracht und muss Stellung beziehen, sich der eigenen Verantwortung bewusst werden und vielleicht auch eigene Defizite erkennen – so z. B. die Erkenntnis der eigenen Ohnmacht in Konfliktsituationen.

All dies führt zu einer Enttabuisierung und damit zur Stärkung der Betreuer/innen, Kinder, Jugendlichen und einer Schwächung möglicher Täter.«

6. Arbeiter-Samariter-Jugend

Die Arbeiter-Samariter-Jugend (ASJ) Hessen hat für alle Mitarbeiter einen Ehrenkodex beschlossen, in dem es u. a. heißt:

»1. Ich werde das Recht des mir anvertrauten jungen Menschen auf körperliche und seelische Unversehrtheit achten und keine Form der Gewalt, sei sie physischer, psychischer oder sexueller Art, ausüben.
2. Ich gestalte meine Beziehung zu den jungen Menschen transparent und gehe verantwortungsvoll mit Nähe und Distanz um.
3. Ich werde die Individualität jedes jungen Menschen achten, unabhängig von dessen Geschlecht, sexueller Orientierung, Religion oder Nationalität und seine persönliche Entwicklung und Integration in die Gesellschaft fördern.«

7. Deutsche Wanderjugend

In den »Leitlinien« und im »Verhaltenskodex« der Deutschen Wanderjugend (DWJ) heißt es für Freizeiten und Veranstaltungen u. a.:

»1. Ich bin fair und respektvoll zu Anderen.
2. Ich darf meine Meinung sagen und mitbestimmen.

3. Ich darf Nein sagen.
4. Die Privatsphäre jeder/-s Einzelnen wird von allen geachtet.
5. Niemand darf mich berühren, wenn ich es nicht will.
6. Mädchen und Jungen schlafen in getrennten Räumen (Zelten etc.)
7. Teamer/-innen und Leiter/-innen sind verpflichtet, Beobachtungen zur Kindeswohlgefährdung (Vernachlässigung, Gewaltanwendung etc.) an Kollegen/-innen und Fachkräfte weiterzugeben.«

8. DLRG-Jugend

Die DLRG-Jugend schreibt zur »Prävention sexualisierter Gewalt« in einem Positionspapier u. a.:

»Jugendverbände bieten sich gut als Tatorte an. Täter/innen haben hier die Gelegenheit, viele verschiedene Kinder und Jugendliche kennen zu lernen und zu denen langfristige Beziehungen aufzubauen, die ihnen für ihre Taten »geeignet« erscheinen. Im Verband können sie Vertrauensverhältnisse zum sozialen Umfeld des Kindes herstellen und sich ein Image erarbeiten, das sie vor Verdächtigungen schützt. Insbesondere Schwimmbäder bieten zudem vielfältige Gelegenheiten für unauffällige Blicke, da Badebekleidung, Duschen und Umkleidekabinen ganz selbstverständlich zum Verbandsalltag in der DLRG-Jugend und der DLRG gehören.

Ein respektvoller Umgang, die Erziehung und Ermutigung zu selbstbewussten Kindern und Jugendlichen, die Wahrnehmung und Achtung von persönlichen Grenzen (sowohl die Grenzen anderer als auch die eigenen) sind eine gute »Basisprävention«. Kinder sollen lernen, dass sie ihren Gefühlen vertrauen können, dass ihr Nein Gehör findet, dass sie Hilfe erhalten, wenn sie sich anderen anvertrauen. Wenn diese Grundsätze im Umgang mit den anvertrauten Kindern und Jugendlichen gelebt werden, ist dies bereits eine erste Form von Prävention.«

Folgende Maßnahmen tragen für die DLRG-Jugend zu einer strukturellen Prävention bei:

»– Benennung und Veröffentlichung von Ansprechpersonen zum Thema.
- Transparente und klare Verhaltensregeln für den Umgang mit Kindern und Jugendlichen.
- Zusammenarbeit mit Beratungsstellen.
- Verankerung von Sensibilisierung und Wissensvermittlung in der Ausbildung (z. B. bei der Erlangung der JuLeiCa).
- Zusätzliche regelmäßige Fortbildungen für Vorstände und seine Mitarbeiter/innen.
- Veröffentlichung von Informationsmaterial für Erwachsene und für Heranwachsende.

- Veröffentlichung von Hilfestellungen, was zu tun ist, wenn ein Fall von sexualisierter Gewalt auftritt.«

9. Naturschutzjugend

Im »Verhaltenskodex« der Naturschutzjugend (NAJU) Baden-Württemberg heißt es u. a.:

»1 Ich verpflichte mich, alles zu tun, dass bei den Veranstaltungen der NAJU keine Grenzverletzungen, kein sexueller Missbrauch und keine sexualisierte Gewalt möglich werden.
2. Ich werde nicht wegschauen, sondern die mir anvertrauten Kinder und Jugendlichen vor körperlichem und seelischem Schaden, vor Missbrauch und Gewalt schützen.
3. Ich beziehe aktiv Stellung gegen rassistisches, sexistisches, diskriminierendes, abwertendes und gewalttätiges Verhalten, sowohl verbaler als auch nonverbaler Art. Ich werde mich selbst nicht dementsprechend verhalten.
4. Ich nehme die individuellen Grenzempfindungen der Kinder und Jugendlichen wahr und respektiere sie. Dies bezieht sich insbesondere auf die Intimsphäre und persönlichen Grenzen der Scham von Kindern und Jugendlichen.
5. Ich bin mir bewusst, dass in Beziehungen Nähe im richtigen Maß wichtig ist und beachte einen verantwortungsvollen Umgang mit Nähe und Distanz. Sexualität kann Gesprächsthema sein.
6. Ich bin mir meiner Vorbildfunktion gegenüber den mir anvertrauten Kindern und Jugendlichen bewusst. Mein Leitungshandeln ist nachvollziehbar und ehrlich. Ich nutze keine Abhängigkeiten aus.
7. Ich schreite bei Grenzübertritten jeder Art durch andere Mitarbeiter/-innen und Teilnehmer/-innen angemessen ein. Im Konfliktfall ziehe ich fachliche Hilfe und Unterstützung hinzu und informiere die Geschäftsstelle.
8. Ich achte darauf, dass sich andere in Bezug auf die genannten Punkte ebenso verhalten.«

10. Naturfreundejugend

Die Deutsche Naturfreundejugend (NFJ) thematisiert zunächst generell die Rolle und Bedeutung von Sexualität und positioniert sich u. a. so:

»Die Naturfreunde stehen seit Jahrzehnten für ein emanzipiertes und aufgeklärtes Verständnis von Sexualität. Sie setzen sich – im Rahmen der rechtlichen Grenzen – für einen offensiven und aktiven Umgang mit dem Thema Sexualität auf ihren Aktivitäten ein. In einem offenen Umgang mit Fragen der Sexualität sowie von Liebe, Freundschaft und Zärtlichkeit sehen wir den besten Weg, das Wohl der uns anvertrauten Kinder und Jugendlichen zu schützen.

In Fällen (oder Verdächtigungen) von Missbrauch (unter welcher von den Betroffenen verwendeten Bezeichnung auch immer) kann es dabei sowohl zwischen Teilnehmenden unterschiedlichen Alters als auch zwischen Teilnehmenden und Teamerinnen sowie unter Teamerinnen kommen. Dabei ist die zweite Konstellation aus juristischer Sicht härter zu beurteilen, da es sich bei den zu Betreuenden um Schutzbefohlene handelt, deren Abhängigkeit ggf. ausgenutzt wird. Wichtig ist, dass der Veranstalter und das Team eine praktikable Lösung im Spannungsfeld von emanzipatorischer Sexualpädagogik und Schutz vor sexuellen Übergriffen finden. Die vorhandenen Gesetze können dabei nur einen sehr groben Rahmen darstellen. Körperlichkeit ist zu einem angstbesetzten Bereich oder sogar insgesamt zum Tabu geworden. Ein pädagogisch sinnvoller Umgang mit Kindern umfasst Körperlichkeit. Ein heimwehkrankes Kind oder ein Kind mit Verletzungen zu trösten, erfordert in vielen Fällen sogar den Einsatz von Körperlichkeit. Viele Gruppenspiele mit Kindern und Jugendlichen beinhalten Körperlichkeit und gehören zu den Highlights des Programms. Ein Verzicht darauf wäre eine bedauernswerte Überreaktion. Ziel der Sensibilisierung für sexuellen Missbrauch ist die Vermeidung von Grenzüberschreitungen, die Akzeptanz von Schamgefühlen und des Intimbereichs, nicht aber die Vermeidung oder Verhinderung von Körperlichkeit oder gar jedweder körperlicher Berührungen.«

Wichtige Maßnahmen sind für die Naturfreundejugend:

»– die Sensibilisierung der Haupt- und Ehrenamtlichen sowie der Kinder und Jugendlichen für das Thema durch Information, Aufklärung, Empowerment, Bewusstseinseinbildung und Qualifizierung.
– die Schaffung von strukturellen Rahmenbedingungen, die es ermöglichen Übergriffe auf junge Menschen zu verhindern oder schlimmstenfalls schnellstmöglich aufzudecken und abzustellen
– die verbindliche Aufnahme der Themenfelder Kindeswohlgefährdung und Sexueller Missbrauch in die Jugendleiter/-innen-Ausbildung
– die Entwicklung von allgemeingültigen Verhaltensregeln und –normen beim jeweiligen Veranstalter sowie von Leitfäden für Verdachtsfälle
– die Schaffung von strukturell verankerten Vertrauenspersonen als AnsprechpartnerInnen.«

11. Bund der Deutschen Katholischen Jugend

Der Bund der Deutschen Katholischen Jugend (BDKJ) thematisiert – hier am Beispiel der Diözese Mainz –die Kindeswohlgefährdung und sexualisierte Gewalt. Er gibt seinen Mitarbeitern u. a. folgende Tipps:

»– Schafft eine Atmosphäre in der das Reden über Gefühle und Sexualität Platz hat.
– Bedenkt bei der Zusammensetzung eurer Teams, dass Jungen und Mädchen Bezugspersonen beiderlei Geschlechts benötigen.
– Nehmt in regelmäßigen Abständen an Schulungen zum Thema teil.
– Im Vorfeld solltet ihr euch Handlungsschritte bei Grenzverletzungen und Verdachtsfällen überlegen.
– Benennt eine Ansprechpartner/in für das Thema.«

Weiter werden Verhaltensregeln im »Vermutungsfall« im Sinne einer Checkliste angeboten, in denen es u. a. heißt:

»– Ruhe bewahren!
– Kläre deine eigenen Gefühle.
– Höre den Kindern und Jugendlichen zu. Glaube ihnen und ermutige sie sich anzuvertrauen.
– Mache nur Angebote, die erfüllbar sind. Mache keine Zusagen, die du nicht einhalten kannst.
– Beziehe das Kind oder den Jugendlichen in alle Prozesse mit ein.
– Behandle das was dir erzählt wurde vertraulich, aber teile dem/der Betroffenen mit, dass du dir selbst Hilfe und Unterstützung holst.
– Wende dich an eine Fachstelle, eine/n Verbandsreferenten/in, eine/n Dekanatsjugendreferenten/in oder an die Lotsenstelle Kindeswohl im BDKJ/BJA.
– Protokolliere nach dem Gespräch Aussagen und Situationen im Einverständnis mit dem Betroffenen.
– Keine voreiligen Informationen an den Täter oder die Täterin.«

VII Fazit

Gewalt hat in pädagogischen Verhältnissen und Beziehungen viele Facetten und ist in den letzten Jahren wiederholt wissenschaftlich untersucht und öffentlich diskutiert worden. Bis in die 1960er Jahre des 20. Jahrhunderts war körperliche Gewalt als Form der Bestrafung in der Schule, in Internaten und der Heimerziehung »normal« und alltäglich. Weiter zeigen aktuelle Berichte und Studien das Ausmaß von sexualisierter Gewalt in einzelnen pädagogischen Einrichtungen der katholischen Kirche und der Reformpädagogik bis in die 1980er Jahre. Die Formen und das Ausmaß psychischer Gewalt, die sich in Beschämungsphänomenen ausdrücken, werden demgegenüber bisher kaum öffentlich diskutiert. Zwar zeigen zahlreiche Studien vor allem für die Schule, mit welchen Beschämungsformen wir es zu tun und welche Ausmaße sie haben, aber es gibt erhebliche Erkenntnislücken, und in ihrer Bedeutung sind sie kaum gegenwärtig. Jenseits von Skandalisierung wäre eine Debatte aufzunehmen und die Forschung in den unterschiedlichen pädagogischen Feldern zu intensivieren, die dazu beitragen, diese Gewaltformen zu erhellen und das pädagogische Leben weiter zu humanisieren.

Schämphänomene treten universell in unterschiedlichen Formen auf, und Scham hat eine konstruktive Bedeutung: Sie ist »Ausdruck der moralischen Verfassung von Personen« und steht für eine bewusste Selbstbeziehung; in ihr kommt »die normative Identität einer Person zum Ausdruck« (Lotter 2012, S. 72). Schamhaftigkeit hat eine wichtige Schutzfunktion und bewacht die Würde der Person, und der Schamaffekt markiert Grenzziehungen, der das Ich vom anderen abgrenzt. Demgegenüber ist Beschämung eine Form von Macht sowie eine Empfindung und Wahrnehmung, die als Angriff auf die Selbstachtung einer Person und Angst vor Selbstwertverlust und sozialer Degradierung schürt; sie kann in extremer Form als Demütigung auftreten. Dabei kann auch in der Pädagogik eine Schamangst entstehen, wenn Kinder und Jugendliche aufgrund ihrer Erfahrungen mögliche weitere Beschämungen antizipieren.

Wenn in pädagogischen Einrichtungen und Situationen die Kinder und Jugendlichen in unterschiedlichen Formen beschämt werden, wenn Beschämung als sichtbares und öffentliches Sanktionsmittel eingesetzt wird, dann werden mit solchen Überlegenheitsgesten pädagogische Herrschafts- und Machtverhältnisse deutlich. Die vorliegenden empirischen Befunde zeigen, dass wir es in den schulischen und außerschulischen pädagogischen Arbeitsfeldern überwiegend mit einer anerkennenden und fördernden Praxis, als mit einem beschämenden bzw. beschämten Alltag zu tun haben. Dies ist eingebunden in Befunde, nach denen die Mehrheit der Schüler mit der Schule zufrieden ist, sich wohl und aufgehoben sowie gerecht behandelt fühlt – aber eben nicht alle. So bilanziert Dornes (2012) die heterogenen Befunde zur Schulzufriedenheit, zu denen viele familiäre und schulische Quellen (auch mit Beschämungserfahrungen verbunden) beitragen: »75% der 8- bis 9-Jährigen gehen gerne in die Schule; die Schulfreude nimmt im weitern Altersverlauf ab. Von den 9- bis 14-Jährigen fühlen sich nur noch etwa 50% ›gut‹ oder ›sehr gut‹ in der Schule, allerdings auch nur 11% ›nicht wohl‹« (S. 78). Und für die Schule gilt: Schüler bringen grundsätzlich Verständnis dafür auf, dass ein Lehrer auch mal schlecht gelaunt und gereizt ist; aber sie verurteilen, wenn dies an ihnen ausgelassen wird. Auf erlebte Ungleichbehandlungen mit Bezug auf »Leistung« und »Sympathie« reagieren sie empfindlich, weil sie sich nicht als gleichwertige Individuen auf Augenhöhe wahrgenommen fühlen.

Doch den beschämenden Alltag in der Schule gibt es durchaus – weniger in groben und willentlichen, extremen und demütigenden als in subtilen Formen. Kinder und Jugendliche nehmen diese wahr; sie sind empfindsam und entwickeln Strategien der Beschämungsvermeidung. Nicht zuletzt leiden sie unter solchen pädagogischen Verhältnissen. Die Daten zeigen keine dominante pädagogische Beschämungskultur und bieten keinen Stoff für negative Szenarios; sie geben gleichwohl Anlass zu Besorgnis, weil größere Teile von Schülern – und das kann auch für andere pädagogische Einrichtungen in der Kinder- und Jugendhilfe angenommen werden – von unterschiedlichen Beschämungsformen betroffen sind.

Der Respekt vor der Würde von Kindern und Jugendlichen, deren Anerkennung und Achtung als Personen ist mittlerweile gesellschaftlicher Konsens und gehört basal zur Erziehung und den pädagogischen Beziehungen. Sie sind Voraussetzung für gelingende Lern- und Bildungsprozesse sowie Bestandteil der professionellen pädagogischen Ethik. Weder gezielte noch subtile Formen der Beschämung dürfen ein Mittel des pädagogischen Umgangs in Kindergarten, Schule oder der Kinder- und Jugendhilfe sein. Sie dürfen nicht zu den

Praktiken des professionell-pädagogischen Verhaltens gehören, und das pädagogische Personal muss darauf achten, Kinder und Jugendliche möglichst nicht in beschämende Situationen zu bringen.

Wenn die Erziehungswissenschaft und pädagogische Praxis das Thema aufnehmen, dann verweist die Sensibilisierung für und Selbstaufklärung über Beschämungsphänomene und -formen auf zwei Diskurse mit unterschiedlichen Kontexten: *Erstens* auf die politische und fachliche Auseinandersetzung mit und Zurückweisung von politisch-öffentlichen »Beschämungen der Pädagogik« und ihren Professionen; *zweitens* auf den pädagogischen Alltag und das professionelle Verhalten in Kindergarten, Schule, Kinder- und Jugendhilfe. Damit ist ein Weg angedeutet, der dazu beiträgt, die pädagogischen Verhältnisse und Beziehungen – nach der Ächtung und dem Verschwinden der körperlichen Gewalt – in einem langen Prozess weiter zu humanisieren. Dabei wäre das pädagogische Professionsprofil – weg von missbilligenden Erwachsenenverhalten und »Beschämungsspezialisten« – hin zu einem taktvollen, aufmerksamen und anteilnehmend-zugewandten »Anerkennungsspezialisten« zu profilieren und zu festigen.

Literatur

Abraham, A./Müller, B. (Hrsg.) (2010): Körperhandeln und Körpererleben. Multidisziplinäre Perspektiven auf ein brisantes Feld, Bielefeld

Abraham, A. (2010): Körpertechnologien, das Soziale und das Selbst, in: Abraham, A./ Müller, B. (Hrsg.), a. a. O., S. 113-137

Adorno, T. W. (1969): Tabus über den Lehrerberuf, in: ders.: Stichworte. Kritische Modelle 2, Frankfurt/M., S. 68-84

Akademie für Arbeit und Politik (2004): Ergebnisse einer Schulleiterbefragung zum Thema Gewaltbelastung, Präventionsstrategien und Unterstützungsbedarfe, Bremen

Alkemeyer, T. (2009): Körpersozialisationen. Über die Körperlichkeit der Bildung und die Bildung über den Körper, in: Kursiv: Journal für politische Bildung, Heft 2, Schwalbach/Ts., S. 12-21

Allmendinger, J. (2012): Schulaufgaben, München

Andresen, S. (2007): Grenzen der Anerkennung – Anerkennung der Grenzen, in: Ricken, N. (Hrsg.), a. a. O., S. 121-135

Andresen, S./Brumlik, M./Koch, C. (Hrsg.) (2010): Das ElternBuch: wie unsere Kinder geborgen aufwachsen und stark werden; 0 – 18 Jahre, Weinheim

Andresen, S./Heitmeyer, W. (Hrsg.) (2012): Zerstörerische Vorgänge. Missachtung und sexuelle Gewalt gegen Kinder und Jugendliche in Institutionen, Weinheim und Basel

Arbeitsgruppe Kinderschutz (Hrsg.) (1975): Gewalt gegen Kinder, Reinbek

Archiv der deutschen Jugendbewegung (2012): Historische Jugendforschung. Jugendbewegung und Erwachsenenbildung (NF Band 8/2011), Schwalbach/Ts.

Ariès, P. (1978): Geschichte der Kindheit, München

Autorenkollektiv: Alheim, R./Hülsemann, W./Kapczynski, H./Kappeler, M./Liebel, M./ Marzahn, C./Werkentin, F. (1972): Gefesselte Jugend. Fürsorgeerziehung im Kapitalismus, 2. überarbeitete Auflage, Frankfurt/M.

Backes, S. (2012): »Funktionieren musst du wie eine Maschine«. Leben und Überleben in deutschen und österreichischen Kinderheimen der 1950er und 1960er Jahre, Weinheim und München

Baer, U./Frick-Baer, G. (2008): Vom Schämen und Beschämtwerden, Weinheim und Basel

Baldus, M./Utz, R. (Hrsg.) (2011): Sexueller Missbrauch in pädagogischen Kontexten. Faktoren, Interventionen, Perspektiven, Wiesbaden

Bastian, J./Combe, A. (2007): Der Lehrerberuf zwischen öffentlichen Angriffen und gesellschaftlicher Anerkennung, in: Ricken, N. (Hrsg.), a. a. O., S. 235-247

Bastian-Becker, B. (2007): Entgleisende Beziehungen in deutschen Schulen – Zur malignen Dynamik zwischen Kindern, Lehrern und Eltern aus psychoanalytischer Sicht, in: Overwien, B./Prengel, A. (Hrsg.), a. a. O., S. 224-236

Bäuerle, S./Moll-Strobel, H./Reinert, G.-B./Wehr, H. (1999): Gewalt in der Schule, Donauwörth

Bauks, M./Meyer, M. F. (Hrsg.) (2011): Zur Kulturgeschichte der Scham, Hamburg

Benedict, R. (1967): The Chrysanthemum and the Sword. Patterns of Japanese Culture, London

Berger, P. L./Luckmann, T. (1989): Die gesellschaftliche Konstruktion von Wirklichkeit, Frankfurt/M.

Bernfeld, S. (1925/1973): Sisyphos oder die Grenzen der Erziehung, Frankfurt/M.

Bilstein, J./Brumlik, M. (Hrsg.) (2012): Die Bildung des Körpers, Weinheim und München

Blankenburg, W. (1997): Zur Differenzierung zwischen Schuld und Scham, in: Kühn, R./Raub, M./Titze, M. (Hrsg.), a. a. O., S. 45-55

Bohleber, W. (2008): Zur Psychoanalyse von Schamerfahrungen, in: Psyche (Sonderheft a. a. O.), S. 831-839

Bohnsack, F. (2013): Wie Schüler Schule erleben, Opladen & Farmington Hills

Bologne, J.-C. (2001): Nacktheit und Prüderie. Eine Geschichte des Schamgefühls, Weimar

Borkenhagen, A. (2011): Die Inszenierung des Selbst mit dem Skalpell, in: Müller, M. R./Soeffner, H.-G./Sonnenmoser, A. (Hrsg.), a. a. O., S. 60-69

Bourdieu, P. (1983): Die feinen Unterschiede: Kritik der gesellschaftlichen Urteilskraft, Frankfurt/M.

Brenner, G. (2012): Kinder – und Jugendschutz: Handlungsbedarf bei Internet und Handy, in: deutsche jugend, Heft 11, S. 464-466

Brumlik, M. (Hrsg.) (2007): Vom Missbrauch der Disziplin. Antworten der Wissenschaft auf Bernhard Bueb, Weinheim und Basel

Brumlik, M. (2011): Reformpädagogik in der Diskussion, in: Sozialwissenschaftliche Literaturrundschau, Heft 1, Lahnstein, S. 26-28

Brumlik, M. (2012): Sexualisierte Gewalt und Beschämung – vom Missbrauch der Literatur, in: Andresen, S./Heitmeyer, W. (Hrsg.), a. a. O., S. 152-163

Büchner, P./Brake, A. (2012): Bildung und soziale Ungleichheit, Stuttgart

Bude, H. (2008): Die Ausgeschlossenen: Das Ende vom Traum einer gerechten Gesellschaft, München

Bude, H. (2011): Bildungspanik. Was unsere Gesellschaft spaltet, München

Bueb, B. (2008): Lob der Disziplin, Berlin

Bundschuh, C. (2011): Expertise »Sexualisierte Gewalt gegen Kinder in Institutionen. Nationaler und internationaler Forschungsstand«, in Helming, E. et al. (2011), a. a. O., S. 10-12

Burk, L./Burkhart, B. (2003): Disorganized attachment as a diathesis for sexual deviance developmental experience and the motivation for sexual offending. Aggression and Violent Behavior, 8, S. 487-511

Connell, R. W. (1995): Masculinities, Cambridge

Dambach, K. E. (2011): Wenn Schüler im Internet mobben. Präventions- und Interventionsstrategien gegen Cyber-Bullying, München

Deegener, G. (2010): Kindesmissbrauch: erkennen, helfen, vorbeugen, 5. überarbeitete Auflage, Weinheim

Dehmers, J. (Pseudonym) (2011): »Wie laut soll ich denn noch schreien«. Die Odenwaldschule und der sexuelle Missbrauch, Reinbek

Deinet, U. (2005): Das sozialräumliche Muster in der Offenen Kinder- und Jugendarbeit, in: Deinet, U./Sturzenhecker, B. (Hrsg.): Handbuch Offene Kinder- und Jugendarbeit, Wiesbaden, S. 217-229

DeMause, L. (1992): Hört ihr die Kinder weinen, Frankfurt/M.

Derbolav, J. (1957): ›Existentielle Begegnung‹ und ›Begegnung am Problem‹. Ein Beitrag zum Gespräch von Existenzphilosophie und Pädagogik, in: Gerner, B. (Hrsg.) (1969): Begegnung: Ein anthropologisch-pädagogisches Grundereignis, Darmstadt, S. 174-196

Deutscher Bundestag (2005): Bildung, Betreuung und Erziehung vor und neben der Schule. Zwölfter Kinder- und Jugendbericht, Berlin

Dewey, J. (1916, 2008): Democracy and Education: an introduction to the philosophy of education, New York

Diehl, P. (2008): Dekonstruktion als Inszenierungsmethode, in: Dörner, A./Schicha, Chr. (Hrsg.): Politik im Spot-Format, Wiesbaden, S. 313-335

DJI (2011) Forschungsprojekt »Sexuelle Gewalt gegen Mädchen und Jungen in Institutionen« am Deutschen Jugendinstitut e. V. [online] http://www.beauftragte-missbrauch.de/course/view. php?id=31 (8.9.2011)

Doerr, M. /Müller, B. (2006): Nähe und Distanz, Weinheim und München

Dornes, M. (2012): Die Modernisierung der Seele. Kindheit, Familie, Gesellschaft, Frankfurt/M.

Dörpinghaus, A./Uphoff, I. K. (2012): Die Abschaffung der Zeit. Wie man Bildung erfolgreich verhindert, Darmstadt

Dudek, P. (1988): Erziehung durch Arbeit. Arbeitslagerbewegung und Freiwilliger Arbeitsdienst 1920-1935, Opladen

Dudek, P. (2012): »Liebevolle Züchtigung«: Ein Missbrauch der Autorität im Namen der Reformpädagogik, Bad Heilbrunn

Duerr, H.-P. (1988-2003): Der Mythos vom Zivilisationsprozeß, Band 1-5, Frankfurt/M.

Düring, D./Krause, H.-U. (Hrsg.) (2011): Pädagogische Kunst und professionelle Haltungen, Frankfurt/M.

Eckert, R. (2012): Die Dynamik jugendlicher Gruppen, Weinheim und Basel

Elias, N. (1991): Über den Prozeß der Zivilisation, Band 1, Frankfurt/M.

Elias, N./Scotson, J. L. (1993): Etablierte und Außenseiter, Frankfurt/M.

Enderlein, O. (2007): Die übersehenen Lebensbedürfnisse von Kindern, in: Overwien, B./Prengel, A. (Hrsg.), a. a. O., S. 212-223

Enders, U. (2012): Grenzen achten – Schutz vor sexuellem Missbrauch in Institutionen, Köln

Enzelberger, S. (2007): Wandel der Lehrerrolle, in: Ricken, N. (Hrsg.), a. a. O., S. 249-273

Erikson, E. (1973): Identität und Lebenszyklus, Frankfurt/M.

Erikson, E. (1979): Kindheit und Gesellschaft, Stuttgart

Fegert, J. M./Rassenhofer, M./Schneider, T./Seitz, A/Spröber, N. (2013): Sexueller Kindesmissbrauch – Zeugnisse, Botschaften, Konsequenzen, Weinheim

Fend, H. (1974): Gesellschaftliche Bedingungen schulischer Sozialisation, Weinheim und Basel

Fitzner, T./Kalb, P./Risse, E. (Hrsg.) (2012): Reformpädagogik in der Schulpraxis, Bad Heilbrunn

Foucault, M. (1977): Überwachen und Strafen, Frankfurt/M.

Fuhs, J. B./Fuhs, B. (2011): Gute Kindheit?, Berlin

Füller, C. (2011): Sündenfall. Wie die Reformschule ihre Ideale missbrauchte, Köln

Gartmeier, M./Bauer, J./Noll, A./Prenzel, M. (2012): Welchen Problemen begegnen Lehrkräfte beim Führen von Elterngesprächen?, in: Die Deutsche Schule, Heft 4, S. 374-382

Gebhardt, M. (2009): Die Angst vor dem kindlichen Tyrannen. Eine Geschichte der Erziehung im 20. Jahrhundert, München

Gehlen, A. (Hrsg.) (1963): Anthropologische Forschung. Zur Selbstbegegnung und Selbstentdeckung des Menschen, Reinbek

Geißler, K.-H. (2012): Lob der Pause. Von der Vielfalt der Zeiten und der Poesie des Augenblicks, München

Giesecke, H. (1997): Die pädagogische Beziehung, Weinheim und München

Goffman, E. (1973): Asyle: über die soziale Situation psychiatrischer Patienten und anderer Insassen, Frankfurt/M.

Gugutzer, R. (2004): Soziologie des Körpers, Bielefeld

Gugutzer, R./Böttcher, M. (Hrsg.) (2012): Körper, Kult und Konfession, Wiesbaden

Günter, M. (2008): »Ach Papa, du bist mir peinlich…«. Schamabwehr, Affektkontrolle und narzißtische Stabilität in der Adoleszenzentwicklung, in: Psyche (Sonderheft a. a. O.), Stuttgart, S. 887-904

Hafeneger, B. (1998): »Alle Arbeit für Deutschland«. Arbeit, Jugendarbeit und Erziehung in der Weimarer Republik, unter dem Nationalsozialismus und in der Nachkriegszeit, Köln

Hafeneger, B. (2011): Strafen, prügeln, missbrauchen. Gewalt in der Pädagogik, Frankfurt/M.

Hafeneger, B./Henkenborg, P./Scherr, A. (2007): Anerkennung in der Pädagogik, Schwalbach/Ts.

Haneberg, B. (1995) Leib und Identität: Die Bedeutung der Leiblichkeit für die Bildung der sozialen Identität, Würzburg

Harring, M./Böhm-Kasper, O./Rohlfs, C./Palentien, C. (Hrsg.) (2010): Freundschaften, Cliquen und Jugendkulturen. Peers als Bildungs-und Sozialisationsinstanzen, Wiesbaden

Hävernick, W. (1964): »Schläge als Strafe«: Ein Bestandteil der heutigen Familiensitte in volkskundlicher Sicht, Hamburg

Hecht, M. (2013): Unterricht auf der Kippe – Über das Ausbalancieren von Aufmerksamkeit und disziplinierter Subjektivität, in: Hörster, R./Köngeter, S./Müller, B: Grenzobjekte. Soziale Welten und ihre Übergänge, Wiesbaden, S. 163 – 184

Heinzel, F./Prengel, A. (2003): Unakzeptable Lehrerhandlungen und Anerkennungsprobleme in der Grundschule, in: Panagiotopoulou, A./Brügelmann, H. (Hrsg.): Grundschulpädagogik meets Kindheitsforschung, Opladen, S. 69-73

Heller, A. (1980): Theorie der Gefühle, Hamburg

Helming, E./Kindler, H./Langmeyer, A./Mayer, M./Entleitner, C./Mosser, P./Wolff, M (2011): Sexuelle Gewalt gegen Mädchen und Jungen in Institutionen. Rohdatenbericht, München

Helsper, W. (2000): Wandel der Schulkultur, in: Zeitschrift für Erziehungswissenschaft, Heft 3, S. 35-60

Helsper, W./Böhme, J./Kramer, R.-T./Lingkost, A. (1998): Entwürfe zu einer Theorie der Schulkultur und des Schulmythos – strukturtheoretische, mikropolitische und rekonstruktive Perspektiven, in: Keuffer, J./Krüger, H.-H./Reinhardt, S./Weise, E./ Wenzel, H. (Hrsg.): Schulkultur als Gestaltungsaufgabe. Partizipation – Management – Lebensweltgestaltung, Weinheim, S. 29-75

Helsper, W./Kramer R.-T./Hummrich, M./Busse, S. (2009): Jugend zwischen Familie und Schule, Wiesbaden

Hermann, H. (1968): Schulzucht gestern und heute. In: Röhrs, H. (Hrsg.): Die Sozialpädagogik und ihre Theorie, Frankfurt/M., S. 3-57

Hilgers, M. (2006): Scham. Gesichter eines Affekts, Göttingen

Hoffmann, J. (1981): Jugendhilfe in der DDR, München

Holtappels, H. G./Heitmeyer, W./Melzer, W./Tillmann, K.-J. (Hrsg.) (2009): Forschung über Gewalt an Schulen. Erscheinungsformen und Ursachen, Konzepte und Prävention, 5. Auflage, Weinheim und München

Homfeldt, H.-G. (Hrsg.) (1999): »Sozialer Brennpunkt« Körper, Hohengehren

Honer, A. (2001): Kleine Leiblichkeiten. Erkundungen in Lebenswelten, Wiesbaden

Honer, A./Hitzler, R. (Hrsg.) (2011): Kleine Leiblichkeiten, Wiesbaden

Honneth, A. (1992): Kampf um Anerkennung. Zu moralischen Grammatik sozialer Konflikte, Frankfurt/M.

Hurrelmann, K. (2012): »Streng dich doppelt an!«, in: Erziehung und Wissenschaft, Heft 10, Frankfurt/M., S. 11-12

Irle, K. (2012): Ich leiste, also bin ich, in: Erziehung und Wissenschaft, Heft 10, Frankfurt/M., S. 8-9

Jürgens, E./Miller, S. (Hrsg.) (2013): Ungleichheit in der Gesellschaft und Ungleichheit in der Schule, Weinheim und München

Kafka, F. (1946), Der Prozeß, New York

Kammler, T. (2013): Anerkennung und Gewalt an Schulen, Wiesbaden

Kamper, D. (1999): Ästhetik der Abwesenheit. Die Entfernung der Körper, München

Kappeler, M. (2011): Anvertraut und Ausgeliefert. Sexuelle Gewalt in pädagogischen Einrichtungen, Berlin

Keller, C./Meuser, M. (Hrsg.) (2011): Körperwissen, Wiesbaden

Kerchner, B. (2000): Kinderlügen? Zur Kulturgeschichte des sexuellen Missbrauchs, in: Finger-Trescher, U./Krebs, H. (Hrsg.): Misshandlung, Vernachlässigung und sexuelle Gewalt in Erziehungsverhältnissen, Gießen, S. 15-41

Kerschensteiner, G. (1922): Strafanstalt oder Lebensschule : Erlebnisse und Ergebnisse zum Thema »Schulstrafen« : allerlei Weckrufe und Denkhilfen für Lehrer, Eltern, »Sonstige« und »Instanzen«, Karlsruhe

Kesselring, T. (2009): Handbuch Ethik für Pädagogen, Darmstadt

Key, E. (1902): Das Jahrhundert des Kindes, Weinheim

Kindler, H./Unterstaller, A. (2007): Reviktimisierung sexuell missbrauchter Kinder, in: IzKKNachrichten, Heft 1, S. 8-12

Kleeberg, B. (Hrsg.) (2012): Schlechte Angewohnheiten. Eine Anthologie 1750 – 1900, Berlin

Koch, C. (2012): Das Kind als Feind, das Kind als Freund. Was haben nationalsozialistisches Erziehungserbe und pädophile Ideologie mit der gegenwärtigen Missbrauchsdebatte zu tun?, in: Andresen, S./Heitmeyer, W. (Hrsg.), a. a. O., S. 228-242

Korczak, J. (1918): Wie man ein Kind lieben soll, Göttingen

Kriminologisches Forschungsinstitut Niedersachsen (1993): Persönliches Sicherheitsgefühl, Angst vor Kriminalität und Gewalt, Opfererfahrung älterer Menschen. Deskriptive Analysen krimineller Opfererfahrungen (Teil II): Subjektiv schwerste Opfererfahrung und Prävalenz stellvertretender Opferwerdung. KFN Opferbefragung 1992, Hannover

Kriminologisches Forschungsinstitut Niedersachen (2009): Jugendliche in Deutschland als Opfer und Täter (Forschungsbericht Nr. 107), Hannover

Kriminologisches Forschungsinstitut Niedersachen (2011): Erster Forschungsbericht zur Repräsentativbefragung Sexueller Missbrauch 2011, Hannover

Krumm, V./Lamberger-Baumann, B./Haider, G. (1997): Gewalt in der Schule – auch von Lehrern, in: Empirische Pädagogik, Heft 2, Landau, S. 257-274

Krumm, V./Weiß, S. (2000): Ungerechte Lehrer – Zu einem Defizit in der Forschung über Gewalt an Schulen, in: Salzburger Beträge zur Erziehungswissenschaft, Heft 1, Salzburg, S. 60-79

Krumm, V./Weiß, S. (2001): Du wirst das Abitur nie bestehen. Befunde aus einer Untersuchung über verletzendes Lehrerverhalten, in: Lernchancen, Nr. 20, Seelze, S. 14-18

Krumm, V./Weiß, S. (2002): Was Lehrer Schülern antun. Ein Tabu in der Forschung über »Gewalt in der Schule«, in: Salzburger Beiträge zur Erziehungswissenschaft, Heft 1, Salzburg, S. 23-35

Krumm, V./Eckstein, K. (2003): Geht es ihnen gut oder haben sie noch Kinder in der Schule?, in: Brunner, E. J./Noak, P./Scholz, G./Scholl, I. (Hrsg.): Diagnose und Intervention in schulischen Handlungsfeldern, Münster, S. 21-39

Krumm, V./Weiß, S. (2003): Machtmissbrauch von Lehrern in Österreich, Salzburger Beiträge zur Erziehungswissenschaft, Heft 1, Salzburg, S. 37-56

Küchenhoff, J. (2012): Körper und Sprache, Gießen

Küchenhoff, J./Wiegerling, K. (2008): Leib und Körper. Philosophie und Psychologie im Dialog, Band 5, Göttingen

Kühn, R./Raub, M./Titze, M. (Hrsg.) (1997): Scham – ein menschliches Gefühl. Kulturelle, psychologische und philosophische Perspektiven, Opladen

Kühn, L. (2005): Das Lehrerhasserbuch – Eine Mutter rechnet ab, München

Kunzke, D. (2011): Grundlegende Merkmale interpersonaler, intersubjektiver und relationaler Ansätze als Ausdruck aktueller Entwicklungstendenzen in der Psychoanalyse, in: Psyche, Heft 7, S. 577-616

Lacan, J. (1980): Die Familie, Olten

Lamnek, S./Luedtke, J./Ottermann, R./Volgl, S. (2013): Tatort Familie. Häusliche Gewalt im gesellschaftlichen Kontext, Wiesbaden (3. Auflage)

Landesstelle Jugendschutz Niedersachsen (Hrsg.) (2012): Cyber-Mobbing-Medienkompetenz trifft Gewaltprävention, Hannover

Landweer, H. (1999): Scham und Macht. Phänomenologische Untersuchungen zur Sozialität eines Gefühls, Tübingen

Langer, A. (2008): Disziplinieren und entspannen – eine diskursanalytische Ethnografie, Bielefeld

Langer, A./Richter, S./Friebertshäuser, B. (Hrsg.). (2010): (An)Passungen. Körperlichkeit und Beziehungen in der Schule, Hohengehren

Lansky, M. (2008): Beobachtungen zur Dynamik der Einschüchterung: Spaltung und projektive Identifizierung als Abwehrmanöver gegen Scham, in: Psyche (Sonderheft a. a. O.), S. 929-961

Leithäuser, T./Meng, F. (2003): Ergebnisse einer Bremer Schülerbefragung zum Thema Gewalterfahrungen und extremistische Deutungsmuster, Bremen

Lewis, M. (1993): Scham. Annäherung an ein Tabu, Hamburg

Liebau, E. (2002): Skulptur, Plastik, Performance. Pädagogische Betrachtungen über den Körper, in: Becker, G. et al. Jahreshefte, Reihe SCHÜLER, Seelze, S. 34-36

Liebau, E. (2006): Der Störenfried. Warum Pädagogen Bourdieu nicht mögen, in: Friebertshäuser, B./Rieger-Ladich, M./Wigger, L. (Hrsg.): Reflexive Erziehungswissenschaft. Forschungsperspektiven im Anschluss an Pierre Bourdieu, Wiesbaden

Liebel, M. (2013): Kinder und Gerechtigkeit, Weinheim und München

Lietzmann, A. (2007): Theorie der Scham. Eine anthropologische Perspektive auf ein menschliches Charakteristikum, Hamburg

Lösch, (2003): Jugendliche Körper: Identität und Kulturen, München

Lotter, M-S. (2012): Scham, Schuld, Verantwortung. Über die kulturellen Grundlagen der Moral, Berlin

Löw, M. (2001): Raumsoziologie, Frankfurt/M.

Löw, M./Sturm, G. (2005): Raumsoziologie, in: Kessler, F./Reutlinger, C./Maurer, S./ Frey, O. (Hrsg.): Handbuch Sozialraum, Wiesbaden, S. 31-48

Lowenfeld, H./Lowenfeld, Y. (1976): Die permissive Gesellschaft und das Überich, Berlin.

Magyar-Haas, V. (2012): Beschämende Vorgänge. Verhältnisse von Scham, Macht und Normierung in Kontexten der Sozialpädagogik und Sozialen Arbeit, in: Andresen, S./Heitmeyer, W. (Hrsg.), a. a. O., S. 195-214

Mannheim, K. (1928): Das Problem der Generationen, in: Wolff, K. H. (1970) (Hrsg): Wissenssoziologie, Neuwied und Berlin, S. 509-565

Mannschatz, E. (1977): Der Beitrag der Jugendhilfe zur kommunistischen Erziehung der Jugend, in: Jugendhilfe, Heft 7/8, S. 195-222

Mariauzouls, C. (1996): Psychophysiologie von Scham und Erröten, Zürich

Marks, S. (2007): Scham – die tabuisierte Emotion, Düsseldorf

Marks, S. (Hrsg.) (2007a): Scham – Beschämung – Anerkennung, Berlin

Melzer, W./Schubarth, W. (1998): Gewalt als soziales Problem in Schulen, Opladen

Merleau-Ponty, M. (1966): Phänomenologie der Wahrnehmung, Berlin

Miethling, W.-D./Krieger, C. (2004): Schüler im Sportunterricht, Schorndorf

Moser, U./v. Zeppelin, I. (1996): Die Entwicklung des Affektsystems, in: Psyche, Heft 1, S. 32-84

Mosimann, M. (2000): Der letzte Ort, wo man eine Zeit lang nichts kann. Reflexionen zum Bild der Schule, in: Neue Züricher Zeitung, 25. Mai 2000

Müller, M. R./Soeffner, H.-G./Sonnenmoser, A. (Hrsg.) (2011): Körper Haben. Die symbolische Formung der Person, Weilerswist

Müller-Braunschweig, H./Stiller, N. (Hrsg.) (2010): Körperorientierte Psychotherapie, Heidelberg

Müller-Münch, I. (2012): Die geprügelte Generation – Kochlöffel, Rohrstock und die Folgen, Stuttgart

Neckel, S. (1991): Status und Scham. Zur symbolischen Reproduktion sozialer Ungleichheit, Frankfurt/M. und New York

Nerowski, C./Hascher, T./Lunkenbein, M./Sauer, D. (Hrsg.) (2012): Professionalität im Umgang mit Spannungsfeldern der Pädagogik, Bad Heilbrunn

Neuber, N. (2010): Informelles Lernen im Sport, Wiesbaden

Neuner, F. (2012): Traumatisierung durch Gewalterfahrungen in Institutionen des Aufwachsens, in: Andresen, S./Heitmeyer, W. (Hrsg.), a. a. O., S. 36-48

Nida-Rümelin, J. (2013): Philosophie einer humanen Bildung, Hamburg

Nohl, H. (1949): Die pädagogische Bewegung in Deutschland und ihre Theorie (3. Aufl.), Frankfurt/M.

Oelkers, J. (2011): Eros und Herrschaft, Weinheim

Oevermann, U. (1996): Theoretische Skizze einer revidierten Theorie professionalisierten Handelns, in: Combe, A./Helsper, W. (Hrsg.): Pädagogische Professionalität, Frankfurt/M., S. 70-182

Oser, F. (1994): Zu-Mutung. Eine basale pädagogische Handlungsstruktur, in: Seibert, N./Serve, J. (Hrsg.): Bildung und Erziehung an der Schwelle zum dritten Jahrtausend, München, S. 773-800

Oser, F./Spychiger (2005): Lernen ist schmerzhaft. Zur Theorie des Negativen Wissens und zur Praxis der Fehlerkultur, Weinheim

Overwien, B./Prengel, A. (Hrsg.) (2007): Recht auf Bildung, Opladen und Farmington Hills

Piers, G./Singer, M. B. (1971): Shame and guilt, New York

Pieschl, S./Porsch, T. (2012): Schluss mit Cybermobbing! Das Trainings- und Präventionsprogramm »Surf-Fair«, Weinheim und Basel

Plessner, H. (1941): Lachen und Weinen. Eine Untersuchung der Grenzen menschlichen Verhaltens, in: ders. (1982): Gesammelte Schriften VII, Frankfurt/M.

Plessner, H. (1975): Die Stufen des Organischen und der Mensch. Einleitung in die philosophische Anthropologie, Berlin und New York

Prange, K./Strobel-Eisele, G. (2006): Die Formen des pädagogischen Handelns, Stuttgart

Prengel, A. (2012): Respekt und Missachtung. Interaktionen zwischen Lehrerinnen und Schülerinnen, in: Andresen, S./Heitmeyer, W. (Hrsg.), a. a. O., S. 178-194

Prengel, M./Heinzel, F. (2003). Anerkennungs- und Missachtungsrituale in schulischen Geschlechterverhältnisse, in: Wulf, C./Zirfas, J. (Hrsg.): Zeitschrift für Erziehungswissenschaft: Innovation und Ritual. Jugend, Geschlecht und Schule, Beiheft 2, Opladen, S. 115-128

Projektgruppe Belastung (1998): Belastung in der Schule, Weinheim

Psyche (2008): Beschämung – Ressentiment – Vergeltung, Heft 9/10, Stuttgart

Reutlinger, C. (2008): Raum und soziale Entwicklung. Kritische Reflexion und neue Perspektiven für den sozialpädagogischen Diskurs, Weinheim und München

Ricken, N. (Hrsg.) (2007): Über die Verachtung der Pädagogik. Analysen – Materialien – Perspektiven, Wiesbaden

Rieker, P./Huber, S./Schnitzer, A./Brauchli, S. (Hrsg.) (2013): Hilfe? Strafe! Reflexionen zu einem Spannungsverhältnis professionellen Handelns, Weinheim und München

Rogge, J.-U. (2012): Der große Erziehungsschreck, Stuttgart

Rothland, M. (Hrsg.) (2013): Belastung und Beanspruchung im Lehrerberuf (2. überarb. Auflage), Wiesbaden

Rumpf, H. (1983): Beherrscht und verwahrlost. Über den Sportkörper, den Schulkörper und die ästhetische Erziehung, in Zeitschrift für Pädagogik, Heft 3, Weinheim, S. 333–346

Runder Tisch Heimerziehung in den 50er und 60er Jahren (2010): Abschlussbericht, Berlin

Runder Tisch Sexueller Kindesmissbrauch in Abhängigkeits- und Machtverhältnissen in privaten und öffentlichen Einrichtungen und im familiären Bereich, Abschlussbericht 2011, (konsentierte Fassung)

Rutschky, K. (1977): Schwarze Pädagogik: Quellen zur Naturgeschichte der bürgerlichen Erziehung, Frankfurt/M.

Rutschky, K./Wolff, R. (Hrsg.) (1994): Handbuch Sexueller Missbrauch, Hamburg

Salzmann, C. G. (1785): Über die heimlichen Sünden der Jugend, abgedruckt in: Kleeberg, B. (2012), a. a. O., S. 165-180

Sartre, J.-P. (1993): Das Sein und das Nichts. Versuch einer phänomenologischen Ontologie, Hamburg

Scheithauer, H./Hayer, T./Niebank, K. (2008): Problemverhalten und Gewalt im Jugendalter: Erscheinungsformen, Entstehungsbedingungen, Prävention und Intervention, Stuttgart

Scheler, M. (1933): Über Scham und Schamgefühl, in: ders. (1957): Zur Ethik und Erkenntnislehre, Bern

Scherr, A. (2004): Rückzugsräume und Grenzüberschreitungen. Wie sozialräumliche Jugendarbeit Bildungsprozesse unterstützen kann, in: Deinet, U./Reutlinger, C.: Aneignung als Bildungskonzept. Beiträge zur Pädagogik des Kinder- und Jugendalters in Zeiten entgrenzter Lernorte, Opladen, S. 161-174

Schmitz, E./Voreck, P./Hermann, K./Rutzinger, E. (2006): Positives und negatives Lehrerverhalten aus Schülersicht, Berichte aus dem Lehrstuhl für Psychologie der TU München, München

Schönig, W. (2008): Sozialraumorientierung: Grundlagen und Handlungsansätze, Schwalbach/Ts.

Schubarth, W. (2000): Gewaltprävention in Schule und Jugendhilfe, Neuwied

Schubarth, W. (2010) Gewalt und Mobbing an Schulen: Möglichkeiten der Prävention und Intervention, Stuttgart

Schultheiss, C. (1997): Scham und Normen, in: Kühn, R./Raub, M./Titze, M. (Hrsg.), a. a. O., S. 97-109

Schwarzer, R. (1987): Stress, Angst und Hilflosigkeit, Stuttgart

Seidler, G. (1995): Der Blick des Anderen. Eine Analyse der Scham, Stuttgart

Seidler, G. (1997): Scham als Mittlerin zwischen Innen und Außen, in: Kühn, R./Raub, M./Titze, M. (Hrsg.), a. a. O., S. 127-143

Siegrist, J. (2007): Ungleiche Gesundheitschancen in modernen Gesellschaften, Heidelberg

Siegrist, J. (2008): Soziale Ungleichheit und Gesundheit, Bern

Simmel, G. (1901): Zur Psychologie der Scham, in: ders.: Schriften zur Soziologie (hrsg. von H.-J. Dahme und O. Rammstedt), Frankfurt 1992

Simmel, G. (2004): Schulpädagogik, in: Karlsruhen, T./Rammstedt, O. (Hrsg.): Georg Simmel, Frankfurt/M., S. 311- 472

Singer, K. (1998): Die Würde des Schülers ist antastbar, Reinbek

Singer, K. (2009): Die Schulkatastrophe. Schüler brauchen Lernfreude statt Furcht, Zwang und Auslese, Weinheim und Basel

Spychiger, M. (2007): Zur Rolle der Scham beim Lernen aus Fehlern und beim Aufbau von Normen und Fehlerkultur, in: Marks, S. (Hrsg.): Scham – Beschämung – Anerkennung, Münster, S. 71-88

Strobel-Eisele, G./Roth, G. (2012): Grenzen beim Erziehen. Nähe und Distanzin pädagogischen Beziehungen, Stuttgart

Sünker, H./Berner, K. (Hrsg.) (2012): Vergeltung ohne Ende? Über Strafe und ihre Alternativen im 21. Jahrhundert, Lahnstein

Tangney, J. P./Fischer, K. W. (1995): Self-conscious. The Psychology of shame, guilt, embarassment und pride, New York

Tenorth, H.-E. (2011): Reformpädagogik in der Diskussion, in: Sozialwissenschaftliche Literaturrundschau, Heft 2, S. 18-28

Thiersch, H. (2010): Gewalt in pädagogischen Interaktionen, in: Soziale Passagen, Heft 2, Wiesbaden, S. 215–226

Thole, W./Baader, M./Helsper, W./Kappeler, M./Leuzinger-Bohleber, M./Reh, S./Sielert, U./Thompson, C. (Hrsg.) (2012): Sexualisierte Gewalt, Macht und Pädagogik, Opladen, Berlin und Toronto

Tiedemann, J. L. (2006): Die intersubjektive Natur der Scham, Berlin

Tiedemann, J. L. (2010): Die Scham, das Selbst und der Andere – Psychodynamik und Therapie von Schamkonflikten, Gießen

Tomkins, S. (1963): Affekt imagery consciousness, New York

Varbelow, D. (2003): Schulklima und Schulqualität im Kontext abweichender Verhaltensweisen, Marburg

Vinnai, G. (2007): Zur Sozialpsychologie der Verachtung von Lehren, in: Ricken, N. (Hrsg.), a. a. O., S. 313-331

Weber, J. (2011): Moralischer Idealismus und sexueller Missbrauch, in: Baldus, M./ Utz, R. (Hrsg.), a. a. O., S. 29-50

Wensierski, P. (2006): Schläge im Namen des Herrn, München

Wertenbruch, M./Röttger-Rössler, B. (2011): Emotionsethnologische Untersuchungen zu Scham und Beschämung in der Schule, in: Zeitschrift für Erziehungswissenschaft, Heft 2, S. 241-257

Wetzels, P. (1997): Gewalterfahrungen in der Kindheit. Sexueller Missbrauch, körperliche Misshandlung und deren langfristige Konsequenzen – Interdisziplinäre Beiträge zur kriminologischen Forschung, Baden-Baden

Wiegand, G. (2012): Frühe Gefühlsverhältnisse, Frankfurt/M.

Wilbert, J./Gerdes, H. (2007): Lehrerbild von Schülern und Lehrern, in: Psychologie in Erziehung und Unterricht, S. 208-222

Wurmser, L. (1981): Das Problem der Scham, in: Jahrbuch der Psychoanalyse, Band 13, S. 11-36

Wurmser, L. (1997): Die Maske der Scham. Zur Psychoanalyse von Schamaffekten und Schamkonflikten, Berlin

Wurmser, L. (1997a): Identität, Scham und Schuld, in: Kühn, R./Raub, M./Titze, M. (Hrsg.), a. a. O., S. 11-24

Wurmser, L. (2007): Scham, Schamabwehr und tragische Wahrheit, in: Marks, S. (2007a), a. a. O., S. 19-32

Übersicht über Broschüren/ Infomaterialien – Kapitel VI

Bund der Deutschen Katholischen Jugend (BDKJ) und Bischöfliches Jugendamt (BJA) im Bistum Mainz: Kinder schützen. Eine Information für ehren- und hauptamtliche Gruppenleiter/innen und Mitarbeiter/innen in der katholischen Kinder- und Jugend(verbands)arbeit. URL: http://downloads.bistummainz.de/1/56/1/48264817093087477794.pdf

Dallmann, F. (2011): Kinder wirksam schützen: Prävention in den Jugendverbänden, in: Jugendpolitik. Fachzeitschrift des Deutschen Bundesjugendrings, Heft 2: Kinder wirksam schützen. S. 4-6

DLRG- Jugend: Handout Prävention sexualisierter Gewalt. Hilfestellung für ehrenamtliche Mitarbeiter/innen.

Ehrenkodex der Arbeiter-Samariter-Jugend Hessen. URL: http://www.asj-hessen.de/downloads/Ehrenkodex.pdf

Ehrenkodex der Deutschen Sportjugend. URL: http://www.dsj.de/handlungsfelder/praevention-intervention/kinderschutz/materialien-der-dsj-des-dosb/

Hessische Jugendfeuerwehr. URL: http://www.jf-hessen.de/cgi-bin/wPrintpreview.cgi?source=http://www.jf-hessen.de/projekte/sexuelle_gewaltpraevention/index.php?navanchor=1010059

Leitlinien und Verhaltenskodex der Deutschen Wanderjugend. URL: http://www.wanderjugend.de/conpresso/_rubric/detail.php?nr=7014&rubric=Fair.Stark.Miteinander.&PHPSESSID=f3764d4c014458b21af4f6ac77e72d46

Naturfreundejugend Deutschlands: Schutz des Kindeswohls. URL: http://www.naturfreundejugend.de/positionen/-/show/844/Schutz_des_Kindeswohls/

Naturschutzjugend Baden-Württemberg: Konzept zum Schutz von Kindern und Jugendlichen in der NAJU (Naturschutzjugend) Baden- Württemberg. URL: http://www.naju-bw.de/cms/upload/Download/Kinder-_und_Jugenschutzkonzept/Konzept_Kinder-_und_Jugendschutz_NAJU_BW.pdf